LE BON VIEUX TEMPS

PAR

ÉLIE BERTHET

PARIS
LIBRAIRIE INTERNATIONALE
15, BOULEVARD MONTMARTRE
—
A. LACROIX, VERBOECKHOVEN & C°, ÉDITEURS
A Bruxelles, à Leipzig et à Livourne.
—
1867
Tous droits de traduction et de reproduction réservés

LE
BON VIEUX TEMPS

DU MÊME AUTEUR

La Peine de Mort ou la Route du Mal. 1 volume grand in-18 jésus.................................. 3 fr.

SOUS PRESSE

Le Démon de la chasse. 1 volume grand in-18 jésus. 3 fr.

Paris. — Imprimerie Poupart-Davyl, rue du Bac, 30.

LE
BON VIEUX TEMPS

PAR

ÉLIE BERTHET

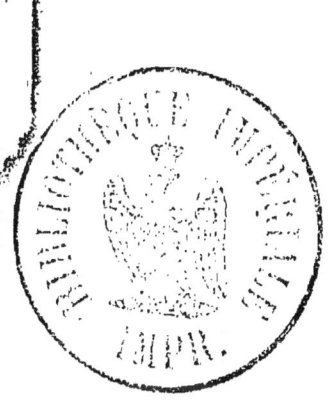

PARIS
LIBRAIRIE INTERNATIONALE
15, BOULEVARD MONTMARTRE

A. LACROIX, VERBOECKHOVEN & C°, ÉDITEURS
A Bruxelles, à Leipzig et à Livourne

1867

Tous droits de traduction et de reproduction réservés

LE
BON VIEUX TEMPS

PROLOGUE

On inaugurait le chemin de fer de Paris à Saint-Germain ; une foule considérable de curieux se pressaient autour de la gare pour jouir du spectacle, alors nouveau, d'une locomotive et d'un convoi de waggons courant sur des rails. Ce n'était pas qu'alors (1837) les chemins de fer n'existassent depuis longtemps en France ; mais, pour la première fois, les Parisiens casaniers pouvaient juger par eux-mêmes de la grandiose invention qui devait changer la face du monde. Certains badauds semblaient s'être fait une idée monstrueuse de cette chose nouvelle appelée *chemin de fer*, et s'étonnaient de voir que cette dénomination désignât seulement deux barres de métal parallèles, posées sur un sol uni. D'autres contemplaient, avec un étonnement mêlé de crainte, les pesantes machines aux formes inconnues qui allaient et venaient pour chauffer avant le départ, et qui grondaient d'une manière formidable en soufflant, comme le Léviathan antique, des flammes et de la fumée. Quand ces monstres de bronze s'engouffraient dans des souterrains, où on les entendait mugir encore, quoiqu'on ne les vît plus, certains spectateurs se demandaient avec épouvante qui oserait se confier à ces douteux et terribles serviteurs.

En dehors de la gare, au haut des talus qui dominaient la voie, un certain nombre de personnes avaient pris place, qui sur des chaises apportées par des spéculateurs populaires, qui sur le gazon ou même sur la terre nue. Au-dessous d'elles s'enfonçait une tranchée où débouchait un tunnel ténébreux; mais à partir de là, la voie ferrée, s'étalant au grand air et au soleil, filait gaiement vers la Seine et gagnait, comme une canotière le dimanche, les riants ombrages d'Asnières et de Colombes.

Ce fut dans cette foule paisible, presque recueillie, que j'allai prendre place. On causait, et il n'était pas impossible d'entendre bon nombre d'observations naïves sur ce que l'on voyait, sur ce que l'on comptait voir. Tous les regards étaient tournés vers le tunnel où devait apparaître le train d'inauguration, mais rien ne bougeait encore. Comme, pour ma part, j'attendais avec patience le spectacle annoncé, un petit groupe placé à quelques pas de moi attira particulièrement mon attention et ma sympathie.

Il se composait d'une vieille dame et d'un vieux monsieur, évidemment le mari et la femme, qui occupaient des chaises, au sommet gazonné du talus. Un peu en arrière, mais à portée d'échanger avec eux quelques paroles, un autre vieillard avait étendu son mouchoir par terre et s'était assis dessus avec précaution. Il était vêtu à peu près comme le premier, et on eût pu les prendre pour deux amis ou deux frères ; mais je reconnus bientôt que le bonhomme au mouchoir était tout simplement un de ces domestiques d'autrefois, dont l'espèce se perd, et qui, n'ayant eu qu'un maître en toute leur vie, s'attachaient à lui et à sa famille, comme le lierre à l'ormeau, pour tomber ensemble.

Les deux époux, quoiqu'ils parussent toucher au terme extrême de la vie humaine, avaient une vieillesse vigoureuse, comme il convenait à ces tempéraments robustes qu'on a appelés tempéraments *d'ancien régime*. Le mari était de taille moyenne, un peu maigre, un peu courbé, un peu chauve sur le front; néanmoins, de beaux cheveux blancs s'échappant de dessous son chapeau retombaient sur ses épaules et encadraient son visage placide où s'épanouissait incessamment un sourire d'aménité. Il était vêtu d'une longue redingote brune, qui rappelait la *lévite* du temps passé, et d'un pantalon noir qui rejoignait ses souliers de castor. Son ample gilet laissait voir une chemise à jabot, que retenait une épingle en brillants ; sa cravate, un peu lâche autour du cou, était d'une exquise blancheur. Malgré la chaleur de la saison, une douillette de soie, posée sur le dossier de la chaise, était prête à servir en cas de refroidissement subit de l'atmosphère. Mais le beau vieillard n'y songeait pas ; il se redressait en jouant avec le jonc à pomme d'or qu'il tenait à la main, et semblait être un remarquable représentant de cette forte génération du siècle dernier, qui a vu et accompli tant de choses mémorables.

Sa femme était une compagne digne de lui. Grande

et bien prise, quoique un peu voûtée, elle avait un embonpoint assez rare à son âge; mais son visage ratatiné, couperosé, encadré dans une frisure d'un blond si clair qu'elle paraissait blanche, ne conservait de son ancienne beauté qu'une extrême finesse de linéaments et un air de bienveillance qui prévenait en sa faveur. Elle portait une robe de soie grise, et son pied grassouillet était enfermé dans un soulier de prunelle, car la bonne dame n'avait pu s'habituer sans doute aux bottines modernes. Un chapeau de velours très-simple couvrait sa tête légèrement branlante, et elle s'enveloppait dans un châle de l'Inde de haut prix, mais de couleurs sombres, comme si elle eût voulu passer inaperçue au milieu de certaines toilettes tapageuses qui s'étalaient non loin d'elle.

Ces trois personnes, maîtres et valet, continuaient de causer avec la simplicité de gens qui ne croient avoir rien à cacher; et la vieille dame étant un peu sourde, son mari et le domestique se trouvaient dans l'obligation d'élever la voix. Aussi fus-je bientôt au courant de ce qui les concernait. J'appris ainsi que les deux époux s'appelaient M. et Mme Forget, qu'ils étaient Parisiens pur sang, qu'ils s'étaient enrichis par le commerce. J'appris encore que le désir de voir l'inauguration de la voie ferrée de Saint-Germain ne les avait pas seul attirés à cette place, mais que leur petit-fils, capitaine de cavalerie, devant se trouver dans le convoi d'honneur, ils avaient voulu s'assurer par eux-mêmes que cette expérience serait sans danger pour lui.

A vrai dire, le mari et la femme ne paraissaient pas tout à fait rassurés à cet égard. M. Forget, au passage des locomotives qui continuaient de *chauffer*, avait échangé certains clignements d'yeux avec le domestique de confiance, qui s'appelait Alexis. Quant à la bonne vieille, abritée sous une ombrelle verte aussi large qu'un parapluie, tenant de l'autre main un binocle d'or qu'elle braquait successivement sur tous les points de la tranchée, elle était en proie à une inquiétude croissante, à mesure que l'heure indiquée pour le départ du train approchait.

Enfin elle dit à son mari d'une voix un peu chevrotante :

— Ah çà, monsieur Forget, j'espère que Victor aura fait ses réflexions au dernier moment et qu'il se sera bien gardé de monter dans ces vilaines voitures de fer... Oui, je suis sûre que, malgré son étourderie, il n'aura pas voulu s'exposer sans nécessité à de pareils dangers.

— Victor ne s'effraye pas de grand'chose, ma bonne amie, répondit l'ancien négociant avec son sourire bienveillant, et je crois, Dieu me pardonne! que les dangers, s'ils existent, sont un attrait de plus à ses yeux.

— Mais je ne l'entends pas ainsi, moi, reprit la vieille dame d'un petit ton péremptoire qui laissait deviner qu'elle était maîtresse à la maison. Y a-t-il du bon sens à risquer sa vie dans cette invention maudite? Il faut qu'Alexis aille bien vite le prévenir, là-bas à la gare, que je lui défends d'entrer dans ces « horreurs. »

— De plus grands que lui vont s'exposer aux mêmes risques, ma chère, répliqua M. Forget doucement, et il ne faut pas s'alarmer ainsi sans cause... D'ailleurs, ajouta-t-il en tirant de son gousset une montre d'or à volumineuses breloques, il est trop tard... Dans quelques minutes le train va partir.

— Eh bien, monsieur, en ce cas, quand tout à l'heure les voitures passeront, nous crierons d'arrêter et Victor descendra. Il devra lui suffire, puisqu'il est si courageux, d'avoir fait dans leurs *ouagons*, comme vous dites le trajet de la gare jusqu'ici. Je ne permettrai pas qu'il aille plus loin, entendez-vous? Non, je ne le permettrai pas.

— Il pourra être difficile de s'y opposer. Les jeunes capitaines de cavalerie sont fort opiniâtres par le temps qui court, et puis... Mais nous allons voir ce qu'il est possible de tenter, car voici le convoi.

En effet, un bruit puissant et de plus en plus rapproché retentissait dans le tunnel comme un tonnerre souterrain. Les deux vieillards assourdis reculèrent instinctivement. Au même instant, la locomotive et son chapelet de waggons, tout pavoisés de drapeaux tricolores et enguirlandés de verdure, débouchèrent dans la tranchée. Les hourras des curieux postés sur les ponts, sur les talus, aux fenêtres des maisons voisines, saluèrent les voyageurs, et peut-être les voyageurs répondirent-ils de la même manière; mais ces acclamations se perdirent dans le vacarme que produit un train en marche. Celui-ci n'avait pas encore une vitesse extraordinaire; cependant cette vitesse, aux yeux de spectateurs qui n'étaient pas habitués au mode de locomotion aujourd'hui en usage, paraissait dépasser de beaucoup celle d'*Eclipse*, le beau cheval anglais qui, dit-on, devança un jour des nuages poussés par un vent orageux. Le convoi parcourut la tranchée comme un tourbillon. Ce fut à peine si l'on put entrevoir les invités au fond des voitures; formes et couleurs se confondaient dans le mouvement vertigineux qui les emportait. Tout passa comme l'éclair, avec un fracas infernal; et, au bout de quelques secondes, on voyait le train glisser au loin dans la campagne, semblable à un serpent colossal, laissant derrière lui des flammèches brûlantes et une traînée de fumée.

Mme Forget et son vieux mari n'avaient guère songé à héler les voyageurs ni à exécuter leur projet au sujet du capitaine de cavalerie. Penchés en avant, bouche béante et retenant leur haleine, ils demeuraient frappés de stupeur. Enfin, quand le bruit formidable se fut perdu dans l'éloignement, quand la fumée se fut dissipée à l'horizon, la bonne dame reprit avec un accent de véritable désespoir :

— Ah! monsieur Forget, c'en est fait de notre Victor!... Ces voitures n'auront pu aller bien loin avec une pareille rapidité sans se briser en mille pièces... Le cher enfant n'en reviendra pas!

Son mari essaya de la rassurer.

— Il n'en reviendra pas! il n'en reviendra pas! répétait-elle en fondant en larmes.

Sa douleur était si vive que, quoique inconnu de ces bonnes gens, je pris la liberté d'intervenir.

— Si, si, madame, lui dis-je d'un ton encourageant, *il* reviendra, *il* reviendra bientôt, je vous l'affirme... Prenez patience seulement pendant une heure, et vous reverrez votre petit-fils fier, bien portant, et tout heureux d'avoir accompli ce voyage triomphal.

J'employai les arguments les plus forts, je citai les faits les plus concluants pour calmer les inquiétudes de l'excellente dame. M. Forget me secondait de son mieux, et s'efforçait de lui faire comprendre l'absurdité de ses craintes. Nous y parvînmes à la fin, et elle cessa de gémir. Après nous avoir remerciés par un signe amical, elle braqua son binocle vers l'horizon, afin d'épier le retour du convoi, et garda le silence.

La glace une fois rompue, je me mis à causer avec M. Forget. Il avait cette politesse exquise dont la tradition se perd de nos jours, et qui était, quoi qu'on ait pu dire, aussi bien l'apanage de la bourgeoisie que celle de la noblesse françaises. Il y joignait un mélange de bonhomie et de finesse qui donnait un charme particulier à sa conversation. Sa mémoire était prodigieuse; il se souvenait parfaitement de tous les événements politiques accomplis à Paris, pendant les soixante dernières années; il avait vu ou même connu la plupart des personnages qui y ont joué un rôle de quelque importance, et il savait raconter avec beaucoup de goût et de mesure. Bien qu'il vécût surtout dans le passé, comme la plupart des vieillards, il exprimait des idées libérales, généreuses, sagement progressives, et enfin il présentait un type achevé de cette vieille bourgeoisie parisienne, dont le caractère sérieux avait gagné une trempe nouvelle aux idées révivifiantes de 1789.

On peut croire que je trouvais un plaisir extrême à cette conversation; j'écoutais M. Forget avec déférence et respect. Pendant qu'il parlait, sa femme le regarda plusieurs fois à la dérobée, et je surpris de légers sourires sur sa figure vénérable, à certaines allusions obscures pour moi. Mais, absorbée par la pensée de son cher petit-fils, elle ne prenait aucune part à l'entretien, et bientôt ses yeux se tournaient de nouveau vers l'horizon.

Son attente ne fut pas longue. Captivé par les récits et les souvenirs de M. Forget, il me semblait que quelques minutes à peine s'étaient écoulées depuis le départ, quand le sifflet lointain de la locomotive, les cris des spectateurs signalèrent le retour du train d'inauguration. Cette fois, il ne passa pas avec la même vitesse que précédemment; il fut possible de jeter un regard dans l'intérieur des waggons, de reconnaître certains personnages officiels qui les occupaient. Aussi mes nouvelles connaissances eurent-elles le temps d'apercevoir à la portière d'une des dernières voitures, un jeune et brillant capitaine de chasseurs, qui souriait aux jolies filles assises sur le bord du chemin.

A sa vue, M. Forget se leva brusquement.

— C'est Victor! s'écria-t-il. Je te disais bien, Denise, qu'il reviendrait!

Mais la bonne dame avait reconnu de même le voyageur et elle levait les yeux au ciel, en signe d'actions de grâce. Nous ne sommes même pas bien sûr qu'elle ne prononça pas à demi voix le mot célèbre des drames de l'Ambigu :

— Sauvé!... merci, mon Dieu!

La cérémonie de l'inauguration était terminée et les spectateurs commençaient à se retirer dans toutes les directions. Pendant que le domestique courait à la station la plus voisine chercher un fiacre, je marchai quelques instants côte à côte avec le mari et la femme.

— Quelle admirable invention! disait M. Forget, émerveillé de ce qu'il venait de voir; les pauvres vieux comme moi n'ont plus qu'à mourir au plus vite! C'est une ère nouvelle qui commence, et ils ne trouveraient plus leur place au milieu des idées et des faits qui apparaissent. Pouvait-on supposer, il y a seulement soixante ans, que l'on en viendrait là! Transporter plusieurs milliers de personnes à une énorme distance en quelques minutes, supprimer le temps et l'espace, c'est à confondre l'imagination!... Ah! si dans ma jeunesse j'avais eu à ma disposition ces merveilleux chemins de fer, je me serais épargné bien des fatigues et des dangers!

— Vous avez donc beaucoup voyagé? demandai-je avec curiosité.

— Je crois bien... et Mme Forget aussi.

Il regarda sa femme qui se détourna d'un air contrarié

A son accent, je pouvais croire que les deux époux avaient fait de périlleux voyages d'outre-mer, aux Indes, en Australie, ou tout au moins en Amérique. Il continua gravement :

— Oui, j'ai beaucoup voyagé avant la Révolution. Une fois, dans une seule tournée, nous sommes allés à Meaux, à Lagny et jusqu'à Senlis.

En entendant mon vieux bourgeois citer ces villes de la banlieue parisienne comme terme de ses pérégrinations, je ne pus m'empêcher de rire, malgré mon parti pris de politesse. M. Forget ne s'en offensa pas.

— Cela vous semble étrange aujourd'hui, poursuivit-il, que l'on ose citer de si courts et de si humbles voyages ; c'est que vous ne savez pas combien tout a changé depuis le commencement de ce siècle ; vous ne pouvez vous faire idée des tribulations de toutes sortes qui attendaient jadis un Parisien aussitôt qu'il avait franchi les barrières... Dans la tournée dont je vous parle, nous avons couru plus de dangers que bien des gens qui ont traversé les mers et visité les pays sauvages.

J'étais fort affriandé par cette ouverture, quand Alexis reparut avec un fiacre. Tandis que la bonne dame s'installait dans la voiture, M. Forget me dit précipitamment en me glissant sa carte :

— Puisque vous êtes curieux des anciennes mœurs, venez me voir. Je viderai pour vous le sac aux souvenirs et d'autant plus volontiers que, vous l'avez reconnu peut-être, il ne me déplaît pas de causer du passé... Adieu !...

Il me serra la main et le fiacre partit.

Quelques jours plus tard, je me rendis à l'invitation que j'avais reçue. La famille Forget habitait la rue Saint-Germain-l'Auxerrois, tout près du pont Neuf. Cette rue, étroite et sombre, ne paye pas de mine, et la demeure de mes nouveaux amis, autrefois somptueuse, eût semblé modeste, comparée aux magnifiques constructions du Paris actuel. C'était un de ces vieux logis du 18e siècle où la lumière et l'air n'avaient pas encore droit de cité. Je fus introduit par Alexis, qui me sourit d'un air de connaissance, dans un salon très-vaste, mais un peu obscur, comme toutes les pièces de la maison. Ce salon était boisé en chêne sculpté, avec trumeaux encadrés dans les moulures et avec dessus de porte représentant des bergeries dans le goût de Boucher et de Watteau. La boiserie, peinte en blanc, était rehaussée çà et là d'un filet d'or terni. Les siéges étaient de même en bois peint et doré; dans leurs garnitures en velours d'Utrecht jaune, le duvet remplaçait les *ressorts* modernes, et l'on y enfonçait jusqu'au menton. Quelques portraits de famille ornaient les murs; toute la pièce attestait un luxe grave, suranné, en harmonie avec ses vénérables habitants.

Ils étaient là l'un et l'autre, assis dans deux amples bergères à chaque côté du foyer, bien que la chaleur de la saison ne permît pas d'allumer du feu. Le mari, économiquement vêtu d'habits usés qu'il n'eût pas voulu porter hors de chez lui, des lunettes de corne sur le nez, lisait un journal; la femme, toujours proprette, le visage toujours encadré d'un tour de cheveux blonds, tricotait un bas de laine. Il y avait là encore deux autres personnes : un monsieur d'une cinquantaine d'années, en habit noir, l'air froid et posé, portant le ruban de la Légion d'honneur; il était le fils de mes amis, et occupait un poste éminent dans la magistrature; puis son fils à lui, le capitaine Forget, ce jeune officier dont la promenade en waggon avait causé tant d'alarmes à sa vieille grand'mère.

Je reçus de cette belle famille un excellent accueil. Au bout de quelques instants la conversation fut générale et on revint sur la récente inauguration du chemin de fer de Saint-Germain. Le capitaine, en apprenant jusqu'à quel point il avait excité les inquiétudes de Mme Forget, commença contre elle une joyeuse petite guerre dont quelques baisers faisaient passer les traits les plus piquants. Enfin le père et le fils se retirèrent, après avoir pris congé affectueusement des deux vieux époux, et l'on peut croire que je ne tardai pas à ramener l'entretien sur les aventures de voyage de M. Forget.

Mais le bonhomme était moins disposé que la première fois à se montrer communicatif. De temps en temps il se tournait vers sa femme qui branlait la tête d'un air boudeur. Comme, en dépit de ces signes défavorables, j'invoquais la parole donnée, il me dit en clignant des yeux et en souriant :

— Je n'étais pas seul quand j'ai accompli ma petite odyssée, et ma femme éprouve une certaine répugnance...

— Mme Forget, j'en suis sûr, repris-je en m'inclinant, n'a pu jouer dans ces aventures qu'un rôle digne d'elle et digne de vous ; elle n'a donné que des exemples de courage, de générosité, de dévouement, et j'ose affirmer que sa modestie seule aurait à souffrir de vos indiscrétions.

La bonne dame interrompit son travail et me regarda à son tour avec malice.

— Je crois, monsieur, dit-elle à son mari, que votre nouvelle connaissance est ce que nous appelions autrefois un *enjoleux*... Mais cela est sans danger avec une pauvre vieille telle que moi. Faites donc comme vous voudrez, car vraiment vous grillez de conter vos anciennes fredaines, et vous seriez trop malheureux de ne pouvoir satisfaire votre envie !

Puis elle se remit à tricoter avec une dextérité qui témoignait d'une longue habitude.

Alors, M. Forget me conduisit dans un cabinet de travail qui semblait affecté à son usage particulier. Là, après m'avoir installé dans un fauteuil un peu râpé, mais moelleux, il tira de son secrétaire en marqueterie une liasse de papiers jaunis par le temps.

— J'ai rédigé moi-même dans mes moments d'oisiveté, reprit-il, ces récits de ma jeunesse, car je voulais fixer des souvenirs déjà si loin de moi, et surtout constater les merveilleux changements survenus dans nos mœurs pendant le cours d'une seule existence humaine. Prenez ce manuscrit, monsieur, vous le lirez à loisir... Vous nous y trouverez, ma femme et moi, ajouta-t-il avec finesse, fort différents de ce que nous sommes maintenant; mais cinquante-sept ans apportent de singulières modifications dans les personnes comme dans les choses, et ce qui finit ne saurait ressembler à ce qui commence.

Tout frémissant d'impatience, je m'enfuis avec le manuscrit, et le même soir je l'avais lu en entier.

Je continuai de voir les deux vieux époux, et je leur parlais quelquefois des mémoires dont ils avaient bien voulu me faire le dépositaire. Je me trouvai bientôt avec eux sur le pied d'une intimité, respectueuse de ma part, affectueuse et presque paternelle de la leur. Mme Forget elle-même prenait plaisir à causer avec moi du passé; elle allait souvent jusqu'à rectifier les détails insuffisants ou incomplets que contenait la relation de son mari. Une fois, je me hasardai à leur demander la permission de publier, sous ma responsabilité, le récit de leurs aventures de jeunesse.

Mes amis parurent éprouver un sentiment d'amour-propre satisfait, à la pensée de devenir les héros d'un ouvrage destiné à la publicité; toutefois, après s'être concerté à voix basse avec sa femme, M. Forget me dit d'un ton plein de douceur mélancolique :

— Attendez encore un peu; décidément nous regretterions d'être l'objet de la curiosité publique. Toute notre existence a été obscure et cachée; laissez-nous mourir comme nous avons vécu. Plus tard, vous serez libre d'agir à votre gré... Je peux répondre que votre patience ne sera pas mise à une trop longue épreuve !

Aujourd'hui que les deux vieillards dorment paisiblement côte à côte au cimetière Montmartre, nous livrons en toute sûreté de conscience au lecteur le récit qui va suivre.

I

LES LETTRES ANONYMES

Vers 178., il y avait dans la rue Saint-Honoré, non loin des halles, un magasin, alors bien connu de la population parisienne, où l'on venait acheter toutes sortes de quincailleries fines et même de bijoux. Il portait pour enseigne : au *Grand-Dunkerque*, en concurrence avec le célèbre *Petit-Dunkerque*, situé sur le quai Conti, à l'angle de la rue de Nevers et en face de la maison qu'habita plus tard Napoléon Ier. Il n'avait jamais eu la vogue de son rival, qui, fondé par Granchez en 1767, jouissait depuis longtemps de la faveur publique et attirait les amateurs de frivolités coûteuses; mais s'il était moins fréquenté par la cour et la noblesse, en revanche la bourgeoisie économe pouvait y faire des acquisitions à des prix plus raisonnables. Aussi les chalands ne manquaient-ils pas au Grand-Dunkerque, et, du matin au soir, des légions de commis s'évertuaient à servir la foule empressée.

Ce magasin n'étalait pas le luxe effréné de glaces et

de dorures usité de nos jours ; cependant il avait une devanture vitrée, ce qui était déjà un progrès sur les boutiques ouvertes à tous les vents, que l'on rencontrait encore dans les quartiers les plus brillants de Paris ; et derrière cette devanture, on voyait mille articles de *clincaillerie*, comme on disait alors, qui ne manquaient pas de fixer l'attention des curieux et des passants.

Le Grand-Dunkerque avait pour propriétaire une femme que les voisins désignaient habituellement sous le nom de *la Normande*, et qui, pour assurer le succès de son commerce, avait montré autant d'intelligence que d'énergie ; elle s'appelait Mme Forget. Restée veuve avec un enfant en bas âge, quelque quinze ou dix-huit ans auparavant, alors que son établissement nouvellement fondé n'avait pas encore la solidité nécessaire, elle s'était mise à la tâche avec ardeur. Elle était née, en effet, dans un village de Normandie d'où défunt Forget, qui avait exercé jadis la profession de colporteur, l'avait amenée à Paris après leur mariage. Elle ne rougissait nullement de cette humble origine, et quand elle se tenait derrière son comptoir, elle était vêtue comme les paysannes des environs de Fécamp, sauf toutefois la haute coiffe normande qu'elle avait eu le bon esprit de remplacer par une cornette de moindres dimensions. Douée de beaucoup de sens et de fermeté, Mme Forget était parvenue à un degré de prospérité inouïe, eu égard à l'humilité de ses commencements. Elle savait à peine lire, elle écrivait fort mal ; mais elle comptait à merveille et possédait une mémoire prodigieuse qui suppléait à l'insuffisance de son éducation. Pendant de longues années, on l'avait vue du matin au soir dans son magasin, levée la première, couchée la dernière, surveillant tout, répondant à tous, gourmandant les commis, donnant l'exemple de la plus infatigable activité. Le Grand-Dunkerque s'était donc développé avec une rapidité merveilleuse, et passait pour la plus riche maison de commerce de cet opulent quartier.

Du reste, Mme Forget n'avait pas tardé à trouver un auxiliaire utile et plein de zèle dans son fils Julien. Nous savons déjà que Julien était en bas âge lors de la mort de son père. Mme Forget, trop peu éclairée elle-même et trop occupée pour surveiller l'éducation de son enfant, l'avait mis d'abord aux Jésuites de la rue Saint-Antoine; mais plus tard, ne trouvant pas cette éducation suffisamment pratique, elle l'avait retiré pour l'envoyer dans une école particulière. Julien n'était rentré à la maison paternelle qu'à l'âge de quinze ans, et il passait pour très-instruit, vu sa condition. Toutefois, sa mère, dès son arrivée, l'avait placé au même rang que les plus humbles employés du magasin. Quoiqu'il dût un jour être le maître souverain du Grand-Dunkerque, il avait commencé par plier les paquets et les porter à domicile, comme faisaient les autres apprentis. Il lui avait fallu conquérir un à un tous ses grades dans la hiérarchie administrative de la maison; et c'était seulement à la suite de ce dur apprentissage que la rigide Normande lui avait accordé quelque autorité.

Cependant cette autorité ne pouvait encore aller bien loin. Mme Forget avait un caractère passablement despotique, et le pouvoir absolu qu'elle exerçait depuis si longtemps était devenu pour elle une habitude. Ses ordres devaient être exécutés immédiatement et à la lettre. Elle parlait toujours d'un ton sec, péremptoire, et, à la moindre contradiction, la rudesse de la paysanne se faisait jour, quel que fût le contradicteur. En dépit de ces formes âpres, Mme Forget aimait Julien par-dessus tout; un sentiment de dignité mal comprise l'empêchait seul de manifester sa tendresse, et elle croyait, dans l'intérêt même de son fils, devoir la cacher avec soin, de peur que le jeune homme ne fût tenté d'en abuser. Elle le voyait avec une joie secrète se développer, prendre le goût des affaires et enfin acquérir l'une après l'autre toutes les qualités qui pouvaient charmer une pareille mère.

Julien, en effet, était alors un charmant cavalier. Bien pris dans sa taille, il avait une figure régulière où la douceur s'alliait à l'honnêteté et à la franchise. Aussi, quand, les dimanches, le jeune bourgeois, bien poudré, bien rasé, en culotte et en habit à la française, l'épée au côté, car tout le monde alors portait l'épée, donnait le bras à sa mère pour la promener aux Tuileries ou au Palais-Royal, la bonne dame se sentait-elle fière d'avoir un fils si accompli. En revanche Julien, élevé dans une perpétuelle contrainte, montrait une grande timidité, une excessive défiance de lui-même. Sous les apparences d'un homme, il n'était encore qu'un enfant dépourvu d'initiative, non par caractère, mais par éducation. Or, tôt ou tard, une circonstance nouvelle pouvait développer en lui des facultés encore en germe, et il y avait grandement lieu d'appréhender ce réveil de la volonté au choc des passions orageuses de la jeunesse.

Mme Forget, avec son gros bon sens, avec ses instincts de mère, soupçonna le danger; afin de le prévenir, elle voulut marier son fils de bonne heure. Cette pensée n'était pas mauvaise, et la digne femme eut la main heureuse dans le choix qu'elle fit pour Julien.

Parmi les orfévres les plus riches et les plus considérés du quai aux Orfévres était M. Raymondot, qui fournissait depuis longtemps au Grand-Dunkerque de la menue bijouterie, et dont la famille était en rapports d'amitié avec la famille Forget. Raymondot avait une fille unique dont la beauté était célèbre sur les deux rives de la Seine, et de la Samaritaine à l'Arche-Marion : c'était une jeune personne grande, blonde, élancée, à la physionomie souriante, et qui passait pour être aussi douce, aussi bonne qu'elle était belle. Un grand nombre de galants rôdaient parfois devant la boutique de l'orfévre, moins pour admirer les joyaux de son étalage que les beaux yeux de sa fille; mais on faisait bonne garde autour de Denise Raymondot, et d'ailleurs la demoiselle savait prendre au besoin de petits airs de reine offensée qui eussent imposé aux plus effrontés admirateurs.

On voit donc que Mᵐᵉ Forget ne pouvait mieux choisir; mais, quand même Denise n'eût pas possédé les qualités physiques et morales qui devaient la faire rechercher, il nous faut convenir que peut-être la maîtresse du Grand-Dunkerque n'eût pas moins pensé à elle pour être la compagne de son fils. Denise en effet avait cinquante mille écus de dot, et c'était à peu près la somme que la Normande comptait attribuer à Julien en le mariant. De plus, les jeunes gens devaient réunir un jour entre leurs mains les biens respectifs des deux familles, et le tout constituait une fortune véritablement princière pour ce temps-là.

Cependant ces considérations, qui avaient agi sans aucun doute sur Mᵐᵉ Forget et sur les époux Raymondot, n'avaient eu aucune influence sur Julien et sur la gentille Denise, trop jeunes, trop naïfs tous les deux pour que des raisons d'intérêt pussent les déterminer en pareille affaire. Ils se connaissaient depuis leur enfance; ils se sentaient attirés l'un vers l'autre par une mutuelle sympathie. Chacun d'eux constatait avec une admiration

secrète les développements, les épanouissements que les
années apportaient chez l'autre ; ils s'aimaient sans se
l'être jamais dit, sans le savoir peut-être, et cette fois les
convenances, ce qui est rare, s'étaient trouvées parfaitement d'accord avec les inclinations réciproques de deux
futurs.

Le lecteur ne sera donc pas surpris que nous le fassions
tout d'abord assister au repas des fiançailles, qui avait
lieu un soir chez Mme Forget, après la fermeture de la
boutique.

On s'était réuni dans une petite salle à manger située
au rez-de-chaussée de la maison. Les parents et les fiancés
siégeaient autour d'une table couverte de pâtisseries, de
confitures et de vieux flacons, sur laquelle des candélabres
chargés de bougies répandaient une joyeuse lumière. Il
n'y avait là d'autre étranger qu'un vieux commis dans
lequel Mme Forget avait toute confiance et que l'on consultait sur les affaires de la famille comme sur les affaires
commerciales. M. Raymondot et sa femme, lui en habit
et en veste de soie de couleur claire, coiffé en ailes de
pigeon, elle en robe à grands ramages et en bonnet de
dentelles, avaient de bonnes figures bourgeoises que
rehaussait un air digne et majestueux exigé par la circonstance. Julien et Denise, placés côte à côte, ne se
gênaient pas pour causer et ricaner tout bas, et absorbés par leurs propres affaires, ils paraissaient ne pas
songer beaucoup au reste de l'assistance. Quant à la maîtresse du logis, vêtue de son costume de tous les jours,
comme si rien n'eût été capable de modifier ses immuables habitudes, elle s'évertuait à faire les honneurs du
souper, et disait fréquemment à ses convives avec cet
accent normand dont elle n'avait jamais pu se débarrasser :

— Eh bien ! quoi ? vous ne buvez point, vous ne mangez point ? Buvez donc, mangez donc... allez ! marchez !

En même temps elle chargeait les assiettes et remplissait les verres.

Cependant, chose étrange, sauf les deux jeunes gens qui continuaient de chuchoter avec une satisfaction visible, personne ne montrait de gaieté ni d'entrain à ce repas de fiançailles. Une secrète inquiétude semblait peser sur les grands parents au moment où leurs vœux les plus chers allaient se réaliser. Le vieux commis buvait coup sur coup, d'un air soucieux, sans desserrer les dents. L'orfévre avait comme un nuage sur le front, et Mme Raymondot regardait parfois sa fille avec des yeux humides de larmes. Enfin, il n'était pas jusqu'à la maîtresse de la maison dont la brusquerie un peu rustique ne parût cacher quelque grave préoccupation.

Cette réunion avait pour but principal de fixer le jour du mariage, et le repas tirait à sa fin que nul n'avait encore touché mot de cette importante question. Toutefois, Mme Forget n'était pas femme à reculer longtemps devant une explication, si épineuse qu'elle pût être. Voyant que décidément ses convives refusaient de manger et de boire davantage, elle dit tout à coup avec sa hardiesse ordinaire :

— Ah çà, vous autres, il ne s'agit point de barguigner ; nous sommes là pour causer de nos affaires, causons-en donc... Ces enfants ont l'air d'être pressés d'en finir, et moi je le suis aussi, car en employant le temps aux fadaises, on néglige la boutique... Ne tournons donc pas tant autour du pot et venons au fait... A quand la noce, voisin Raymondot ?

Il se fit un profond silence ; les deux fiancés eux-mêmes interrompirent leurs chuchotements pour écouter.

Mme Raymondot poussa un grand soupir. Quant au mari, qui avait été syndic de la corporation des orfévres et qui, en cette qualité, avait certaines prétentions à l'éloquence, il se redressa lentement et commença un discours fort prolixe et fort peu clair, tout bourré de réticences et de parenthèses, dont la conclusion était, « que peut-être il serait sage, dans l'intérêt de tous et de chacun, d'attendre encore quelques jours avant de donner suite aux projets des deux familles. »

Les assistants avaient écouté attentivement ce verbiage emphatique ; mais, comme aucun d'eux ne se hâtait de répondre, Julien s'écria d'un ton chaleureux qui contrastait avec sa timidité habituelle :

— Que dites-vous donc là, monsieur Raymondot ? Pourquoi ce retard ? Tout n'est-il pas prêt ? Mlle Denise a déjà ses ajustements de noce, et il ne me manque plus, à moi, que mon épée à poignée d'argent ; mais je passerai demain chez le fourbisseur et il faudra, bon gré, mal gré, qu'il me la livre. Aussi je vous le demande encore une fois, pourquoi ce retard ?... Voyons, ma chère Denise, ajouta-t-il en s'adressant à sa jolie fiancée, parlez donc... dites, comme moi, que vous ne voulez pas attendre !

Les yeux bleus de la jeune fille s'enflammèrent ; mais elle les baissa aussitôt, et, moitié souriant, moitié rougissant, elle répondit avec une feinte résignation :

— Je ferai ce que voudront papa et maman.

Cependant, pour consoler Julien de cette espèce d'abandon, elle lui tendit furtivement sa main qu'il pressa dans les siennes.

— Ah ! c'est comme il faut dire ! répliqua mélancoliquement Mme Raymondot. Denise est une enfant bien élevée, respectueuse pour ses parents ; et si elle savait, si elle pouvait savoir...

— Le fait est, ajouta l'orfévre sentencieusement, que les choses humaines ne marchent jamais sans obstacles ; c'est l'effet de l'imperfection de notre nature !

— La jeunesse est impatiente, inexpérimentée, dit à son tour M. Cadet, le vieux commis, d'un ton d'oracle ; elle ne songe pas aux serpents qui peuvent se cacher sous les fleurs !

Julien et Denise ne comprenaient rien à ces airs mystérieux, à ces phrases énigmatiques. Heureusement, la Normande n'aimait guère les demi-mots et les ménagements.

— Voyons, reprit-elle, il faut enfin que ces enfants sachent de quoi il retourne ; ils sont assez grands pour cela. Apprends donc, Forget, que j'ai reçu aujourd'hui par la petite poste une mauvaise lettre... et puis les Raymondot en ont reçu une autre, qui n'est pas meilleure, quoiqu'elle ne soit pas de la même personne... et foin de toutes les deux ! voilà mon avis, à moi.

Les deux fiancés étaient interdits.

— Ah çà, mère, demanda Julien, qu'importent pour mon mariage les lettres dont vous parlez ? De qui viennent-elles ?

— On ne sait ; elles ne sont pas signées.

— Mais on le devine, dit Raymondot en hochant la tête.

— On ne le devine que trop, ajouta le vieux commis avec son accent lugubre.

Julien, effrayé, n'osait plus souffler ; Denise demanda étourdiment :

— Eh bien, qu'est-ce que cela nous fait qu'on écrive ou non ? Nos affaires ne regardent que nous... et nos père et mère.

— Tu crois ça, petiote, répliqua brusquement la Nor-

mande; allons! tu vas voir la lettre que j'ai reçue...
Mais, avant tout, une question... As-tu des amoureux?

— Ah! madame Forget! répliqua Denise avec confusion.

— Bah! on a des amoureux en tout bien tout honneur; on ne peut point empêcher les hommes de vous trouver jolie. J'en ai bien eu, moi, quand j'étais plus jeune; mais si je les voyais faire mine de tourner mon comptoir, je leur montrais la porte, et s'ils n'obéissaient pas bien vite, je jouais des mains... La plus honnête marchande est exposée à cela, dans ce maudit Paris.

— Il est bien vrai, dit Raymondot, que la beauté de ma fille lui attire beaucoup d'adorateurs.

— Mais la chère enfant, ajouta la mère, a reçu de si bons principes et de si bons exemples...

— Oui, oui, c'est convenu, interrompit Mme Forget; il n'y a point de la faute de Denise. Néanmoins un amoureux éconduit a pu seul écrire la lettre que voici.

Elle tira de la poche de son tablier un papier tout froissé et lut à haute voix :

« Madame Forget,

« On m'a dit que votre faquin de fils devait épouser la jolie Denise Raymondot, la fille de l'orfévre. Je ne le souffrirai pas, et si ce nigaud persiste dans ses insolents projets, je le rouerai d'abord de coups de bâton, puis j'obtiendrai contre lui une lettre de cachet et je le ferai mourir dans un cul-de-basse-fosse. Tenez-vous pour avertis l'un et l'autre. Salut. »

La lettre, comme nous l'avons dit, n'était pas signée, mais aucun des assistants ne pouvait sans doute s'y tromper, car Denise s'écria :

— C'est le marquis de Laroche-Cardière, un gentilhomme ruiné, qui passe son temps à épier ceux qui entrent à la boutique ou qui en sortent. Ah! le vilain homme! Il a des yeux furibonds qui me font peur et il est toujours suivi d'un laquais en guenilles qui ressemble à un coupe-jarret...

— En effet, reprit l'orfévre, le marquis est venu me demander ta main le mois dernier; mais comme, malgré son titre, il est perdu de dettes et de vices, j'ai refusé net l'honneur de son alliance.

— En voilà toujours un de connu, dit la mère Forget; suffit, on se défiera... A l'autre maintenant... Voisine Raymondot, montrez-nous donc aussi la lettre que votre mari a reçue.

La seconde lettre était conçue en termes encore plus grossiers et plus menaçants. Voici ce qu'elle contenait :

« Bonhomme Raymondot,

« Si tu as la sottise de donner ta fille à cet imbécile de Julien Forget du Grand-Dunkerque, tu t'en trouveras mal et lui aussi. Je passerai mon épée à travers le corps de ce jeune courtaud de boutique, et j'irai tout briser dans ta cassine; tu peux y compter. Je te conviens beaucoup mieux pour gendre, et tu recevras bientôt ma visite. En attendant, prends bonne note de mes paroles, car je dis ce que je fais et je fais ce que je dis. »

Cette fois la lettre portait, en guise de signature, cette terrible indication : « *Quelqu'un* qui a tué deux hommes la semaine dernière. »

— Celui-là, s'écria Denise, c'est certainement le capitaine Fleur-de-Canon, le chef des racoleurs du quai de la Ferraille...., un spadassin qui traîne une grande, grande épée; et véritablement il a tué en duel deux pauvres jeunes gens, il n'y a pas huit jours.... Bonne sainte Vierge, que vais-je devenir!

Elle se mit à fondre en larmes ; et, se tournant vers son fiancé, elle lui dit avec désespoir :

— Ah! monsieur Julien, il ne faut plus songer au mariage.... M. de Laroche-Cardière et le capitaine Fleur-de-Canon, ces méchantes gens, vous extermineraient sans pitié.... Ils tueraient aussi ma mère, mon père, cette digne Mme Forget et moi-même.... Non, tout est fini, et j'en deviendrai folle.

Le jeune négociant, nous devons l'avouer, avait fait assez piteuse mine en écoutant la lecture de ces lettres terrifiantes. Il était devenu pâle et n'avait pas trouvé dans son courage *civil* la force de prononcer un mot. Mais en entendant sa chère Denise lui dire qu'il fallait rompre le mariage, il se ranima et la couleur reparut sur ses joues.

— Non, non, Denise, ne me parlez pas de renoncer à vous. J'aimerais mieux risquer d'être emprisonné, torturé, assassiné, comme ces fiers-à-bras osent m'en menacer ; mais je saurai vous défendre, me défendre moi-même. Non, mille fois non, je ne consentirai jamais à rendre la parole qui m'a été donnée, quand je devrais être écartelé, brûlé vif, coupé en morceaux!

Jamais Julien Forget ne s'était exprimé avec autant de chaleur ; et, bien qu'en achevant de parler, il n'eût pu s'empêcher de pleurer aussi, sa mère le regardait d'un air d'étonnement et de satisfaction, tandis que Denise lui souriait à la dérobée. Les autres personnes présentes demeuraient pensives, comme si aucune n'eût osé manifester les tristes réflexions qui se présentaient à son esprit. Enfin, Raymondot reprit lentement :

— Tout le monde sait que Louis XVI, notre roi actuel,

ne favorise pas autant la noblesse que le feu roi; et nous autres bourgeois notables, nous ne sommes plus exposés aux avanies comme au vieux temps. Tenez, j'ai vu récemment au magasin M. Lenoir, le lieutenant de police, qui m'avait commandé un service d'argenterie; il s'est montré fort bienveillant pour moi... Si je lui écrivais pour invoquer sa protection, en lui révélant les abominables desseins du marquis de La Roche-Cardière et du capitaine Fleur-de-Canon?

— Ne vous y fiez pas, voisin, répliqua Mme Forget; j'ai entendu dire que ce marquis de Laroche-Cardière, malgré sa ruine, avait des parents et des amis haut placés. M. Lenoir ne voudra pas se brouiller avec eux pour les beaux yeux d'une fillette. Quant au capitaine Fleur-de-Canon, c'est un militaire; l'administration civile ne peut rien contre lui, et il serait capable de proposer un duel à monseigneur le lieutenant de police en personne!

Selon les idées du temps, Mme Forget avait raison, et l'orfèvre n'osa pas insister. Toutefois, comme on ne décidait rien, Julien s'écria d'un ton fanfaron :

— Morbleu! je ne crains ni le marquis et son grand laquais, ni le capitaine et son interminable rapière, ni tous ces olibrius de racoleurs. Aussi ne veux-je pas que notre mariage soit retardé d'un jour ou même d'une heure... Denise, chère Denise, parlez donc... N'êtes-vous pas de mon avis?

— Mais, monsieur Julien, s'ils vous tuent?

— Eh bien, ils me tueront, répliqua Julien en frappant du pied.

Devant l'ardeur belliqueuse de son fils, la Normande éprouva des craintes maternelles qu'elle essaya de cacher sous un air de sévérité.

— Allons, Forget, reprit-elle, sois raisonnable... Il ne t'appartient pas d'élever la voix en ma présence; tu feras ce que les personnes plus sages et plus âgées auront décidé... Je veux qu'on m'obéisse, tu sais? Et tu m'obéiras jusqu'à la fin... Allez, marchez!

Julien baissa la tête et garda le silence. Mme Forget, malgré son despotisme, éprouvait beaucoup de pitié pour les deux jeunes gens; elle reprit bientôt:

— Il faut pourtant en finir. Nous n'allons pas rester là comme l'âne entre deux bottes de foin... Ma foi, puisque ces enfants y tiennent, moi, je serais d'avis de les marier et de faire la figue aux autres.

Julien se leva impétueusement et appliqua deux gros baisers sur les joues de sa mère, qui se dégagea en rajustant sa coiffe et en murmurant:

— Laisse donc... devant le monde... On croirait que tu me manques de respect!

Elle reprit d'un ton plus ferme:

— Eh bien, voisin Raymondot, et vous, la Raymondote, qu'en pensez-vous? Les marierons-nous? ne les marierons-nous point?

— Je ne demanderais pas mieux, répliqua l'orfévre avec anxiété; mais ce Laroche-Cardière a tant de crédit...

— Et ce capitaine des racoleurs a tué tant de monde! ajouta sa femme en gémissant.

— Nous voilà bien avancés, reprit la Normande avec impatience. Tenez, monsieur Cadet, continua-t-elle en se tournant vers le vieux commis, vous êtes homme de bon conseil; donnez-nous votre opinion; comment nous tirer de là?

M. Cadet, qui achevait de siroter un petit verre de liqueur de Mme Anfoux, s'essuya les lèvres, salua profondément et répondit avec son emphase ordinaire:

— Puisque ma respectable et digne patronne veut bien m'encourager à produire mon sentiment, je ne saurais m'y refuser. Je pense donc, avec toute la déférence due aux personnes qui me font l'honneur de m'écouter, qu'il y a d'infinis ménagements à garder dans cette circonstance et qu'il faut agir avec une extrême circonspection. Si j'ai bien compris la situation, les deux lettres anonymes ont été écrites par deux prétendants évincés qui sont redoutables soit par leur crédit, soit par leur brutalité et leur habileté à l'escrime...

— Hélas! soupira Mme Raymondot.

— Il n'est que trop vrai! murmura l'orfèvre.

— Je conclus donc, poursuivit M. Cadet, qu'il y aurait danger pour les futurs époux...

— Vous ne voulez pas que j'épouse Denise? interrompit Julien.

— Permettez-moi d'achever, monsieur Forget; un peu de patience, je vous prie... Si en effet le mariage s'accomplissait avec toute la pompe et tout l'éclat qui conviendraient en pareil cas à deux familles si considérées, ne serait-ce pas avoir l'air de narguer les correspondants anonymes et les pousser séparément ou de concert à un acte de violence? Je crois donc qu'il faut éviter le bruit et tout ce qui peut ressembler à une bravade. En revanche, rien ne s'oppose à ce que le mariage ait lieu en secret. On s'arrangera pour tenir la chose cachée pendant quelque temps; quand enfin elle sera connue, les malintentionnés se trouveront en présence d'un fait accompli. Ainsi on évitera les scènes, les tentatives de scandale, et bientôt les jeunes époux n'auront plus à s'inquiéter des persécutions dont on les menace.

Toutes les personnes graves de l'assemblée paraissaient

réfléchir sur la proposition du vieux commis. Seul Julien reprit avec humeur :

— Comment! nous marier sans noce et sans *violonneux?*... Ce serait une honte!

— Comment! dit Denise à son tour en faisant une moue affreuse, je ne vêtirais pas ma robe de satin blanc, je n'aurais pas mon voile de dentelles et mon collier de perles! Je ne serais pas suivie de mes demoiselles d'honneur! L'orgue ne jouerait pas au moment de mon entrée à l'église, et nous n'irions pas le soir dîner et danser aux Porcherons!.. Mais alors à quoi bon se marier?

On ne songea même pas à rire de la naïveté de la future.

— Tout bien considéré, dit la maîtresse du logis, M. Cadet a raison. Comme ça, on évitera de mettre en colère ces maudites gens, et l'on épargnera une grosse somme employée à régaler des pique-assiettes qui ensuite se moquent de vous. J'ai pour confesseur M. le curé de Saint-Germain-l'Auxerrois, à qui j'ai donné, pas plus tard qu'à la Trinité dernière, deux beaux candélabres plaqués d'argent pour son église. Il consentira, j'en suis sûre, à marier ces enfants dans sa chapelle particulière, à l'heure où l'église est déserte... Oui, oui, décidément la proposition de M. Cadet répond à tout.

Julien et Denise semblaient avoir encore de nombreuses objections à présenter contre ce mode de mariage; mais Mme Forget et M. Cadet, l'oracle de la maison, s'étaient prononcés; les Raymondot, qui avaient craint que les circonstances nouvelles ne fissent manquer un mariage avantageux pour leur fille, acceptèrent à leur tour ce moyen de sortir d'embarras. Les deux jeunes gens se trouvaient donc dans la nécessité de se marier comme l'entendaient leurs parents ou de ne pas se marier du tout, du moins de sitôt. Ils finirent par céder en soupirant.

— Ah çà, demanda Julien, est-ce que ma chère Denise viendra, dès que nous aurons reçu la bénédiction nuptiale, habiter la jolie chambre que ma mère a fait préparer pour nous dans la maison?

La fiancée détourna la tête en rougissant.

— J'y verrais de sérieux inconvénients, répliqua M. Cadet. Ce serait apprendre trop tôt la vérité au public, et alors à quoi auraient servi nos précautions?

Tout le monde reconnut la justesse de cette observation et Julien n'osa répliquer, bien qu'il donnât à part lui le commis à tous les diables. On convint que les deux mères feraient, dès le lendemain, les démarches nécessaires pour l'accomplissement de ce projet; puis, comme il était tard, on se disposa à se séparer. Les Raymondot allaient sortir quand M. Cadet les retint par un signe.

— Je n'ai pas besoin, reprit-il à voix basse, de rappeler aux sages personnes qui m'écoutent combien il importe de ne confier à qui que ce soit le résultat de cet entretien. Nos ennemis ne manquent pas d'audace; je les connais l'un et l'autre et je sais de quoi ils sont capables... une parole imprudente pourrait nous créer de cruels embarras et peut-être pis.

On promit de garder le silence, puis les Raymondot retournèrent chez eux, précédés par un de leurs apprentis qui portait une lanterne. Demeuré seul avec sa mère et M. Cadet, Julien voulut hasarder encore quelques plaintes sur les nouveaux arrangements. La Normande l'interrompit dès les premiers mots.

— Il suffit, Forget, dit-elle; si tu ne tenais pas tant à cette fillette et si le parti n'était pas si bon, j'enverrais tout promener, car Dieu sait dans quelle galère nous allons nous embarquer !... Mais la chose est convenue, arrêtée ; qu'on ne m'en parle plus !.. Et que l'on songe à se lever demain matin de bonne heure pour ouvrir la boutique, car les affaires ne se font pas avec toutes ces calembredaines d'amourettes et de mariage... allez, marchez !

Et Mme Forget se retira dans sa chambre, sans permettre aucune réclamation nouvelle.

LE CAPITAINE DES RACOLEURS

Trois jours s'écoulèrent et l'on prit soin que rien au Grand-Dunkerque, comme chez les Raymondot, ne trahît ce qui se tramait entre les deux familles. Ces précautions ne paraissaient pas superflues ; plusieurs fois dans la journée, on voyait passer devant l'un et l'autre magasin certaines personnes dont les allures pouvaient bien exciter la méfiance. C'était d'abord un homme de cinquante ans environ, vêtu d'un habit de velours aux galons ternis, flanqué d'une épée aussi longue qu'une broche à rôtir. Il avait une figure bistrée, maigre, sillonnée de rides profondes, et des yeux gris, perçants, où se reflétaient à la fois l'insolence et la ruse. On a deviné M. de Laroche-Cardière, gentilhomme picard d'assez bonne maison, mais qui, ruiné par le jeu et les débauches, n'avait plus d'espoir que dans un mariage avec une riche bourgeoise pour relever ses affaires. On assurait que, malgré sa détresse actuelle, sa famille était fort disposée à le soutenir dans l'exécution de ce projet, et en attendant, le marquis vivait un peu à l'aventure dans les cafés et les tripots. Partout où il allait, il se faisait suivre de ce laquais en guenilles dont nous avons parlé, vieux coquin, à figure d'ivrogne, et qui, si l'on en croyait la renommée, avait eu plus d'une fois maille à partir avec la justice.

L'autre rôdeur, auteur de la seconde lettre anonyme, était une espèce de capitan, déjà sur le retour, à la haute taille, à la figure bourgeonnée, à la moustache relevée en croc. Il portait l'uniforme d'officier des gardes-françaises et marchait par les rues, d'un pas vainqueur, appuyé sur un gros jonc à pomme d'ivoire. On le connaissait sous le nom de capitaine Fleur-de-Canon, et nous savons qu'il était chef des racoleurs du quai de la Ferraille. Comme Laroche-Cardière, il avait conçu la pensée d'épouser Denise, et n'imaginait pas de meilleur moyen de séduction que de tuer en duel tous ceux qui oseraient courtiser la fille du riche orfèvre. Cependant il ne paraissait pas avoir connaissance des prétentions du marquis, et le marquis semblait ignorer les siennes; aussi chacun d'eux jouait-il résolûment sa partie, convaincu qu'il avait pour rival unique le simple et pacifique Julien Forget.

Laroche-Cardière et son valet ne perdaient presque pas de vue la maison Raymondot, tandis que Fleur-de-Canon, soit seul, soit accompagné de quelqu'un de ses sergents recruteurs, gens assez peu estimables pour la plupart, s'était donné plus particulièrement la mission de surveiller le Grand-Dunkerque et ses propriétaires. Plusieurs fois par jour il s'arrêtait devant la boutique, dardant sur Julien ou sur les commis des regards qui faisaient trembler les plus courageux. La pauvre Denise, de son côté, éprouvait une sensation analogue, quand, à travers les vitres de la devanture, elle voyait les yeux étincelants de l'inévitable Laroche-Cardière fixés sur elle, et souvent elle s'enfuyait dans l'arrière-boutique pour cacher son effroi.

Ces persécutions, ces démonstrations menaçantes n'eurent pourtant pas l'effet que les deux matamores en attendaient. Un matin, aux premières lueurs du jour, divers groupes, partis du quai des Orfévres et de la rue Saint-Honoré, se dirigèrent furtivement vers l'église Saint-Germain-l'Auxerrois. Les rues étaient peu fréquentées à cette heure; cependant on avait poussé la précaution jusqu'à envoyer en avant des gens affidés pour s'assurer que l'on ne serait pas exposé à de fâcheuses rencontres. Mme Raymondot et sa fille, enveloppées dans leurs mantes, étaient sorties seules, comme si elles avaient seulement l'intention d'assister à la première messe, suivant leur habitude. Mme Forget et Julien quittaient au même instant le Grand-Dunkerque, dans leurs habits ordinaires, tandis que Raymondot, M. Cadet, et une personne qui devait servir de témoin, se mettaient séparément en route avec les mêmes précautions. De la sorte, les deux groupes se trouvèrent réunis à la paroisse, sans que rien eût pu faire soupçonner de quoi il s'agissait.

La vieille église de Saint-Germain-l'Auxerrois était alors, comme aujourd'hui, une des plus sombres de Paris, et malgré les bougies allumées que portaient quelques dévotes pour lire leurs heures, la vaste nef restait très-obscure. Cependant les nouveaux venus ne s'y arrêtèrent pas; ils se glissèrent vers la grille du rond-point où le suisse se tenait en faction, et après avoir dit un mot à cet homme, s'introduisirent sans bruit dans la partie de l'église réservée au clergé. Puis on referma la grille et toute communication se trouva interrompue avec les rares fidèles de la nef.

Au fond d'une chapelle écartée, un vieux prêtre, assisté d'un sacristain, paraissait attendre les fiancés et se mit aussitôt en devoir de célébrer l'office divin. Julien et Denise s'agenouillèrent ; au bout de quelques minutes, ils recevaient la bénédiction nuptiale.

Cette cérémonie, sans doute, n'avait pas la magnificence qu'ils avaient rêvée l'un et l'autre; elle s'accomplissait sans éclat, dans l'ombre et le silence. Néanmoins, les assistants, les jeunes mariés eux-mêmes, éprouvaient parfois des tressaillements de crainte, et regardaient tout à coup derrière eux, comme si quelque événement sacrilége eût pu venir les troubler.

En dépit de ces transes, l'acte religieux s'acheva sans accident, et après qu'on fut allé à la sacristie signer au registre de la paroisse, les jeunes gens se trouvèrent bien et dûment unis, d'après les lois alors en usage.

En sortant de l'église, Denise protestait encore par une jolie moue contre cette manière modeste de se marier; en revanche, Julien était radieux et serrait avec force le bras de sa nouvelle épouse; mais il n'eut pas le temps de se livrer à sa joie. A la porte de Saint-Germain-l'Auxerrois, il fallut se séparer de nouveau, et tous ceux qui avaient assisté à la cérémonie durent retourner séparément chez eux. Il avait été décidé que les magasins resteraient ouverts ce jour-là, et les mariés devaient s'y montrer, chacun de son côté, comme si rien n'eût été changé dans leur existence depuis quelques heures.

Aussi, pendant que Raymondot et sa famille regagnaient le quai des Orfévres et que Mme Forget retournait au Grand-Dunkerque avec le commis, Julien, qui ne s'était joint ni à l'un ni à l'autre groupe, de peur que cette réunion ne donnât lieu à des interprétations trop claires, sortit seul et le dernier par la porte qui s'ouvrait sur la rue des Prêtres-Saint-Germain-l'Auxerrois.

Cette rue, aujourd'hui encore une des plus étroites du quartier, était encombré en ce temps-là d'échoppes où l'on vendait des chapelets et des images pieuses. Julien, tout en marchant, tenait les yeux obstinément tournés vers le Louvre, car Denise et Mme Raymondot venaient de disparaître de ce côté, et il songeait qu'il retrouverait sa charmante épousée, le soir, chez elle où devait avoir lieu un grand souper. Il n'aperçut donc pas un passant qui venait en sens contraire et qui peut-être était distrait lui-même ; soit par hasard, soit par dessein prémédité de l'inconnu, ils se heurtèrent brusquement.

Aussitôt un effroyable juron se fit entendre. Julien releva la tête et voulut s'excuser de sa maladresse, mais il demeura sans voix. L'homme, soi-disant insulté, était un grand escogriffe de militaire qui, le jarret tendu, une main sur sa moustache, l'autre sur la poignée de sa rapière, s'était posté devant lui d'un air irrité et provocateur. Le jeune bourgeois avait reconnu le capitaine des racoleurs, le célèbre et terrible Fleur-de-Canon.

— Corbleu ! morbleu ! palsambleu ! disait le soudard d'un air irrité et dédaigneux, tu cherches une querelle, petit ? Tu la trouveras, de par tous les diables ! Je n'aurai pas honte, moi, de me battre avec un lourdaud de bourgeois, car je me bats avec tout le monde... Eh ! ventre de canard ! nous serons parfaitement ici pour en découdre... Es-tu prêt ?

En un tour de main il mit flamberge au vent, et, campé sur sa hanche, le pied gauche rejeté en arrière, il attendit qu'il plût à Julien de l'imiter.

Mais Julien ne semblait en avoir aucune envie ; ses

velléités belliqueuses des jours précédents avaient disparu, et il ne songea nullement à tirer l'épée de parade qu'il portait, selon la mode. Otant son chapeau, il dit avec un accent de politesse :

— Excusez-moi, monsieur le capitaine, je vous ai heurté par inadvertance et je vous en demande pardon... J'ai l'honneur de vous connaître, capitaine, ajouta-t-il en donnant à sa voix des intonations plus conciliantes encore ; je suis le fils à Mme Forget du Grand-Dunkerque, et je vous ai vu plusieurs fois au magasin... Je sais que vous êtes brave et respecté de tous.

Comme on le voit, le pauvre Julien se faisait aussi humble que possible. Cependant, Fleur-de-Canon conservait son attitude insolente.

— Est-il bien vrai, jeune homme, reprit-il enfin, que vous n'avez pas eu l'intention de m'offenser ? Je croyais qu'à raison de certaines circonstances... Triple tonnerre ! il n'est pas difficile de me trouver, voyez-vous ?

Julien s'empressa de protester qu'il ne savait ce qu'on voulait dire, qu'il avait rencontré le capitaine par hasard et qu'il regrettait profondément sa maladresse involontaire. Fleur-de-Canon finit par remettre sa rapière dans le fourreau et reprit d'un air bourru :

— Soit donc ; puisque vous vous excusez de la bonne façon, n'en parlons plus... Mais alors, mon jeune cadet, que diable regardiez-vous tout à l'heure avec tant d'attention, pour tomber ainsi sur les gens ?... Par la mort ! n'est-ce pas Mme Raymondot et sa demoiselle que j'ai vues passer là-bas enveloppées dans leurs mantes ?

Le jeune bourgeois répliqua d'un ton presque inintelligible qu'il était allé à la paroisse pour remplir ses devoirs de chrétien, qu'il se rendait maintenant chez lui en toute hâte, afin d'assister à l'ouverture de la boutique, et qu'il ignorait si les dames Raymondot étaient venues à l'église, quoique peut-être elles s'y fussent trouvées à son insu.

Fleur-de-Canon frappa du pied ; un soupçon de la vérité se présentait à son esprit.

— Je devine ! s'écria-t-il ; tu viens d'épouser la petite sans tambour ni trompette... Est-ce vrai, dis ? Corne-du-diable ! si c'était vrai, je t'exterminerais, je te réduirais en poussière, je te... parleras-tu ?

L'excès même de la frayeur rendit à Julien quelque présence d'esprit. Il répondit avec enjouement :

— Je ne vous comprends pas, capitaine ; ai-je l'apparence et le costume d'un marié ?

— Bon ! crois-tu me mystifier comme une recrue ? Me prends-tu pour un niais ? Ne sais-je pas que ton mariage est arrêté depuis longtemps avec la jolie fille de ce Crésus d'orfévre ?

— J'avoue qu'il a été question de quelque chose de pareil entre ma mère et les Raymondot ; mais l'affaire a tourné mal. Nous avons tous été effrayés des menaces de ce noble ruiné, M. de Laroche-Cardière, qui veut épouser Denise malgré elle et qui prétend me faire mourir à la Bastille...

Fleur-de-Canon se redressa vivement :

— Hein ! que chantez-vous là, mon cadet ? demanda-t-il avec surprise ; qu'est-ce que c'est que Laroche-Cardière ?

Par une sorte d'instinct, Julien venait de frapper un coup de maître. Il s'en aperçut aussitôt et voulut profiter de son avantage. Il vanta donc le crédit du marquis, son haut parentage et rappela les termes de la lettre menaçante qui avait produit tant d'impression sur la famille Raymondot.

L'officier des racoleurs écoutait tout cela, le sourcil froncé, en lissant les crocs de sa moustache.

— Tiens, tiens, disait-il, voilà du nouveau!... Ah! ce vieux galantin ose aller sur les brisées du capitaine Fleur-de-Canon? Je crois en effet l'avoir rencontré par-ci par-là et je veux m'assurer s'il a la peau plus difficile à entamer, la vie plus dure que le premier venu... Mais dites-moi, petit, n'a-t-on pas reçu chez vous d'autre lettre que celle de Laroche-Cardière? Il y a peut-être encore de par le monde quelqu'un qui ne se laisse pas couper l'herbe sous le pied, entendez-vous?

— Oui, oui, capitaine, répliqua Julien en baissant les yeux; ma mère a reçu une seconde lettre qui lui a fait grand'peur. Mais le Laroche-Cardière est si puissant...

— On s'en débarrassera, l'ami, on s'en débarrassera et promptement, répliqua le capitaine en touchant son épée.

Cependant il ne cessait de fixer un regard soupçonneux sur Julien.

— Tout cela ne saurait prouver, mon gentil garçon, reprit-il en hochant la tête, que vous n'avez pas joué un mauvais tour à Laroche-Cardière et... à d'autres, en venant si matin à l'église avec la petite Raymondot. Que le diable m'étrangle! j'ai envie d'entrer à la sacristie et de m'assurer si je ne trouverais pas votre signature sur le livre de la paroisse.

Forget sentit un frisson parcourir tout son corps; néanmoins il répondit avec une tranquillité affectée:

— Vous êtes libre; pour moi, je ne saurais rester plus longtemps... votre serviteur, capitaine!

Et il tenta de s'esquiver, songeant que si l'effroyable soudard réalisait sa menace, lui, Julien Forget, aurait assez de temps pour se cacher de façon à devenir introuvable; mais Fleur-de-Canon le retint.

— Allons! j'ai tort, dit-il en donnant à sa figure toute l'expression d'aménité dont elle était susceptible; vous êtes un bon petit diable, et je veux faire ma paix avec vous. Venez au *café Militaire*, là, sur le quai de la Ferraille, et nous déjeunerons ensemble.

Cette invitation était un nouveau péril, et le jeune négociant essaya de s'y soustraire.

— Monsieur le capitaine, dit-il humblement, j'ai eu l'honneur de vous dire qu'il était l'heure d'ouvrir la boutique, et ma mère, qui est très-rigide, me gronderait fort si je ne me trouvais à mon poste. Merci donc pour votre invitation, mais je suis dans la nécessité de vous quitter.

— Ouais! s'écria Fleur-de-Canon, est-ce que la maman vous donne encore le fouet?... Ou bien auriez-vous l'intention d'aller rejoindre la petite Raymondot, qui sans doute vous attend quelque part?

— Ce n'est pas cela, capitaine, répliqua Julien dans une mortelle angoisse; mais la boutique... ma mère...

— Hein! qu'y a-t-il? On repousse les avances du capitaine Fleur-de-Canon? C'est une insulte, par la morbleu! et une insulte que je ne laisserai pas impunie.

— Ne vous fâchez pas, monsieur; je vous assure...

— Que je ne me fâche pas, mille tonnerres! quand on a l'air de faire fi de moi, de me traiter du haut en bas!

Il n'y avait pas à hésiter; Julien se trouvait dans la nécessité de se battre avec le spadassin ou d'accepter son invitation; il accepta donc.

— Allons! capitaine, balbutia-t-il, vous y mettez tant d'insistance et de bonne grâce... Mais que dira ma mère? que diront les commis?

Le racoleur fit entendre un gros rire ; puis, après avoir passé son bras sous celui de Julien, comme pour s'assurer que le jeune bourgeois n'aurait pas la velléité de lui fausser compagnie en route, il l'entraîna d'un air triomphant vers l'endroit où ils devaient déjeuner.

III

LE CAFÉ MILITAIRE

Le quai de la Ferraille, actuellement quai de la Mégisserie, conservait, à l'époque où remonte cette histoire, une physionomie singulière qui en faisait un des endroits les plus curieux de l'ancien Paris. Voisin du pont Neuf qui, pendant tant d'années, avait été la promenade en vogue et le centre de l'agitation parisienne, il avait tout le caractère populaire du pont Neuf, outre quelques traits particuliers. Long et étroit, il commençait à la célèbre fontaine de la Samaritaine et se terminait à la non moins célèbre Arche-Marion. Sur cette bande resserrée se déroulaient, du matin au soir, les scènes les plus animées et parfois les plus tumultueuses. Comme le pont Neuf lui-même, le quai de la Ferraille était fréquenté par les tondeurs de chiens, les décrotteurs *à la royale*, les arracheurs de dents, les saltimbanques, les joueurs de marionnettes, surtout par ces chanteurs ambulants qui, sous « le parapluie rouge, » vociféraient, en s'accompagnant d'un crincrin, les refrains à la mode, et dont

Baptiste, dit le *divertissant*, était alors le plus renommé. Des jardiniers-fleuristes encombraient le pavé de pots de fleurs et d'arbustes, de manière à obstruer souvent le passage, tandis que des bouquetières, le jupon relevé dans leur poche, l'éventaire chargé de roses, de violettes ou de narcisses, appelaient les pratiques d'une voix chantante et agaçaient les badauds. Les vieilles maisons qui regardaient la rivière étaient habitées par des oiseliers dont la marchandise piaulait à rendre sourds les passants. Elles contenaient aussi les boutiques des ferrailleurs qui avaient donné leur nom au quai et dont les serrures rouillées, les chenets boiteux, les marmites hors de service, formaient devant les portes un fort déplaisant étalage. Enfin elles étaient occupées encore par des cafés et des cabarets où les racoleurs conduisaient les pauvres diables disposés à écouter leurs menteries. Aussi Florian a-t-il dépeint ce quai avec exactitude dans un joli vers :

On y vend des oiseaux, des hommes et des fleurs.

Le quai de la Ferraille devait surtout son aspect original à ces racoleurs qui y avaient établi leur quartier général, et qui l'avaient pris pour théâtre de leurs prouesses justifiées par l'usage, sinon par la loi.

On sait qu'à cette époque où la conscription n'existait pas encore, le recrutement des armées se faisait uniquement par engagements volontaires. Or, pour décider les jeunes hommes à s'enrôler, il fallait quelquefois employer les cajoleries, la ruse ou même les menaces, et c'était là l'œuvre des racoleurs.

Aussi n'était-il sorte de séduction qu'ils ne missent en œuvre pour réussir. Bien qu'ils fissent la chasse aux recrues dans tout Paris, c'était de préférence sur le pont

Neuf et dans les environs qu'ils cherchaient leur proie. Les uns, revêtus de leur plus bel uniforme, un bouquet posé sur leur chapeau au-dessus de l'oreille, se promenaient avec un sac d'argent qu'ils agitaient sans cesse. D'autres allaient jusqu'à se montrer à certains jours dans les rues, portant un broc plein de vin et une broche à laquelle étaient enfilés des dindons, des perdrix et des cailles pour affriander la clientèle. D'autres enfin se faisaient accompagner par de belles filles, superbement vêtues, dont les œillades assassines et les sourires provocateurs ne pouvaient manquer d'apprivoiser les godelureaux les plus farouches. Et quand ils avaient alléché quelque jeune drôle par tout cet étalage, il fallait entendre les splendides promesses qu'ils lui adressaient ! On avait trois repas par jour à la caserne, et chaque repas, composé de faisans rôtis, de pâtés de gibier, était arrosé d'autant de vieux bordeaux et de vieux bourgogne que le futur soldat pouvait en souhaiter ; le roi lui-même considérait comme un devoir de venir souvent goûter la soupe ; à la seule mine de l'enrôlé, on était sûr qu'il trouverait « dans sa giberne » le bâton de maréchal de France. En attendant, il passerait gaiement le temps de son service ; les plus belles femmes se disputeraient l'honneur de cirer ses souliers et de fourbir la poignée de son sabre. Ces hâbleries avaient-elles prise sur le malheureux niais, on l'entraînait dans un cabaret du quai de la Ferraille, on l'enivrait, et, à la fin de l'orgie, on lui exhibait l'engagement qu'il avait signé pendant son ivresse. Si alors il protestait, on le menaçait, on l'effrayait, on le maltraitait même, et il n'en était pas moins soldat du roi. Si, au contraire, il prenait son parti en brave, on le choyait, on le régalait de nouveau, et après l'avoir enrubanné de la tête aux pieds, on le promenait sur le pont Neuf, en grande pompe, au son du tambour, dans l'espoir que son exemple en entraînerait d'autres. Les racoleurs portaient, dans cette circonstance, un étendard sur lequel ils avaient écrit ce vers de Voltaire :

Le premier qui fut roi fut un soldat heureux (1).

Il était encore trop matin pour que Julien Forget et le capitaine Fleur-de-Canon pussent être témoins de quelqu'une de ces scènes bruyantes sur la voie publique. La plupart des boutiques ne s'ouvraient pas encore ; c'était à peine si les oiseliers commençaient à suspendre devant leur porte les cages innombrables où sifflait, rossignolait, parlait et braillait la gent emplumée. Le quai restait désert ; les théâtres de marionnettes étaient clos, les sellettes des décrotteurs abandonnées ; les chanteurs au parapluie rouge se reposaient des fatigues de la soirée précédente. Seuls les jardiniers-fleuristes alignaient déjà leurs pots de fleurs et d'arbustes le long des maisons ; et les chants joyeux qui montaient de la rivière, où se trouvaient le port au sel et le port à charbon, attestaient que déjà les blanchisseuses et les bateliers vaquaient à leurs travaux habituels.

Quelques sergents recruteurs rôdaient aussi sur le quai en bâillant. Quand leur chef passait à côté d'eux, ils le saluaient avec respect; mais leur attention se portait d'abord sur Julien, beau garçon qui était d'âge à être enrôlé, bien que son costume et ses manières n'annonçassent pas un pigeonneau capable de se laisser prendre à la glu du racolage, et ils avaient l'air de se deman-

---

(1) Voyez sur les racoleurs et le quai de la Ferraille le savant et spirituel ouvrage de M. Edouard Fournier, l'*Histoire du pont Neuf*.

der si Fleur-de-Canon n'allait pas sur leurs brisées en convoitant cette magnifique proie. Julien crut même s'apercevoir que le capitaine échangeait avec eux certains regards moqueurs, et cette remarque n'augmenta guère le plaisir qu'il trouvait en pareille compagnie.

Fleur-de-Canon, sans s'inquiéter de l'opinion du jeune bourgeois, se dirigea vers le *café Militaire*, alors célèbre par les batteries, les débauches, les duels dont il était journellement le théâtre. Julien, jusqu'alors, n'avait passé qu'avec répugnance devant ce café, et s'en était en toute occasion détourné avec horreur. Mais cette fois il lui fallait suivre son nouvel ami, et il pénétra avec lui dans ce bouge redoutable, en essayant de cacher ses appréhensions et son dégoût.

Le tableau qui s'offrit à ses yeux en entrant n'était pas de nature à diminuer cette impression fâcheuse. Autour d'une table, sur laquelle on voyait de nombreuses bouteilles vides, des dés, des cartes tachées de vin, dormaient en désordre plusieurs personnes, hommes et femmes. Parmi ces dormeurs, on remarquait un grand gaillard en costume d'Alsacien, qui semblait avoir été le héros de la fête, et qui, le front appuyé sur une moitié de fromage, ronflait comme une pédale d'orgue. Le sol était jonché de verres brisés, de siéges renversés ; une odeur nauséabonde de rhum, d'huile et de tabac prenait à la gorge ; tout, dans cette salle sordide, attestait une débauche qui avait dû se prolonger fort avant dans la nuit.

Au bruit d'une clochette que la porte agitait en s'ouvrant, les dormeurs remuèrent et firent entendre quelques sons inarticulés ; cependant un seul se leva et vint au-devant du capitaine. C'était un sergent aux gardes dont la figure, naturellement rébarbative, était rendue plus repoussante encore par une balafre qui allait presque de l'une à l'autre oreille, en passant à travers le nez. Cette ancienne blessure pouvait être glorieuse, mais elle donnait à celui qui l'avait reçue une mine fort peu avenante. Le sergent recruteur, après avoir porté la main à son front pour saluer son chef, sembla surtout préoccupé de la présence de Julien et il le regarda avec une expression d'étonnement qu'il ne pouvait dissimuler. Fleur-de-Canon lui demanda brusquement dans une espèce d'argot :

— Eh bien, Jardin-d'Amour, le poisson a-t-il mordu ?

Le racoleur, à qui ses camarades avaient donné par antiphrase le surnom de Jardin-d'Amour, remit à l'officier un papier au bas duquel un nom était tracé en grosse écriture.

— Il suffit, reprit le capitaine d'un air satisfait ; tu es un madré compère, Jardin-d'Amour, et je suis content de toi. Après avoir promené ce gars dans les rues, selon l'usage, tu le conduiras au major du régiment de la Trémouille, auquel il est destiné... Puis, ajouta-t-il en baissant la voix, tu reviendras ici où j'aurai peut-être des ordres à te donner.

— Ah çà, capitaine, demanda Jardin-d'Amour en posant une main devant sa bouche et en désignant Julien par un geste presque imperceptible, est-ce que vous auriez l'intention....

— Hein ! qu'est-ce que cela ? interrompit Fleur-de-Canon, on se permet de me questionner, je crois ? Allez à votre service, sergent, et n'oubliez pas ma consigne.

Pendant cette conversation, Julien continuait de promener autour de lui des regards effarés. Cet honnête jeune homme, appartenant à une famille patriarcale, élevé par sa mère, soupçonnait à peine les choses ignobles qui se passaient dans les bas-fonds de la société, et il était révolté du tableau qui s'offrait à ses yeux. Le capitaine des racoleurs ne lui laissa pas le temps de la réflexion.

— Allons! mon petit ami, lui dit-il d'un ton à la fois caressant et familier, suivez-moi... Nous ne saurions rester ici avec tout ce monde!

Puis, s'adressant à un gros bonhomme ébouriffé, qui venait d'apparaître à demi vêtu et en se frottant les yeux, comme s'il eût été éveillé en sursaut :

— Père Barthélemy, lui dit-il, vous allez nous faire servir à déjeuner, là-haut, dans mon cabinet... deux couverts, et que rien ne manque!... Nous boirons du vieux chablis... vous savez, de mon chablis, à moi... et que l'on se dépêche!

Barthélemy s'inclina fort bas et annonça que les ordres du capitaine allaient être exécutés; puis, Fleur-de-Canon entraîna Julien hors de la salle, sans s'apercevoir que le sergent, qui ne s'était pas pressé de sortir, les observait de loin avec un mélange de surprise et d'intérêt.

On monta un escalier ressemblant assez à une échelle et on pénétra dans un entre-sol bas et sombre que le capitaine appelait *son cabinet*. Le mobilier, quoique misérable, avait un air prétentieux, visant à l'élégance. Par malheur les éraillures des rideaux, du canapé et des fauteuils, trahissaient les habitudes brutales de ceux qui fréquentaient cet entre-sol et les deux glaces ternies qui en décoraient les panneaux avaient été fendues, par suite sans doute de quelque lutte violente. Il était éclairé par une unique fenêtre, donnant sur le quai; mais, comme cette fenêtre était fermée, il y régnait une odeur fétide à peine moins insupportable que celle du rez-de-chaussée.

Le malaise de Julien s'accroissait de minute en minute. Le temps n'était plus où il existait dans Paris ce qu'on appelait des *fours*, c'est-à-dire des maisons où l'on entraînait par force de pauvres jeunes gens, destinés à devenir soldats, ou même des femmes et des enfants qu'on vendait ensuite pour les envoyer en Amérique. L'administration de Louis XIV et celle de Louis XV avaient réprimé ces abus; néanmoins Forget n'ignorait pas que l'on donnait encore le nom de *fours* à certains endroits où s'opérait le racolage, et où les lois sur la liberté individuelle n'étaient pas rigoureusement observées. Or, le *café Militaire* était un de ces endroits, et Julien, eu égard à la manière dont il y avait été conduit, presque contre sa volonté, pouvait raisonnablement supposer qu'on avait à son sujet de fort mauvais desseins.

Aussi demeurait-il immobile et silencieux, très-embarrassé de sa contenance. Ses soupçons augmentèrent encore quand le capitaine, après avoir jeté son épée et son chapeau sur le canapé, l'engagea à en faire autant. Il obéit avec lenteur, en se tournant vers la fenêtre, comme s'il eût cherché l'air, l'espace et le bruit pour se distraire des inquiétudes qui le gagnaient.

Fleur-de-Canon sembla deviner son désir, car il dit d'un ton caressant :

— Ouvrez la fenêtre, mon petit camarade; nous nous amuserons à regarder sur le quai pendant qu'on préparera notre déjeuner.

Et lui-même vint s'accouder sur le balcon, à côté du jeune bourgeois, comme s'il eût eu quelque motif secret pour se montrer en public avec lui.

La vue du quai, du port et de la rivière, l'animation qui commençait à y régner, donnèrent un autre cours aux idées de Julien. Il se dit que ses alarmes étaient prématurées et que l'officier des racoleurs, malgré sa rudesse narquoise, n'avait peut-être d'autre intention que de le faire jaser sur le compte de Denise et de sa famille. Il se rassura donc, tout en se promettant d'être discret si on lui posait des questions sur certains points délicats. Le capitaine, de son côté, semblait prendre à tâche de l'égayer en se montrant bon compagnon. Il lui désignait les jolies marchandes et les bouquetières, qui affluaient maintenant sur le quai; il lui racontait avec une verve gasconne certaines aventures égrillardes qui parfois faisaient rougir Julien, mais qui, nous devons l'avouer, excitaient le plus souvent ses éclats de rire. Bientôt l'Alsacien, que Jardin-d'Amour avait enrôlé la nuit précédente, sortit de la maison. Il chancelait encore sur ses jambes avinées ; cependant, soutenu par deux racoleurs dont l'un portait une bouteille pleine et l'autre un drapeau, précédé par un tambour qui battait la marche, il commença sa promenade triomphale aux environs du pont Neuf. Alors le capitaine dit à Julien d'un air moitié sérieux moitié riant :

— Ventre de canard! voilà un jeune maraud qui paraît bien content de servir le roi! C'est en effet une vie gaillarde et la seule que doive souhaiter un gentil garçon... Qu'en dites-vous, mon petit Forget? N'avez-vous jamais eu l'idée de planter là la vieille maman qui gronde et la boutique si mortellement ennuyeuse, pour revêtir un flambant uniforme et devenir un héros, fidèle au roi et à la patrie?

— Ma foi, non! capitaine, répondit Julien qui avait recouvré sa gaieté; je n'ai pas les goûts belliqueux, et l'uniforme me gênerait un peu, j'imagine.

— Vous êtes bien difficile. Croyez-vous pourtant qu'une

belle femme ne préférera pas toujours un galant officier ou même un sergent tout galonné à un courtaud de boutique, gauche et sans grâce, fût-il cousu d'or ?

— Il y a peut-être des femmes assez mal avisées pour préférer le courtaud de boutique, capitaine, répliqua Julien non sans une certaine fatuité; quant à moi, je vous le répète, je ne me sens aucun goût pour l'état militaire et je n'envie pas le sort de ce pauvre diable que votre sergent promène là-bas tout enrubanné, au son du tambour, comme le bœuf gras en carnaval...

— Bœuf gras! Monsieur! s'écria Fleur-de-Canon en se redressant tout à coup, savez-vous bien de qui et de quoi vous parlez? Je suis officier du roi, monsieur; et s'exprimer ainsi au sujet d'un soldat du roi...

Le pauvre Julien crut avoir donné un motif sérieux à cette colère.

— Excusez-moi, capitaine, reprit-il d'un air contrit; j'ai peut-être parlé trop légèrement. Je n'ai pas eu la pensée d'insulter les braves officiers tels que vous, ni les braves soldats tel que sera sans doute la nouvelle recrue. J'ai voulu dire au contraire...

Mais la colère feinte ou réelle de Fleur-de-Canon ne s'apaisait pas.

— Des excuses ne suffisent pas pour une semblable injure, mon cadet, reprit-il; le sang seul pourra l'effacer... Ventre de canard! c'est trop fort, à la fin, et l'honneur me commande de vous donner une leçon.

Julien ne savait plus comment adoucir son formidable ami. Il se répandait en protestations; il répétait, mille et mille fois, qu'il était incapable de la monstrueuse offense dont on l'accusait. Fleur-de-Canon l'écoutait en secouant la tête, quand deux personnes entrèrent dans la salle; c'était un garçon de café et le maître de la maison, le père Barthélemy lui-même, qui venaient mettre le couvert pour le déjeuner. Alors seulement, le capitaine parut se laisser fléchir et dit à demi-voix :

— Votre repentir me touche... vous n'êtes qu'un enfant après tout ! Quand nous aurons déjeuné, je vous ferai signer une rétractation écrite de vos paroles malsonnantes.

— Je signerai tout ce que vous voudrez, capitaine.

— En attendant, vous allez déclarer que la profession de soldat est la plus belle, la plus noble de toutes les professions.

— Je le déclare et je le soutiens, poursuivit Julien avec chaleur ; soldat ! rien n'est si glorieux que de servir le roi !... Ah ! que les soldats doivent être fiers et heureux !

— Eh bien donc, reprit Fleur-de-Canon en élevant la voix et en se penchant hors de la fenêtre ; criez avec moi : *Vive le roi !*

— *Vive le roi !* répéta Julien si haut, qu'on l'entendit jusqu'au quai aux Lunettes, de l'autre côté de la Seine.

Et il retomba sur un siége en s'essuyant le front.

— Hein ! retenez cela, vous autres, dit l'officier des racoleurs en s'adressant à Barthélemy et à son garçon ; vous en rendrez témoignage, s'il est besoin.

— Oui, oui, capitaine, murmura Barthélemy avec un signe d'intelligence, il va bien, le petit bourgeois ! et vous n'aurez pas de peine...

— Servez-nous à déjeuner, et vite, interrompit Fleur-de-Canon sèchement.

Julien était encore trop troublé pour faire attention à la portée de ses paroles et au sens qu'on pouvait leur attribuer. Il ne remarqua pas non plus que le maître du café, après avoir étalé sur un meuble plusieurs bouteilles de vin, en avait désigné deux au capitaine par un geste furtif. Bientôt la table fut chargée de jambons, de pâtés, de volailles froides ; et Fleur-de-Canon, ayant congédié les gens de service, invita poliment son hôte à prendre place auprès de lui.

D'abord Julien ne mangeait que du bout des dents et en silence ; mais il se laissa insensiblement aller à un appétit qu'avaient aiguisé ses courses matinales ; quelques coups d'excellent vin blanc achevèrent de lui rendre le courage. Il se disait qu'en définitive le capitaine, quoique très-irascible et fort chatouilleux sur le point d'honneur, savait entendre raison ; qu'il importait de l'amadouer, en recevant ses politesses avec une apparente reconnaissance ; que du reste l'épreuve ne pouvait être bien longue et qu'aussitôt après le repas, lui, Julien Forget, aurait la permission de retourner à ses affaires. Enfin il se promettait de bien amuser sa chère Denise en lui contant son déjeuner forcé avec le capitaine des racoleurs, et il se croyait sûr de mettre les rieurs de son côté en faisant ainsi payer à son farouche rival le déjeuner de noce.

D'ailleurs, Fleur-de-Canon semblait être maintenant tout sucre et tout miel. Il se montrait d'une humeur charmante, il ne songeait plus qu'à exciter son convive à manger et à boire. Il l'égaya de nouveau par des propos grivois, par des couplets empruntés aux chanteurs populaires du quai voisin ; il fit si bien que le jeune marchand oublia peu à peu ses frayeurs récentes, sa mère, qui l'attendait au magasin et s'inquiétait sans doute de sa disparition, et jusqu'à sa nouvelle épouse, dont la gracieuse image s'effaçait dans les fumées du vin de Chablis. Il devint causeur, communicatif ; il lui échappa, sur ses propres affaires, certains détails qu'il se fût bien gardé de révéler s'il eût conservé tout son sang-froid, et dont le capitaine pouvait faire son profit.

Cependant cette gaieté un peu indiscrète demeura dans des limites raisonnables tant que Julien n'eut pas goûté au vin que l'hôtelier avait indiqué furtivement au chef des racoleurs. Mais Fleur-de-Canon ayant substitué avec adresse une des bouteilles en question à celles que l'on buvait précédemment, Forget, dès les premiers verres de cette liqueur perfide, perdit tout pouvoir sur lui-même. Sa turbulence et sa loquacité augmentèrent ; il bavardait comme malgré lui et sans savoir ce qu'il disait. Puis, le capitaine ayant continué de lui verser rasades sur rasades, les idées du pauvre garçon se troublèrent complétement ; il ne voyait plus, les objets dansaient confusément autour de lui. Il se souvint pourtant plus tard qu'on l'avait conduit à une table et forcé de signer un papier ; mais bientôt les faibles perceptions qu'il conservait de la réalité s'effacèrent et il n'eut plus aucune conscience de ses actions.

Quand il reprit connaissance, il se trouva dans une cellule fort mal meublée, qui recevait seulement quelque lumière par une espèce de lucarne donnant sur une cour intérieure. Il était couché tout habillé sur un grossier lit de sangle, et il n'y avait personne auprès de lui. On entendait cependant un bruit sourd et confus qui attestait la présence de nombreux habitants dans une autre partie de la maison, et les cris lointains de la rue. Du reste, l'obscurité de ce réduit provenait surtout des approches du soir; ainsi Julien avait passé une journée entière dans cet état d'anéantissement dont il ne pouvait encore s'expliquer la cause.

Il s'était soulevé sur le coude et regardait avec stupéfaction cet endroit nouveau pour lui. Son intelligence avait peine à se dégager des nuages qui l'enveloppaient ; ses yeux s'ouvraient avec effort et il lui semblait qu'un cercle de fer lui serrait la tête. Enfin, pourtant, la mémoire lui revint peu à peu. Il se rappela son mariage secret avec Denise, l'invitation forcée du capitaine Fleur-de-Canon et la débauche qui en était résultée; puis il essaya de se rendre compte des événements confus qui avaient suivi.

Sa première pensée fut que le capitaine des racoleurs était un fripon qui l'avait conduit dans ce bouge ignoble pour le voler. Il porta vivement la main à sa bourse et à ses montres, car il en avait deux selon la mode du temps. Ses montres étaient à leur place, ainsi que les boucles d'or de ses jarretières et les fibules d'argent de ses souliers. Quant à sa bourse, non-seulement elle était intacte, mais encore elle contenait quatre écus de six livres dont il ne pouvait en aucune manière s'expliquer la possession.

Il fallait donc renoncer à cette idée que Fleur-de-Canon était un voleur; mais alors dans quel but avait-on tendu ce piége à Julien et que voulait-on de lui? Las de chercher, il descendit de son lit de sangle, et quoique la tête lui tournât encore, quoique son pas fût mal assuré, il courut vers la porte de la chambre; cette porte était fermée en dehors et paraissait assez solide pour résister à tous les assauts.

Julien s'efforça de l'ébranler; ne pouvant y parvenir, il se mit à la frapper des pieds et des poings. Le bruit dut retentir dans toute la maison; cependant personne ne vint, personne ne répondit à son appel. Il courut à la fenêtre et l'ouvrit; cette fenêtre était traversée par de gros barreaux de fer, et il n'y avait aucun moyen de s'échapper de ce côté.

En se voyant ainsi enfermé, Julien devint furieux. Il songeait aux angoisses où son absence prolongée avait dû jeter sa mère, sa chère Denise et tous ses amis. Il se mit à pousser des cris formidables, courant de la fenêtre à la porte qu'il continuait de secouer avec rage.

Pendant assez longtemps ce vacarme n'eut aucun résultat. Enfin le prisonnier entendit un chuchotement au-dessous de lui et quelqu'un monta l'escalier d'un pas lourd. La porte s'ouvrit, après qu'on eut retiré du dehors deux énormes verrous, et un homme, ayant le costume des sergents recruteurs, entra dans la chambre. A la hideuse balafre qui lui traversait le visage, Julien reconnut Jardin-d'Amour.

La physionomie du sergent, autant que l'obscurité croissante permettait d'en juger, avait une expression railleuse.

— Eh bien! mon garçon, dit-il en ricanant, vous voilà donc éveillé? Tudieu! quel sommeil! Tous les tambours des gardes-françaises et des gardes-suisses roulant à la fois n'auraient pu vous décider à ouvrir l'œil... Ah! c'est que le vin du capitaine n'est pas mauvais et le capitaine ne l'épargne guère!

— Pourquoi m'a-t-on enfermé? demanda Julien, un peu confus de s'être laissé entraîner à de pareils excès; de quel droit me retient-on prisonnier?

Le racoleur se mit à rire plus fort.

— De quel droit? répéta-t-il; faites donc l'innocent! Morbleu! ces jeunes lurons perdent tous la mémoire une fois qu'ils ont empoché leur argent et cuvé leur vin... Vous ne sortirez d'ici, mon gentil camarade, qu'avec la permission de votre officier, et quand nous serons sûrs, mais là, bien sûrs, de votre sagesse.

Julien ouvrit démesurément les yeux.

— Que dites-vous donc? s'écria-t-il, je ne suis pas, je ne serai jamais soldat.

— En êtes-vous certain ? Le capitaine m'a montré pourtant un engagement bien en règle, au bas duquel on lisait *Julien Forget*, ce qui est votre nom vrai, j'imagine.

— C'est une abomination!... Je n'ai pu ni voulu signer un pareil papier; et l'on a indignement abusé d'un moment où je ne savais plus ce que je faisais... c'est ridicule, vous dis-je! Ecoutez, sergent: je suis avec ma mère propriétaire du magasin du Grand-Dunkerque, un des plus achalandés de la rue Saint-Honoré. Je suis riche, et je vais le devenir bien plus encore, par suite de mon mariage... projeté avec la fille d'un ancien syndic de la corporation des orfévres. Or, je vous le demande, sergent, pourrais-je concevoir l'idée de quitter tous ces avantages pour m'enrôler comme simple soldat, au prix de trois ou quatre écus que l'on a glissés dans ma bourse pendant mon sommeil?

Julien parlait avec beaucoup de chaleur, et non sans une certaine dose de fierté. Il s'imaginait que Jardin-d'Amour, à la suite de ces explications, allait le congédier avec force excuses. Il n'en fut rien, et Jardin-d'Amour continua de rire.

— Nous connaissons cela, reprit-il; et vous n'êtes pas le premier marchand qui aura renoncé à sa boutique pour endosser le galant uniforme et mener la joyeuse vie de soldat. Vous avez des écus, tant mieux; vous pourrez acheter une lieutenance ou même une compagnie, et vous n'en serez pas réduit à traîner toute votre vie des galons de sergent comme... bien d'autres qui vous valent. A votre tour, camarade, à qui pensez-vous faire croire qu'on vous a enrôlé malgré vous? N'avez-vous pas signé votre engagement? Ce matin ne vous êtes-vous pas montré dans les rues avec le capitaine? N'avez-vous pas accepté son déjeuner? N'avez-vous pas manifesté en présence de Barthélemy et de son garçon le plus vif enthousiasme pour le service du roi? N'avez-vous pas touché l'argent qui est le prix ordinaire des enrôlements? Je vous le dis, mon mignon, beaucoup de par le monde font les crânes et portent la cocarde, qui avaient moins que vous prouvé leur désir de quitter le civil pour le militaire.

Julien demeura consterné; toutefois la colère ne tarda pas à l'emporter sur la consternation :

— C'est une infamie! répéta-t-il avec violence, et je ne me soumettrai pas à une autorité que je ne saurais reconnaître. Je ne suis pas soldat; cette sotte supercherie n'est pas sérieuse... Laissez-moi retourner chez moi.

Jardin-d'Amour se plaça devant lui.

— La paix! mon garçon, dit-il froidement, mais d'un ton résolu; on ne sort plus d'ici sans la permission du capitaine.

— Je me soucie bien du capitaine! Il n'a aucun droit sur ma personne; et si vous prétendez m'empêcher de sortir...

— Eh bien! que ferez-vous?

Hélas! le pauvre Julien ne pouvait rien faire et toute résistance semblait impossible. On lui avait enlevé sa petite épée, arme du reste bien inoffensive, et il était incapable de lutter contre un robuste gaillard, rompu à tous les exercices du corps. Il se jeta donc sur un siége, pleurant de honte, de douleur et de rage.

Le racoleur, debout au milieu de la chambre, l'observait avec attention, et une sorte de pitié se montra sur sa figure.

— Allons, mon petit ami, reprit-il assez doucement, ne vous désolez pas. Si, en effet, vous avez de quoi, l'affaire pourra s'arranger. Le capitaine est madré, mais il aime l'argent et vos parents pourront vous tirer de là.

— De l'argent! s'écria Julien en se redressant, ma mère en donnera.... Et vous-même, vous n'aurez pas à vous plaindre de ma générosité.... En attendant, prenez ceci, et laissez-moi retourner auprès de ma famille qui me croit mort sans doute.

Il tendit à Jardin-d'Amour la bourse qui contenait non-seulement son argent, mais encore les quatre écus de six livres qu'on y avait glissés pendant son sommeil. Le racoleur repoussa sa main.

— Ce serait bon pour moi, reprit-il; mais le capitaine se montrera bien plus gourmand.... Tenez, n'essayez pas de me tenter, car, parole d'honneur! je vous veux déjà tout le bien possible.

— En ce cas, laissez-moi sortir.

— Minute! mon cher ; cela ne dépend pas de ma volonté, et je tâterais du cachot si je n'exécutais pas la consigne. Le capitaine ne plaisante pas.

— Mais alors, demanda Julien avec désespoir, que pouvez-vous pour moi?

Jardin-d'Amour ne répondit pas d'abord et le regarda fixement, tandis qu'un vague sourire se jouait sur ses lèvres.

— Ce que je peux pour vous? répliqua-t-il enfin avec brusquerie; je peux, mon cadet, vous aider à vider quelques bouteilles du meilleur vin de Barthélemy pour vous remettre le cœur... Vous trouverez peut-être ce vin moins bon que celui du capitaine, mais il est moins trompeur.

Le jeune marchand allait sans doute renouveler ses instances, quand un grand bruit de voix s'éleva tout à coup au rez-de-chaussée, et bientôt on entendit des pas nombreux dans l'escalier.

IV

L'HOTEL DU LIEUTENANT DE POLICE.

Mme Forget, rentrée chez elle après la cérémonie du mariage à Saint-Germain-l'Auxerrois, avait attendu vainement son fils. Toutefois, elle ne s'alarma pas d'abord du retard de Julien. Elle s'imagina qu'il avait eu quelque velléité de rejoindre Denise chez son père, et, tout en se réservant de le gronder pour cette infraction aux traités, elle fit ouvrir le magasin, surveilla les étalages, et, comme les chalands commençaient à arriver, elle s'occupa de les recevoir, assistée de ses nombreux employés. Les premières heures de la journée se passèrent ainsi; mais, comme Julien ne rentrait pas, Mme Forget, plus irritée encore qu'inquiète, envoya un de ses apprentis chez Raymondot pour prendre des informations. Qu'on juge de son étonnement, quand l'apprenti revint annoncer que Julien n'avait pas paru chez son beau-père!

Alors seulement la Normande éprouva des craintes réelles. Son fils ne l'avait pas habituée à de pareilles absences. Il était honnête et rangé ; toutes les actions de sa vie étaient simples, dénuées de mystère. Cette disparition subite devait donc donner beaucoup à penser. Aussi Mme Forget, laissant à M. Cadet la surintendance de la boutique, voulut-elle à l'instant se mettre elle-même à la recherche de Julien. Sans même prendre le temps de quitter son tablier en cotonnade, elle sortit d'un pas rapide. Tout en marchant, elle se promettait parfois de gronder bien fort son fils s'il ne parvenait à justifier son absence; puis elle se promettait de lui témoigner une vive tendresse pour lui inspirer le repentir de sa faute. Elle parcourut ainsi tout le voisinage ; elle alla jusqu'à Saint-Germain-l'Auxerrois et en visita les environs. Ne découvrant rien, elle poussa jusqu'au quai des Orfèvres et entra chez Raymondot. L'ancien syndic, sa femme et Denise étaient là, comme à l'ordinaire, mais ils ne purent dire à Mme Forget autre chose que ce qu'ils avaient dit au commis, à savoir, que depuis leur sortie de l'église, ils n'avaient pas vu Julien. Quand elle acquit cette certitude, la Normande, malgré sa rudesse habituelle, devint toute pâle et s'assit tremblante derrière le comptoir. Denise, en apprenant l'absence inexplicable de son nouvel époux, donnait un libre cours à ses larmes.

— Ah ! dit-elle avec explosion, il sera arrivé malheur à mon pauvre Julien ! Les méchants qui me persécutent l'auront fait enfermer, assassiner peut-être.... Justement je viens de voir rôder autour de la maison cet odieux Laroche-Cardière... Et tenez, tenez le voici encore !

Et elle désignait du doigt, à travers les vitres de la devanture, quelqu'un qui passait en ce moment sur le quai.

— Voyons-le, dit Mme Forget.

Elle se dirigea vers la porte et regarda hardiment l'homme qui inspirait tant d'effroi à sa belle-fille.

C'était, en effet, Laroche-Cardière, avec sa longue figure ridée et son énorme brette, toujours suivi de son pendard de laquais en guenilles. Il s'aperçut qu'il était l'objet de l'attention des personnes réunies dans le magasin ; il redressa sa maigre échine et tendit le jarret, d'un air qu'il croyait galant et plein de dignité. En passant devant la demeure de l'orfèvre, il ôta son tricorne, ce qui fit voler autour de sa tignasse poudrée un nuage de farine, sourit, puis s'éloigna majestueusement, convaincu peut-être qu'il avait produit la meilleure impression sur les assistants en général et sur Denise en particulier.

Denise s'était cachée derrière sa mère, tandis que la Normande suivait des yeux le gentilhomme en habit râpé.

— Ce n'est pas lui qui a escamoté Julien, dit Mme Forget en rentrant ; si c'était lui, il ne serait pas là à cette heure... Il faut pourtant tirer la chose au clair, jarnicoton !... allez, marchez !... Je veux retrouver mon fils.

— Mais comment faire ? dit Raymondot.

— Oui, comment faire ? répéta Denise en pleurant toujours ; oh ! Julien, mon cher Julien, je ne te reverrai plus !

Pendant que toute la famille s'abandonnait à ses inquiétudes, un de ces commissionnaires qui, alors comme aujourd'hui, stationnaient au coin des rues, entra dans la boutique. Raymondot vint au-devant de lui.

— Qu'y a-t-il, brave homme ? demanda-t-il.

— Etes-vous monsieur Raymondot, le bijoutier ?

— Oui.

— En ce cas, voici une lettre pour vous.

Et le commissionnaire remit à l'orfévre une lettre grossière, sur laquelle ses doigts sales avaient laissé des traces indélébiles.

— De quelle part? demanda Raymondot.

— Je n'en sais rien; on m'a donné une pièce de douze sous pour apporter cette lettre, et je vous l'apporte... A présent, serviteur!

Il sortit et se perdit dans la foule qui encombrait le quai.

Mais personne ne prenait plus garde à lui; toute l'attention se concentrait sur le papier que Raymondot venait de recevoir. L'orfévre ajusta ses lunettes sur son nez et fit sauter le pain à cacheter encore humide. Les dames s'approchèrent, convaincues que cette missive devait se rapporter à l'objet de leurs préoccupations présentes. En effet, à peine Raymondot y eut-il jeté un coup d'œil qu'il s'écria :

— Encore une lettre anonyme!... Ah çà, il en pleut donc? Cependant celle-ci ne ressemble guère aux précédentes; écoutez.

Et il lut tout haut :

« On prévient les familles Raymondot et Forget que le petit Forget du Grand-Dunkerque est tombé dans les griffes du capitaine des racoleurs, Fleur-de-Canon. Le capitaine l'a entraîné au *café Militaire*, sur le quai de la Ferraille, et selon toute apparence, il lui fera signer un enrôlement après l'avoir enivré; c'est ainsi qu'il agit toujours. Les parents et amis du jeune Forget n'ont donc pas de temps à perdre pour le tirer de ce mauvais pas, car demain il sera trop tard. »

La lettre, comme nous l'avons dit, n'était pas signée; elle portait pour unique indication « un ami. »

A la suite de cette lecture, tout le monde garda le silence.

— Allez, marchez! s'écria enfin la Normande avec impétuosité, ce papier est encore une traîtrise. Comment croire que mon fils a pu prêter l'oreille aux hâbleries des racoleurs? Au lieu de s'engager comme soldat, il aurait assez de finance pour acheter un régiment, s'il le voulait... Ce sont des menteries, vous dis-je; et l'on ne m'y prendra point.

— Cependant, madame Forget, répliqua l'orfévre, il ne faut pas négliger cet avis. Je ne sais quelles ruses M. Fleur-de-Canon aura employées, mais ces gens ont la finesse du diable. Peut-être le capitaine, dont nous connaissons les prétentions, aura-t-il usé de ce moyen pour se débarrasser momentanément de Julien, peut-être aura-t-il seulement voulu vous rançonner... Dans tous les cas, il est facile de s'assurer si le fait qu'on nous annonce est exact; je vais envoyer prendre adroitement des informations au *Café militaire* qui est à deux pas d'ici.

— Envoyez, voisin Raymondot; mais, je vous le répète, ce sont des feintises... Et tenez, je gage que l'écriture est la même que celle de ces vilaines lettres anonymes arrivées ces jours passés; qu'en dites-vous, la Raymondote?

La femme de l'orfévre était en effet très-occupée d'examiner la lettre qu'on venait de recevoir.

— Non, non, répliqua-t-elle d'un air pensif, l'écriture me rappelle plutôt celle d'une personne...

Elle s'arrêta et les larmes lui vinrent aux yeux.

— Et de qui donc, ma chère? demanda Raymondot.

— Ne le devinez-vous pas? Mon frère... ce malheureux Cornillon...

Raymondot examina la lettre à son tour.

— Il y a bien quelque chose, répliqua-t-il; mais, bah! c'est une folie... Celui dont vous parlez n'a pas donné de ses nouvelles depuis plus de vingt ans, et il est à peu près certain qu'il a péri là-bas dans *les îles* (c'est ainsi que les bourgeois appelaient alors tous les pays d'outre-mer). N'y pensez plus, ma chère, car aussi bien votre frère, vous le savez, nous en a fait voir de dures... Quoi qu'il en soit, poursuivit-il d'un ton ferme, l'intention de notre correspondant inconnu paraît excellente et il ne faut pas négliger ses avertissements.

Laissant sa femme s'essuyer les yeux, Raymondot passa dans l'arrière-boutique où il dit quelques mots à un jeune ouvrier, de figure intelligente, qui travaillait à un objet de joaillerie. L'ouvrier s'empressa d'ôter son tablier de cuir et d'endosser son habit qui était suspendu dans un coin; puis il prit son tricorne et se disposa à quitter l'atelier.

— Défie-toi, Poitevin; tu sais qu'ils sont madrés! lui dit le patron.

— Eh! l'on n'est pas trop bête non plus, répondit Poitevin.

Et il sortit en courant.

Poitevin, en effet, pouvait mieux que personne recueillir les renseignements nécessaires. Chaque soir, après son travail, il se rendait sur le quai de la Ferraille où il était bien connu et où il connaissait tout le monde, pour s'amuser aux marionnettes et écouter la chanson nouvelle. Il était même en rapport avec certains racoleurs qui avaient tenté plus d'une fois, sans y parvenir, de le décider à prendre l'uniforme. Il ne devait donc pas tarder à savoir la vérité au sujet de l'avertissement donné à Raymondot.

Pendant son absence, on causa encore de la disparition de Forget. Toute la famille était mortellement inquiète; seule Denise montrait autant de dépit que de douleur.

— Oh! disait-elle en pinçant les lèvres, s'il m'était prouvé que Julien m'a volontairement abandonnée pour se faire soldat!... Mais vous allez voir que cette fable ridicule sera démentie.

L'opinion de Denise ne se trouva pas fondée, car bientôt Poitevin reparut et confirma en tous points l'avis anonyme. A la faveur de ses nombreux amis, il avait pénétré jusque dans le *café Militaire*, questionné tous ceux qui étaient capables de le renseigner sur l'objet de sa mission. Il résultait de son enquête qu'en effet un jeune homme, dont le signalement se rapportait à celui de Julien, était venu déjeuner le matin au *café Militaire* avec le capitaine Fleur-de-Canon; qu'ils paraissaient fort gais l'un et l'autre, et que, loin de se cacher, ils s'étaient montrés ensemble à la fenêtre donnant sur le quai. On ajoutait que le compagnon de l'officier manifestait beaucoup d'enthousiasme pour le service du roi, qu'il avait poussé des vivat selon l'usage des nouveaux enrôlés, qu'on l'avait entendu chanter les plus joyeux refrains pendant le repas; enfin, qu'après s'être enivré, il avait été enfermé dans une chambre conservant encore l'ancienne dénomination de *four*, où il était en train de cuver son vin, et dont il ne sortirait plus que pour être conduit à son régiment. En écoutant ces incroyables détails, la Normande hochait la tête.

— Ce n'est pas mon fils, dit-elle d'un ton farouche; on se sera moqué de toi, Poitevin. Forget est doux, réservé, craintif comme une demoiselle. Il s'agit sans doute de quelqu'un de ces mauvais sujets comme on en voit tant.

Mais l'ouvrier avait pris ses précautions pour que nulle erreur ne fût possible, et il affirma nettement que le jeune homme racolé par le capitaine était bien Julien Forget.

— Oh ! le scélérat ! le trompeur ! s'écria Denise en frappant du pied ; alors pourquoi m'a-t-il épousée, s'il voulait me faire un pareil affront ? Je ne le reverrai de ma vie ; je jure...

— Paix ! petite, interrompit Mme Forget avec autorité ; il y a là quelque chose que je ne comprends point, mais tout s'expliquera certainement à l'avantage de mon garçon ; ce serait à croire au sortilége, s'il y avait encore des sorciers !... Enfin il ne s'agit plus de bavarder et de raisonner sur ceci et sur cela, il faut tirer mon fils du bourbier où il s'est empêtré. Voisin Raymondot, voici le moment d'aller implorer la protection de votre grand ami monseigneur le lieutenant de police... Je vais avec vous, partons.

— Oui, oui, il faut aller au plus vite chez M. Lenoir ; il est maintenant notre seule espérance... Eh bien, madame Forget, laissez-moi seulement passer mon habit des dimanches et faire mettre un œil de poudre sur ma perruque...

— Bah ! vous êtes bien ainsi ; le temps presse... allez, marchez !

— Mais vous-même, ma chère, vous n'avez pas une tenue convenable pour vous présenter devant monseigneur. Voyons, vous êtes à peu près de la taille de ma femme ; voulez-vous qu'elle vous prête sa robe de gourgouran...

— Ni gourgouran, ni bouracan, répliqua la Normande d'un ton sec ; je n'ai pas l'intention de faire la conquête de monseigneur.... Qu'on me rende mon pauvre Forget, c'est tout ce que je demande... Tenez, voilà ma toilette finie, et partons.

Elle enleva prestement son tablier de cotonnade, qu'elle jeta dans un coin de la boutique, et se dirigea vers la porte. Force était à l'orfévre de céder ; et, après avoir fait rapidement à sa femme et à sa fille quelques recommandations, il se hâta de rejoindre l'impétueuse bourgeoise qui était déjà sur le quai.

L'hôtel du lieutenant général de police était alors situé rue Neuve-des-Capucines, du côté du boulevard, et occupait avec le *bureau des nourrices* (rapprochement singulier !) l'ancien emplacement du ministère des affaires étrangères. Cependant les nombreux services ressortissant de la lieutenance de police n'étaient pas centralisés dans cet hôtel. A cette époque, les chefs de division de la librairie, des subsistances, de la voirie, etc., transportaient à leur domicile personnel l'administration de leur département ; il n'y avait à l'hôtel de la rue des Capucines que les bureaux de la *police* proprement dite, et de la *sûreté*. De plus le lieutenant général y résidait, ce qui ne l'empêchait pas de tenir des audiences publiques deux fois par semaine au Châtelet.

Ce fut donc vers la rue Neuve-des-Capucines que Raymondot et Mme Forget se dirigèrent en toute hâte. Les visiteurs, après avoir traversé la cour, pénétrèrent dans un grand vestibule où se tenaient des gardes de la prévôté, des exempts, et bon nombre d'individus en habit bourgeois, aux manières cauteleuses, au regard inquisiteur. L'aspect modeste de l'orfévre, et surtout de sa compagne, ne pouvait inspirer beaucoup de respect à tout ce monde ; néanmoins, un soldat aux gardes voulut bien les conduire jusqu'à la porte du bureau où l'on recevait les réclamations du public.

Dans cette salle, se trouvaient cinq ou six employés qui, assis devant des tables chargées de papiers, étaient fort occupés à écrire et ne daignèrent même pas tourner la tête. Raymondot s'approcha du chef et lui demanda timidement s'il ne pourrait être admis à l'honneur de voir sur-le-champ *monseigneur* Lenoir, le lieutenant général de police.

Cette demande parut à l'employé tellement extravagante, qu'il leva les yeux sur la personne qui osait la lui adresser; puis, il répondit avec un sourire moqueur:

— Monseigneur n'est pas visible. D'ailleurs, il ne reçoit pas comme ça le premier venu.... Si vous avez à lui parler, présentez-vous à ses audiences publiques, elles ont lieu les mardis et vendredis.

Et il se remit à écrire.

— Mais, monsieur, reprit l'orfévre, l'affaire dont nous désirons l'entretenir est très-grave et très-pressée.

— Adressez-vous au commissaire de service.

Raymondot était tout interloqué; il perdait son assurance devant cette administration terrible qui alors n'était pas soumise au contrôle des lois. Comme il n'osait ni insister ni se retirer, Mme Forget dit avec sa brusquerie ordinaire, en s'adressant à l'employé :

— Voyons, monsieur, on prétend que, vous autres des bureaux, vous ne marchez qu'à force d'argent... Eh bien, je donnerai tout ce qu'il faudra pour tirer mon fils d'un mauvais pas. Dites voir un peu ce que cela coûtera et je ne marchanderai point.

L'employé se redressa en entendant une proposition si naïve et si crue.

— Ah çà, bonne femme, demanda-t-il d'un ton rogue, pour qui me prenez-vous? Morbleu! j'ai grande envie d'appeler un exempt qui vous donnera des leçons de convenance.

Raymondot se hâta d'intervenir.

— De grâce, monsieur, dit-il, excusez cette pauvre

dame. Elle est toute troublée par la disparition de son fils et elle ne sait pas mesurer ses paroles.

— Alors il sera bon de le lui apprendre, répliqua l'employé durement.

Mme Forget demeurait impassible, mais l'orfévre était fort effrayé. En ce moment, une porte intérieure s'ouvrit, et un fonctionnaire, qui semblait jouir d'une certaine autorité dans la maison, traversa les bureaux d'un air affairé.

C'était un homme d'une cinquantaine d'années, à l'œil vif, à la physionomie mobile, dont la tournure avait quelque chose de militaire. Il portait en effet la croix de Saint-Louis, et sa mise élégante, son jabot et ses manchettes de dentelles, ses boucles d'or, ses talons rouges annonçaient un homme de la bonne compagnie. On l'appelait M. Receveur et il occupait dans l'administration de la police un grade qui correspondrait de nos jours à celui d'inspecteur général. Malgré ce poste éminent et les gros appointements qui y étaient attachés, malgré les quarante mille livres de rente de sa fortune patrimoniale, Receveur, si l'on en croit les mémoires du temps, ne dédaignait pas de jouer un rôle personnel dans une foule d'affaires qui exigeaient une finesse et une intelligence supérieures. Il était chargé particulièrement de prévenir la publication, en France ou à l'étranger, de ces libelles qui troublaient la cour de Louis XVI et de Marie-Antoinette, comme ils avaient troublé celle de Louis XV ; et le bruit courait que les services de ce genre, rendus par Receveur, étaient fort appréciés à Versailles.

Dès qu'il parut dans la salle, tous les employés, si froids et si indolents tout à l'heure, s'inclinèrent avec respect. Pour lui, après avoir salué distraitement, il alla passer, quand il aperçut Raymondot et sa compagne qui, debout et muets, faisaient assez piteuse contenance. Aussitôt il s'arrêta, et sa figure prit une expression d'aménité.

— Vous ici, père Raymondot? dit-il d'un ton familier et amical; sur ma foi, j'allais précisément chez vous... Imaginez que j'arrive d'Angleterre, où j'ai eu fort à faire, comme personne ne l'ignore, avec ce maudit Morande, le *Gazetier-Cuirassé*, et pendant mon séjour à Londres, les *pickpockets* ont trouvé moyen de me débarrasser de ma boîte d'or. J'ai donc pensé à vous acheter une nouvelle tabatière.... Mais, comment se fait-il que je vous trouve dans nos bureaux?... Et puis, n'est-ce pas M*me* Forget, du Grand-Dunkerque, qui vous accompagne? Voilà du nouveau, parole d'honneur !... Or çà, messieurs, continua-t-il en s'adressant aux employés, n'avez-vous pas de honte de laisser ainsi debout un ancien syndic des orfèvres et la plus riche marchande du quartier Saint-Honoré?

Les commis, même celui qui s'était montré si arrogant tout à l'heure, s'empressèrent de se lever pour offrir des sièges. L'orfèvre se rengorgeait et répondait aux politesses du fonctionnaire d'un air pénétré; mais la Normande, qui, en toute circonstance, allait droit au but, dit à M. Receveur :

— Je vous reconnais bien, vous êtes venu souvent à la boutique... Allons, puisque vous êtes si honnête et si obligeant, faites-nous parler sur-le-champ à monseigneur le lieutenant de police.

— Impossible, madame; il est bien vrai, comme on a pu vous le dire, que *monsieur* Lenoir est allé aujourd'hui à Versailles prendre les ordres du roi.

Puis, voyant l'affliction qui se peignait sur le visage

de la bonne femme et de Raymondot, il ajouta d'un ton bienveillant :

— Contez-moi ce qui vous amène... Je ne suis pas sans crédit ici, et peut-être me sera-t-il possible de vous rendre service.

L'orfévre et sa compagne ne se firent pas prier ; ils exposèrent à voix basse dans quelle situation fâcheuse se trouvait le jeune Forget. La figure de Receveur s'était rembrunie à mesure qu'ils parlaient.

— Fâcheuse affaire ! reprit-il enfin en hochant la tête ; ces racoleurs sont des sacripants qui font les cent coups ; mais le roi a besoin de soldats et il faut fermer les yeux sur la manière dont on les lui procure. D'autre part, M. Lenoir redoute comme la peste tout conflit avec l'autorité militaire, car en haut lieu l'on trouve toujours que nous avons tort. Le cas est des plus épineux, et je crains de nous créer de graves embarras.

— S'il faut de l'argent, dit la Normande fidèle à son idée, je suis prête à en donner.

Receveur sourit.

— L'argent ne gâte jamais rien, répliqua-t-il, pourvu qu'on en use avec discernement... Mais j'ai pitié de la peine où je vous vois l'un et l'autre, et je vais m'assurer s'il n'y a rien à faire en votre faveur... Attendez-moi ; je suis à vous.

Et il se hâta de rentrer dans la pièce dont il était sorti.

Pendant son absence, les deux solliciteurs furent l'objet des politesses les plus attentives de la part des commis. Cette obséquiosité était parvenue à dérider l'orfévre ; mais la rancunière Normande conservait son attitude hostile quand Receveur reparut.

Il tenait un papier à la main.

— Sans me vanter, dit-il avec orgueil, je viens d'accomplir une négociation difficile, impossible pour tout autre que moi... Voici l'ordre qui fera lâcher prise à ces limiers du racolage, si toutefois il en est temps encore.

Raymondot se répandit en protestations de reconnaissance, tandis que Mme Forget portait à ses lèvres, par un mouvement impétueux, la main chargée de bagues du fonctionnaire. Celui-ci, homme d'action avant tout, ne voulut pas laisser son œuvre inachevée.

— Qu'on appelle un commissaire de service, dit-il en élevant la voix.

Aussitôt un employé sortit; il ne tarda pas à revenir avec un commissaire en robe noire, à qui Receveur remit l'ordre écrit et donna des instructions tout bas. Le commissaire, en l'écoutant, fronçait le sourcil.

— C'est une dangereuse mission, monsieur! dit-il; au moins l'on me permettra de me faire accompagner par des forces suffisantes. Ces racoleurs sont des démons, et ils résisteront sans aucun doute. Le capitaine Fleur-de-Canon passe surtout pour un terrible homme, et certainement il refusera de reconnaître l'autorité civile.

— Cependant, monsieur le commissaire, deux exempts et deux grisons devront suffire pour vous assister dans l'exécution de ce mandat. Un plus grand déploiement de forces pourrait irriter ces messieurs du quai de la Ferraille, les déterminer à la résistance ouverte; or, on veut éviter à tout prix une querelle entre nos gens et les militaires. Si donc les racoleurs faisaient mine de résister, vous n'iriez pas jusqu'à employer la force. Vous vous contenterez de prendre les noms des plus violents et vous dresserez procès-verbal. Alors, l'affaire étant entre l'autorité civile de M. le lieutenant de police et

l'autorité militaire, on prendra les ordres du roi pou[r]
savoir qui a tort ou raison.

— A la bonne heure, dit le commissaire soula[gé]
par la pensée qu'il ne lui faudrait pas livrer bataille a[u]
redoutable capitaine et à ses indomptables soudards.

Mme Forget voulait partir sur-le-champ pour aller d[é]
livrer son fils, mais Raymondot s'était alarmé des re[s]
trictions que Receveur mettait à l'intervention de s[es]
agents.

— Quoi! monsieur, dit-il avec inquiétude, est-ce q[ue]
réellement, si les racoleurs refusaient de rendre ce ma[l]
heureux enfant, vous seriez réduit à l'impuissance? I[ls]
résisteront, la chose est certaine.

— Espérons que non, répliqua Receveur; mais je n'[ai]
pu obtenir davantage de P*** qui commande ici [en]
l'absence de M. Lenoir, et peut-être M. Lenoir lu[i]
même n'eût-il osé permettre autant... Hâtez-vous do[nc]
de profiter du mandat qui vous est accordé, de pe[ur]
qu'une nouvelle influence ne le fasse révoquer... Et pu[is]
souvenez-vous de mes paroles, ajouta-t-il de maniè[re]
à n'être entendu que de l'orfévre et de Mme Forget,
l'argent peut aplanir certaines difficultés, comme [le]
supposait cette digne dame, ne l'épargnez pas... D[e]
plus, quand vous aurez retiré le jeune homme des gr[if]
fes de ces militaires, ne perdez pas de temps pour [le]
faire disparaître, jusqu'à ce que cette affaire soit a[s]
soupie.

Le commissaire était sorti pour choisir les homm[es]
de son escorte; Raymondot et Mme Forget allaient [le]
joindre, quand Receveur retint encore l'orfévre par [la]
boutonnière de son habit.

— Je n'ignore pas, monsieur Raymondot, dit-il [en]
souriant, la cause de l'intérêt que vous prenez au jeu[ne]

Forget, et je vous offre mes félicitations pour le récent mariage de votre fille avec cet étourdi.

— Quoi! monsieur, s'écria l'orfèvre stupéfait, vous savez déjà...

— Ce qui s'est passé ce matin à Saint-Germain-l'Auxerrois? Parbleu! Ne savons-nous pas tout? Je pourrais vous en dire bien d'autres!

Puis, profitant de l'ébahissement que cette révélation avait causé à ses auditeurs, il ajouta d'un ton léger :

— Eh bien, monsieur Raymondot, je remettrai à demain l'acquisition de ma boîte d'or, et j'espère que vous me traiterez en conscience.

Il salua d'un signe de la main et disparut.

V

SUR LE PONT NEUF

Dans la cour de l'hôtel, Raymondot et sa compagne retrouvèrent le commissaire, qui avait déjà réuni les hommes destinés à l'accompagner. Nous savons que c'étaient deux sous-officiers appelés *exempts*, puis deux agents de police en bourgeois. Mme Forget se disposait à marcher résolûment à côté de la troupe, pour se rendre au quai de la Ferraille; mais l'orfévre craignit qu'en se montrant sur la voie publique avec le magistrat et ses gens, ils n'eussent l'air d'être arrêtés, ce qui eût pu nuire à leur considération. Il proposa donc à Mme Forget de prendre un fiacre, car aussi bien il désirait passer chez lui avant de se rendre au *café Militaire*, et après quelques hésitations, elle accepta cet arrangement. Le commissaire l'ayant accepté de même, l'escouade de police se mit en route de son côté, tandis que Raymondot et la Normande, étant montés dans une voiture de place, se faisaient conduire rapidement au quai des Orfévres.

Ils y arrivèrent sans accident, et là Raymondot congédia le fiacre. Après avoir dit quelques mots à sa femme et à Denise pour les rassurer et les mettre au courant de la situation, il se hâta de ressortir avec la mère de Julien. Puis, l'un et l'autre s'engagèrent à pied sur le pont Neuf, pour gagner le quai de la Ferraille.

Bien que le pont Neuf ne fût plus, comme nous l'avons dit, le centre de l'agitation parisienne, il présentait encore le tableau le plus animé et le plus original. A l'extrémité méridionale, non loin de l'hôtel des Monnaies, alors en construction, s'élevait la petite tour où Brioché montrait ses marionnettes. Sur le terre-plein on voyait, alors comme aujourd'hui, bien que ce ne soit plus la même, une statue équestre d'Henri IV, que le peuple s'obstinait à nommer *le Cheval de bronze* ou *le Roi de bronze*, et auprès de laquelle on avait établi un corps de garde.

A l'autre bout du pont, du côté du Louvre, se trouvait le bâtiment fondé sur pilotis qu'on appelait *la Samaritaine* : il devait son nom à un groupe de métal doré, surmontant une fontaine jaillissante, et représentant le Christ et la Samaritaine au puits de Jacob. Ce monument avait alors une célébrité immense : son horloge compliquée, son carillon qui jouait toutes les heures des airs alors en vogue, ne manquaient pas d'attirer une grande affluence d'étrangers ou même de badauds parisiens. Les hémicycles du pont étaient occupés par de petits pavillons, dont la construction récente avait tant irrité le peuple contre le roi Louis XVI, et qui étaient loués à des frituriers ou à des marchands d'habits. Sur les trottoirs ou banquettes, on voyait les échoppes des écrivains publics, les sellettes des médecins de chiens ou des décrotteurs, les éventaires des marchandes d'oranges et des bouquetières. A l'entrée des quais, sur la place Dauphine, où avaient lieu les expositions de peinture le jour de la Fête-Dieu, s'étaient établis des saltimbanques, des arracheurs de dents, des vendeurs de baume et de mort-aux-rats ; et c'était à peine si, à travers ces groupes stationnaires, les carrosses, les brouettes, les chaises à porteurs, et même les simples piétons, pouvaient se frayer un passage.

A l'heure où nous nous trouvons, le pont Neuf allait prendre sa physionomie nocturne, à peine moins curieuse que sa physionomie du jour. Les charlatans et les marchands de bas étage, fatigués de hâbleries, fermaient boutique ; en revanche, les chanteurs « au parapluie rouge et au tabouret » arrivaient de toutes parts pour organiser leurs concerts populaires, tandis que des filous se glissaient parmi les curieux pour enlever avec dextérité les bourses et les montres. Des maîtres de *biribi* gagnaient les coins sombres en cherchant à éviter l'œil vigilant de la police. Des chandelles commençaient à briller çà et là devant les étalages en plein vent, et déjà l'allumeur de lanternes faisait descendre avec un grincement insupportable, du haut de leur potence, les réverbères fumeux dont La Reynie avait doté Paris : *Urbis securitas et nitor*.

Mme Forget et l'orfèvre, trop habitués à ce mouvement et à ce bruit pour s'en étonner, ne songeaient qu'à se dégager de la foule et à gagner le quai voisin. Comme, en dépit des voitures qui se croisaient en tous sens, ils venaient de se réfugier sur le trottoir principal, la Normande dit avec impatience :

— Hâtons-nous ! hâtons-nous ! compère Raymondot ; nous arriverons trop tard... Peste soit de ces imbéciles qui ne veulent pas nous laisser passer !... Croyez-vous que nous aurons la chance de ne pas rencontrer ce maudit capitaine au *café Militaire?*

— Je l'espère, voisine; il n'est pas probable qu'il ait passé la journée à garder son prisonnier. Aussi, le commissaire... Mais, bonté divine! ajouta l'orfévre avec un accent d'effroi, n'est-ce pas *lui* qui marche là devant nous?

— Qui donc, maître Raymondot?

Pour toute réponse, le bourgeois désigna du doigt un superbe officier qui, le tricorne sur l'oreille et le poing sur la hanche, les précédait de quelques pas seulement, écartant la foule avec dédain et souriant aux belles. Mme Forget reconnut le capitaine Fleur-de-Canon.

— Il va certainement au quai de la Ferraille, dit-elle bas à Raymondot; prenons l'autre côté du pont, et, en courant très-vite, nous arriverons peut-être avant lui.

Mais ce projet était plus facile à former qu'à exécuter. Des voitures étaient lancées au galop sur la chaussée, des éventaires obstruaient le passage. Avant que Raymondot et la Normande eussent triomphé de ces obstacles, il survint un nouvel incident qui absorba toute leur attention.

Comme le capitaine des racoleurs s'avançait d'un côté, un second individu, d'allures non moins arrogantes, apparut sur le même trottoir, marchant dans le sens opposé. Ce nouveau personnage qui, suivi d'un laquais, cadençait son pas avec une canne à pomme d'ivoire, était aussi de la connaissance de Raymondot et de Mme Forget; on a deviné le marquis de Laroche-Cardière. Il ne paraissait nullement faire attention au capitaine; mais Fleur-de-Canon, en l'apercevant, s'arrêta net et se campa sur son chemin. On se trouvait en ce moment devant la Samaritaine, et Laroche-Cardière, prenant l'officier pour

5.

un des oisifs qui stationnaient d'ordinaire à cette place, se détournait sans lui accorder un regard, quand Fleur-de-Canon se plaça de nouveau devant lui et dit avec emphase en lui adressant un profond salut :

— Monsieur, je suis votre serviteur très-humble.

— Et moi le vôtre, monsieur, répliqua le gentilhomme avec surprise en touchant son feutre usé.

— Monsieur, vous êtes le marquis de Laroche-Cardière?

— Pour vous servir, si j'en étais capable.

— Moi, monsieur, je suis Jacques Bourqueville, dit Fleur-de-Canon, capitaine au service du roi.

— Je veux le croire, monsieur; mais en quoi cela me touche-t-il, je vous prie?

— Quoi! vous ne comprenez pas?

— Je comprends, monsieur, que vous me cherchez querelle, dit Laroche-Cardière, dont la bile commençait à s'échauffer; à votre aise! Je suis toujours disposé à me battre, même sans savoir pourquoi.

— Ventre de canard! monsieur, vous savez très-bien, au contraire, de quoi il s'agit entre nous; mais, puisqu'il faut mettre les points sur les *i*, je ne suis pas homme à faire tant de façons.... Eh bien donc, monsieur, vous vous êtes permis de jeter votre dévolu sur une ravissante petite bourgeoise que j'ai moi-même choisie pour ma bergère..... Il est inutile de prononcer son nom..... Et je vous invite, monsieur, à ne plus aller sur mes brisées; sinon, monsieur, j'aurai l'honneur, monsieur, de vous couper les oreilles....., monsieur!

La face maigre et jaune du marquis se couvrit d'une teinte pourpre.

— Insolent! s'écria-t-il en levant sa canne.

Mais déjà Fleur-de-Canon, qui se tenait sur ses gardes,

avait tiré son épée, et d'un coup rapide il fit voler la canne par-dessus la tête des passants.

— Je croyais, mon gentilhomme, dit-il sans s'émouvoir, que vous vous serviriez d'une arme plus noble envers un officier du roi.....

— Soit, et à l'instant, à l'instant même! répliqua Laroche-Cardière qui, écumant de fureur, tira son épée à son tour.

Puis les deux fers s'engagèrent avec un bruit sinistre.

A cette époque déjà, les duels dans les rues de Paris n'étaient pas aussi communs que pendant les périodes antérieures. Les mœurs devenaient plus douces; la police, de plus en plus perfectionnée, avait mis bon ordre à ces combats singuliers qui autrefois éclataient si fréquemment sur la voie publique. Cependant la race des bretteurs, des spadassins, de ces gens turbulents et féroces qu'on appelait au siècle précédent « les raffinés d'honneur » était nombreuse encore, et les faits de ce genre se produisaient par intervalles. Aussi le peuple dont le pont Neuf était encombré ne se montra-t-il pas surpris de cette rixe qui menaçait de devenir sanglante. Quelques femmes s'enfuirent, il est vrai, en poussant des cris; mais la plupart des spectateurs formèrent cercle autour des combattants, autant peut-être pour empêcher toute pacifique intervention que pour satisfaire une cruelle et grossière curiosité.

Cependant il fallait se hâter; malgré ce concours officieux des passants, l'arrivée de la force armée était réellement à craindre. Ainsi que nous l'avons dit, un corps de garde, occupé par les soldats de la prévôté, existait sur le terre-plein du pont Neuf, près de la grille du cheval de bronze. De plus, une sentinelle était posée à l'angle du quai des Orfévres et de la place Dauphine, sans compter qu'il y avait dans la foule bon nombre de gens de police en grisons qui pouvaient juger à propos de s'interposer. Les deux bretteurs le savaient sans doute, car ils précipitaient les attaques, et se battaient avec une furie qui eût pu leur être fatale à l'un et à l'autre s'ils n'eussent été si experts en escrime.

L'honnête Raymondot demeurait bouche béante ; Mme Forget l'entraîna hors de la foule.

— Allez, marchez ! dit-elle bas avec énergie; qu'ils se tuent, qu'ils s'assassinent, peu m'importe ! Ce sont des ennemis de Julien. Pour nous, profitons de l'occasion... Quelle que soit la fin de la bataille, nous aurons le temps d'arriver au *café Militaire* avant le sacripant de capitaine et de délivrer ce pauvre petit.

Raymondot sentait qu'elle avait raison et se laissait conduire. Toutefois, avant de s'éloigner, il jeta un dernier regard sur les combattants. La lutte se poursuivait avec des chances à peu près égales, et le cliquetis des épées se faisait entendre par-dessus le murmure des spectateurs. L'orfévre remarqua que le laquais de Laroche-Cardière tournait, d'un air sournois, autour des deux adversaires, sans doute dans quelque intention secrète ; mais bientôt il les perdit de vue les uns et les autres et ne pensa plus, comme sa compagne, qu'à profiter de l'occasion pour opérer la délivrance de Julien.

Ils n'étaient pas encore bien éloignés quand ils entendirent un grand cri, suivi aussitôt d'une vive agitation de la foule. Mais ils ne voulurent même pas se retourner pour connaître la cause de ce nouvel incident et poursuivirent leur marche vers le quai de la Ferraille.

Quelques minutes leur suffirent pour atteindre le *café Militaire*, et ils eurent la satisfaction de voir que les hommes de police y arrivaient en même temps de leur côté. A cette heure le quai était couvert de monde, et la présence d'un commissaire en robe, avec son escorte, était chose trop commune en pareil endroit pour qu'on s'en émût outre mesure. Avant d'entrer, Raymondot glissa à l'oreille du magistrat que le capitaine Fleur-de-Canon ne se trouvait pas au café, puisqu'on venait de le voir occupé à vider une querelle sur le pont Neuf, et cette certitude parut soulager beaucoup le digne magistrat, qui, nous l'avouerons, ne s'était pas approché sans une certaine appréhension de ce capharnaüm des racoleurs.

Aussi avait-il une voix retentissante quand, en entrant dans la salle du rez-de-chaussée, il prononça les mots sacramentels : « Au nom du roi ! »

Cette salle contenait seulement une demi-douzaine d'hommes, anciens soldats pour la plupart, mais qui ne semblaient pas des habitués du lieu. Ils remarquèrent à peine l'arrivée du commissaire, et continuèrent de vider avec tranquillité leurs bouteilles de bière ou de vin. Tout à fait enhardi par cette attitude pacifique, le magistrat plaça un exempt à la porte avec ordre de ne laisser entrer et sortir personne ; puis, il commanda au gros Barthélemy, qui accourait tout effaré, de le conduire au *four* de la maison. Barthélemy voulait résister, mais un exempt le repoussa brusquement, et, comme les êtres du logis étaient familiers aux gens de police, on se dirigea vers l'escalier de la chambre où l'on enfermait d'ordinaire les recrues.

On sait donc quelle était la cause du bruit que Julien et Jardin-d'Amour avaient entendu, au moment où le jeune bourgeois cherchait à attendrir son gardien. Celui-ci, confiant sans doute dans sa force herculéenne, n'avait pas pris la précaution de fermer la porte derrière lui, si bien que Mme Forget, puis l'orfévre, puis le commissaire et ses gens purent entrer sans difficulté, pendant que le magistrat répétait son magique : « Au nom du roi. »

Le prisonnier, à la vue de Mme Forget, s'élança vers elle et la serra dans ses bras :

— Ah! chère et bonne mère, s'écria-t-il tout en larmes, vous venez donc à mon secours?

— Mon pauvre enfant, répliqua la Normande, fort émue elle-même et en embrassant Julien avec une sorte de fureur, je te retrouve enfin! Rien ne nous séparera plus maintenant. Jarnicoton! Venez-y donc, vous, ajouta-t-elle en se tournant menaçante vers le racoleur; essayez donc un peu de me reprendre mon gars.... allez, marchez !

Jardin-d'Amour, du reste, ne montrait aucune velléité de résistance. Un sourire narquois s'épanouissait sur sa figure balafrée; ses yeux clignotaient avec plus de malice joyeuse que de méchanceté réelle. Cependant il dit au commissaire d'un ton ferme :

— Pardon, monsieur, mais vous vous trompez d'adresse, je suppose. Nous ne sommes pas ici des civils, voyez-vous, mais des militaires, tout ce qu'il y a de plus militaires. Vous allez donc lever le camp et battre en retraite au plus vite avec vos hommes, car si le capitaine Fleur-de-Canon, qui est absent en ce moment, et certains bons garçons en uniforme, qui se promènent aux environs, venaient à rentrer, ça pourrait se mal passer pour vous.

Le commissaire n'envisageait pas sans inquiétude la double éventualité que Jardin-d'Amour venait de faire entrevoir.

— Je quitterai ce lieu, répondit-il, aussitôt que j'aurai

rempli ma mission..... Ce jeune homme est réclamé par ses parents, et j'ai ordre de le remettre entre leurs mains.

— Ah! dit le racoleur en jetant un regard à l'orfèvre, M. Raymondot est-il déjà de la famille Forget?

— Quoi! monsieur, vous me connaissez? demanda Raymondot avec surprise.

Mais Jardin-d'Amour n'eut pas l'air de l'avoir entendu.

— Minute! mon commissaire, poursuivit-il, ce joli garçon-là est soldat du roi et il portera fièrement l'uniforme, je vous en réponds. Il a mis son nom au bas de l'acte d'enrôlement sans se faire tirer l'oreille, comme des personnes dignes de foi pourront en témoigner.

Julien se dégagea des bras de sa mère.

— C'est une abomination! s'écria-t-il; ce capitaine Fleur-de-Canon, que j'ai rencontré par hasard dans la rue, m'a placé dans la nécessité de me battre en duel avec lui ou d'accepter à déjeuner. J'ai choisi le déjeuner, je l'avoue..... Alors, par ruses et par menaces, il m'a mis l'esprit à l'envers; puis il m'a fait boire d'un vin qui contenait je ne sais quelle drogue et qui a fini par me rendre incapable de comprendre et d'agir. Mais je jure devant Dieu que je n'ai jamais eu l'envie de m'enrôler comme soldat. Moi, abandonner ma bonne mère, ma chère Denise, mes amis, pour aller à la guerre ou en garnison! Ce serait une folie insigne, une absurdité que personne ne pourra croire!

Le racoleur ricanait.

— Ils disent tous cela quand ils sont dégrisés, reprit-il; mais nous connaissons leurs fariboles et nous n'y prenons pas garde. Plus tard, ça fait des enragés qui attrapent les sardines de caporal ou les galons de sergent en un tour de main.

— Cependant, monsieur, répliqua le commissaire, ce jeune homme se plaint qu'on ait employé des manœuvres et des supercheries coupables afin de l'enrôler; or le roi ne permet pas de pareils stratagèmes. Sa Majesté ne veut être servie que par des gens de bonne volonté.

On sait qu'à cette époque le nom du roi était invoqué à tout propos, et les plus humbles fonctionnaires le prodiguaient même dans les circonstances où il n'avait que faire.

L'officier de police poursuivit :

— Du moins, sergent, pouvez-vous me montrer l'acte que M. Forget aurait signé volontairement ou par force?

— Pas moyen, mon commissaire; l'engagement est entre les mains du capitaine Fleur-de-Canon, qui enrôle depuis quelques jours pour le régiment de la Trémouille..... Mais j'attends le capitaine d'une minute à l'autre, il vous montrera le chiffon de papier, s'il en a la fantaisie.

Le commissaire s'empressa de profiter de cet aveu.

— Puisque l'on ne peut me représenter l'acte d'engagement, dit-il, je dois obéir aux réquisitions d'une honnête famille et aux ordres de monsieur le lieutenant de police. M. Forget va être remis à sa mère et à ses amis qui le réclament; puis, si l'autorité militaire prétend exercer des droits sur lui, elle les fera valoir.

Jardin-d'Amour prit une pose de matamore.

— Ouais! monsieur le commissaire, pas de bêtise! s'écria-t-il; ce brave garçon, qui a toute l'étoffe d'un beau et bon soldat, a été confié à ma garde par mon officier et il y restera..... Je vois fort bien votre plan de campagne; vous allez emmener notre jeune homme, le cacher, l'envoyer hors de Paris au plus vite; puis vous nous direz : « Attrape-le, si tu peux. » D'ici à quelques mois on aura arrangé son affaire avec des écus ou avec des protections, et il reviendra narguer les sergents aux gardes de Sa Majesté..... Pas de ça, mon commissaire; ventrebleu! je saurai faire respecter ma consigne.

Toutefois il y avait encore dans l'accent du racoleur plus de rodomontade que de véritable colère; et quand Jardin-d'Amour, à l'appui de ses paroles, voulut tirer son épée, il y mit tant de lenteur, que les gens de police eurent le temps de se jeter sur lui avant qu'il y fût parvenu. De même il sembla que le sergent n'employait pas sa vigueur extraordinaire pour se dégager et qu'il se laissait bien facilement contenir. Quoi qu'il en fût, il cessa bientôt toute résistance, et dit de cet air narquois que nous avons signalé déjà :

— Allons, vous avez le nombre pour vous et je ne saurais, à moi seul, lutter contre tant de monde. Vous rendrez compte aux supérieurs de la violation de ma consigne..... Mais, tonnerre! vous n'en êtes pas où vous croyez..... Le capitaine va venir et bien accompagné sans doute..... Il se moquera de la police, lui, et il vous mettra gentiment à la raison.

Cette menace, qui ressemblait si fort à un avertissement, rappela aux amis de Julien la nécessité de battre en retraite.

— Partons, mon gars, dit Mme Forget en se cramponnant au bras de son fils; ne restons pas un instant de plus dans cette maison odieuse où les honnêtes gens sont si étonnés de se voir..... Allez, marchez!..... qu'il y vienne ce capitaine du diable; je lui arracherai les yeux!

— Oui, oui, partons, dit à son tour le commissaire qui prêtait l'oreille avec inquiétude à une rumeur lointaine venue du dehors; il ne nous reste plus rien à faire ici..... Vous, dit-il à un exempt, vous allez veiller sur le sergent Jardin-d'Amour pendant cinq minutes, puis vous retournerez à votre poste.

— Ah! si je voulais! dit Jardin-d'Amour avec un sourire méprisant, en regardant le seul homme chargé de le garder.

Mais on ne l'écoutait plus; déjà Julien et sa famille, ainsi que le commissaire et ses gens, descendaient l'escalier, impatients de quitter le café Militaire. Ils y parvinrent sans encombre, et bientôt tous se trouvèrent sur le quai, au milieu de la foule turbulente et joyeuse.

A peine eurent-ils fait quelques pas, que le commissaire, voulant dégager sa responsabilité, dit à Julien :

— Vous voilà libre, monsieur, et vous pouvez aller où bon vous semblera. Seulement n'oubliez pas les avis que ce stupide soudard vient de vous donner, sans s'en douter, car il vous a tracé le meilleur plan de conduite à suivre dans la situation présente. L'autorité militaire vous recherchera sans aucun doute, et si, comme on l'assure, vous avez signé un engagement, nous serons dans l'impuissance absolue de vous protéger. Profitez donc de la faculté qu'on vous laisse, et quittez Paris au plus vite..... Quant à moi, j'ai rempli mon mandat; je n'ai plus qu'à vous souhaiter bon succès.

Et sans vouloir écouter les remercîments chaleureux qu'on lui adressait, il s'éloigna avec son monde dans la direction de l'Arche-Marion.

Forget et sa mère, ainsi que Raymondot, prirent la direction opposée, afin de regagner leur demeure au plus vite. Ils cherchaient à se perdre dans la foule, et la chose semblait d'autant plus facile que la nuit était presque entièrement tombée. Cependant ils n'allèrent pas loin sans faire encore une rencontre qui ne manquait pas d'intérêt pour eux.

Un groupe nombreux et compacte débouchait du pont Neuf, refoulant devant lui les promeneurs paisibles, et se dirigeait à pas lents vers le quai de la Ferraille. Julien, sa mère et l'orfévre s'empressèrent de se dissimuler derrière une échoppe voisine. Cependant il leur fut facile de s'assurer que ces hommes soutenaient dans leurs bras un militaire fort pâle et sans mouvement, dont l'uniforme, ouvert sur la poitrine, laissait voir la chemise ensanglantée. C'était le capitaine Fleur-de-Canon que l'on transportait au café Militaire, sa demeure habituelle.

En reconnaissant l'odieux chef des racoleurs, la Normande eut un mot cruel.

— Tant mieux s'il est mort, dit-elle à l'orfévre ; comme ça il ne pourra plus tourmenter Forget !

Raymondot la supplia de se taire, car une parole imprudente pouvait avoir en ce moment les résultats les plus funestes. Quand le groupe qui portait le blessé passa devant eux, ils recueillirent quelques propos échangés par les gens de la bande.

— Je soutiens, disait l'un d'eux, que le pauvre officier a été frappé par traîtrise... J'ai vu de mes yeux, pendant le combat, ce laquais dépenaillé qui accompagnait le gentilhomme glisser son pied par derrière dans les jambes du capitaine pour le faire chanceler, et c'est en ce moment que le capitaine a été transpercé.

— Et songer, reprit un autre, que l'adversaire de Fleur-de-Canon n'a pas été arrêté après ce mauvais coup ! On dit que c'est un marquis, et qu'il a des amis à Versailles. Aussi, les gardes de la prévôté n'ont-ils pas osé le conduire en prison, et vous verrez qu'il se tirera de là blanc comme neige.

— En attendant, Fleur-de-Canon est diablement maltraité... J'imagine qu'il a son compte cette fois.

On ne put en entendre davantage; les porteurs étaient passés, et bientôt on les vit s'arrêter devant le café Militaire, où leur arrivée sembla causer un grand émoi. Mme Forget, son fils et Raymondot ne s'en inquiétèrent pas; ils se remirent en marche d'un pas leste, et ils ne tardèrent pas à rentrer au Grand-Dunkerque où ils pouvaient se croire en sûreté, du moins pour le moment.

Nous les retrouverons quelques heures plus tard dans une chambre d'une maison voisine, dont était locataire M. Cadet. On avait fermé les portes, tiré les rideaux devant les fenêtres; deux bougies éclairaient faiblement la pièce, où l'on ne parlait qu'à voix basse. On redoutait encore, en effet, quelque entreprise contre Julien; et, pour ce motif, on s'était réuni en secret chez le vieux commis, afin d'aviser aux mesures à prendre dans ces circonstances critiques.

Outre Julien, sa mère et l'orfévre, il y avait là Mme Raymondot et Denise, sans oublier M. Cadet, le maître du logis, qui multipliait les précautions pour écarter les indiscrets. Les grands parents paraissaient tristes, préoccupés; quant aux jeunes époux, ils s'étaient réconciliés sans doute, et Julien avait suffisamment justifié sa conduite aux yeux de sa jolie compagne, car assis côte à côte sur un canapé, la main de l'une dans la main de l'autre, ils écoutaient avec distraction la discussion dont ils étaient l'objet.

M. Cadet tenait la parole en ce moment, et nous donnerons seulement la conclusion de son discours.

— Il me semble certain, disait-il avec gravité, que mon cher et bien-aimé patron aurait tort de s'endormir dans une sécurité trompeuse. Par ruse ou par violence, en définitive, l'engagement a été signé, M. Forget en convient. Or, vous ne vous imaginez pas combien ces militaires sont âpres et tenaces dans leurs poursuites ; et si, par une intervention providentielle, ce spadassin de capitaine n'avait pas été blessé ce soir, déjà sans doute il ne nous laisserait pas en paix. De plus, nous avons un autre ennemi, M. de Laroche-Cardière, que protégent des gens de la cour et qui deviendra furieux en apprenant le mariage, comme il ne peut manquer de l'apprendre. Si donc le crédit de M. Raymondot était insuffisant pour soustraire son gendre aux inimitiés qui vont se déchaîner contre lui...

— Mon crédit est épuisé à cette heure, dit l'orfévre avec un soupir. Mme Forget a vu ce matin avec quelle considération m'a reçu M. Receveur, et j'aurais été reçu de même par le lieutenant général.... Mais M. Receveur nous l'a dit et le commissaire nous l'a répété, l'administration de la police, malgré sa puissance, ne saurait lutter contre l'autorité militaire.

— Eh bien ! donc, s'écria la Normande, il n'y a pas à lanterner ; il faut que mon fils se sauve de Paris. Justement M. Cadet devait partir ces temps-ci pour une tournée d'affaires ; Forget partira à sa place. Il devra d'abord aller à Senlis, afin de payer les deux mille francs que nous devons à un horloger de la ville et qui sont échus depuis plusieurs mois ; puis il se rendra à Lagny, où nous avons, au contraire, à toucher une somme que nous doit le bimbelotier Trublet. Il passera encore dans d'autres villes, où divers intérêts de la maison l'appellent, et il ne reviendra que dans un mois ou deux, quand nous aurons arrangé cette sotte affaire avec les racoleurs.... Allez, marchez ! c'est convenu.... Le coche de Senlis se met en route après-demain matin; on y retiendra une place pour Forget.

En écoutant cette décision, Julien et Denise se regardèrent d'un air piteux.

— Mère, dit le jeune bourgeois, je suis encore bien neuf dans les affaires, et si je venais à commettre quelque bévue...

— Allez, marchez! tu en commettras; en toutes choses, il faut payer l'apprentissage. D'ailleurs, on assure que les voyages forment la jeunesse; tu as besoin de savoir te conduire seul, à présent que te voilà marié.

— Eh! mère, c'est précisément à cause de cela...

Il n'acheva pas sa pensée et rougit en regardant Denise, qui baissa les yeux. Cependant elle dit d'une voix altérée :

— Songez-vous, maman Forget, aux dangers que va courir... mon mari?

Ce mot lui valut un baiser de Julien, qui reprit avec une détermination subite :

— Chère mère, puisque je suis un homme maintenant, vous ne trouverez pas mauvais que j'aie aussi ma volonté. Aujourd'hui, je l'avoue, je n'ai pas dû vous donner bonne opinion de mon esprit et de mon courage; je me suis laissé duper par ce vieux finassier de racoleur; mais, je vous l'affirme, cette leçon ne sera pas perdue. Je compte désormais, en toute circonstance, agir avec autant de prudence que de résolution. En attendant, advienne que pourra, je ne veux pas me séparer de Denise et... de vous tous.

Il s'exprimait avec une netteté, une décision qui trahissaient une énergie naissante. Il en fut récompensé par Denise, qui lui dit tout bas :

— A la bonne heure! Merci, mon Julien.

Mais la Normande fronça le sourcil.

— Hein! Qu'est-ce que ce ton-là? reprit-elle; vois-tu, Forget, eusses-tu soixante ans, je ne souffrirai pas que tu regimbes en ma présence. Allez, marchez! Tu partiras.

— Mère, réfléchissez donc, je vous prie... Denise est ma femme, à présent, et je ne pourrais la perdre de vue vingt-quatre heures sans devenir fou de chagrin. J'aime mieux me cacher à Paris, au risque de tout ce qu'il adviendra.

Mme Forget sourit, malgré sa colère.

— Que la bonne Vierge lui pardonne! dit-elle. Il est amoureux à en perdre la tête!

— Eh bien, oui, ma mère, je suis amoureux, répliqua Julien avec véhémence, et cet amour est bien légitime... Pourquoi m'a-t-on fait épouser Denise si c'était pour nous séparer aussitôt après le mariage? Je ne saurais plus vivre sans elle.

— Mais, tête de fer! s'écria Mme Forget, tu veux donc que les racoleurs te prennent, te mettent en prison, te battent de verges, comme on dit qu'ils font pour les déserteurs?

— On fera de moi ce que l'on voudra, mais je reste à Paris.

Mme Forget criait et protestait; cependant, nous le répétons, peut-être au fond n'était-elle pas trop fâchée de voir son fils montrer un caractère viril, car cette détermination qui se manifestait chez lui était du meilleur augure pour la prospérité future du Grand-Dunkerque. Tout à coup Denise dit avec un accent qui ne le cédait guère en résolution à celui de son nouvel époux :

— Je n'ai pas de honte à convenir que, si Julien m'aime, moi je l'aime aussi; et puisque sa sûreté exige qu'il quitte Paris au plus vite, pourquoi ne l'accompagnerais-je pas? M. le curé ne m'a-t-il pas dit ce matin que la femme devait suivre son mari partout? Je conseillerai Julien, je l'empêcherai d'agir avec précipitation ou étourderie, et, à nous deux, nous saurons éviter tous les embarras, tous les dangers.

Julien se leva d'un bond.

— Ah! ma chère, s'écria-t-il transporté, si vous m'accompagnez, je consens à partir ce soir même, et nous irons, s'il le faut, jusqu'au bout du monde.

Mais Mme Forget et les Raymondot, d'abord surpris par cette proposition inattendue, ne tardèrent pas à manifester leur désapprobation.

— C'est une sottise, disait la Normande; le beau couple de personnes sages et expérimentées pour courir ainsi la pretentaine ! Ils n'ont pas quarante ans à eux deux!

— Je ne permettrai jamais, s'écria Mme Raymondot, que ma fille s'expose à de pareils hasards.

— Et moi, ajouta l'orfévre, je vois beaucoup d'inconvénients à ce plan ridicule... Qu'on ne m'en parle plus.

Au milieu de cette discussion, l'on gratta doucement à la porte; sur un signe de M. Cadet, tout le monde se tut. Le vieux commis alla ouvrir, et après avoir parlementé avec la personne qui se présentait, il introduisit le petit Alexis, un apprenti du magasin, qui remplissait les fonctions de page auprès de Mme Forget et de Julien. Le jeune garçon, dont la mine était passablement délurée, raconta d'abord que des gens suspects rôdaient autour de la maison du Grand-Dunkerque et semblaient épier ceux qui entraient ou sortaient. Le même espionnage était organisé autour de la demeure de Raymondot, d'après l'ouvrier Poitevin, qui venait d'apporter à son patron une lettre pressée. Alexis n'avait pas voulu révéler à Poitevin en quel endroit se trouvaient ses maîtres, mais il s'était chargé de la lettre et il la remit à l'orfévre.

Celui-ci l'ouvrit avec précipitation en reconnaissant l'écriture du correspondant dont il avait déjà reçu un avis le matin. Elle n'était pas signée, comme la précédente, et contenait seulement ces mots :

« Le capitaine en reviendra, et il songe toujours à se débarrasser du petit Forget. L'engagement a été remis à l'autorité militaire, et l'on recherche avec ardeur la nouvelle recrue. Agissez vite, ou les choses ne peuvent manquer de tourner mal. »

Raymondot attendit que M. Cadet eût congédié Alexis pour donner aux assistants lecture de ce nouvel avertissement. Quand il l'eut achevée, sa femme lui prit la lettre des mains et l'examina longtemps avec attention.

— Toujours *son* écriture ! murmura-t-elle.

— Eh ! voisine, demanda la Normande, connaîtriez-vous en effet le brave homme qui nous met ainsi au courant des choses ?

Mme Raymondot se disposait à répondre.

— Allons ! allons ! dit l'orfévre avec humeur, ma femme est folle ! Ceux qui sont morts depuis vingt années et engloutis au fond de la mer n'écrivent plus..... Laissons ces rêveries, et voyons ce que nous avons à faire.

Quoique nul ne pût dire de quelle part venait cet avis, on ne songeait pas à en contester l'exactitude, car il concordait avec les renseignements recueillis d'un autre côté. Bientôt le vieux commis reprit de son ton dogmatique :

— Toutes les prudentes personnes qui m'écoutent doivent maintenant comprendre combien le danger est pressant pour mon jeune patron. Les racoleurs se tiennent en embuscade autour de nous, et s'ils avaient seulement le quart de la finesse des hommes de la police civile, Dieu sait ce qu'il arriverait. Prenons donc les mesures les plus promptes afin de les dépister. Par malheur, le coche de Senlis ne partira qu'après-demain matin ; d'ici là il faut que M. Forget disparaisse à tous les yeux. Cette chambre, que j'occupe au su des gens du quartier, ne saurait être pour lui une retraite sûre ; aussi devra-t-il se réfugier dans une mansarde, située à l'autre extrémité de la maison et dont le locataire, absent pour le moment, m'a confié la clef. On n'ira pas chercher là le fils unique de Mme Forget, et quelques heures sont bien vite écoulées. De plus, je crois nécessaire que M. Julien se retire immédiatement dans la chambrette dont il s'agit, car ces allées et ces venues autour de mon domicile pourraient donner l'éveil aux racoleurs et les décider à opérer une perquisition chez moi.

Ces considérations furent approuvées des assistants ; seul Julien ne se rendait pas aux raisonnements et aux prières de la famille.

— Au diable la mansarde ! s'écriait-il hors de lui ; je ne veux pas quitter Denise... Qu'on ne me parle pas de me cacher ; je me laisserai arrêter plutôt.

— Mais, malheureux enfant, dit Mme Forget avec désespoir, tu veux donc être soldat ?

— Je déserterai.

— Tu seras repris, passé aux verges, fusillé peut-être... Jarnicoton ! je ne le permettrai pas, moi. Allez, marchez ! Je suis ta mère, et nous verrons si tu oseras me résister en face. Tu vas monter à l'instant dans cette chambre dont parle M. Cadet, et on t'y enfermera.

Après-demain tu prendras le carrosse de Senlis et tu t'occuperas des affaires de la maison qui ont été fort négligées ces derniers temps... Tu m'as bien entendue? Maintenant, pas un mot.

La Normande avait parlé d'un ton auquel son fils était, depuis sa naissance, habitué à obéir. En dépit de son amour pour Denise, en dépit de ses velléités d'indépendance, il ne se sentait pas encore assez fort pour briser d'un coup le joug de l'autorité maternelle. Aussi se leva-t-il humblement et il dit d'un air abattu :

— Soit, ma mère ; j'ai fait bien des sottises aujourd'hui, je dois en porter la peine... Je partirai donc, puisque vous l'exigez, je me cacherai jusqu'au moment du départ, mais... je serai bien malheureux!

La Normande, si vivement irritée tout à l'heure, fut désarmée par ce retour à la soumission.

— Bah! ne te désoles pas, reprit-elle ; il est bien vrai que ces sottes aventures nous arrivent en partie par ta faute ; mais, allez, marchez! tout s'arrangera. Nous te garderons bien gentiment ta Denise et, à ton retour, vous vivrez ensemble comme deux tourtereaux. Ce voyage te formera, te donnera l'expérience des affaires... Mais il faut monter bien vite dans la chambrette où tu dois te cacher.

— Oui, oui, dit M. Cadet en allumant un bougeoir pour conduire Julien à sa destination, car si, par malheur, mon jeune patron venait à être arrêté, la situation serait singulièrement difficile. Je prierai même les honorables personnes ici présentes de ne pas le visiter trop souvent, pendant la journée de demain, car elles pourraient être suivies et alors...

— Mais je vais m'ennuyer mortellement! s'écria Julien.

— Si l'on veut bien me le permettre, dit Denise en rougissant, j'irai demain tenir compagnie à... M. Forget. J'apporterai mon ouvrage, je lui lirai quelque livre divertissant et cela le désennuiera.

— Si vous venez, ma chère Denise, cette chambre, fût-elle un nid à rats, me semblera un palais plus beau que le Louvre et que Versailles, et j'y resterai enfermé autant que l'on voudra.

L'orfévre prit un air grave, Mme Raymondot pinça les lèvres, mais la Normande dit avec sa rudesse ordinaire :

— Au fait, jarnicoton! ne sont-ils pas mariés?

Julien embrassa tendrement sa jeune épouse, prit congé avec tristesse de sa mère et de la famille Raymondot, puis il suivit M. Cadet. Celui-ci, son bougeoir à la main, le conduisit, à travers un labyrinthe d'escaliers et de corridors, dans une autre partie de la maison. Après lui avoir fait monter six étages, il l'introduisit dans une petite pièce, glaciale en hiver, étouffante en été, où Forget devait rester enfermé pendant un jour et deux nuits.

L'aspect en était des plus misérables. Elle recevait le jour par une unique fenêtre à tabatière qui permettait seulement de voir le ciel. A certaines places, on ne pouvait s'y tenir debout, à cause de la pente du toit. Le mobilier était vieux et délabré, le lit chétif et dur. Enfin c'était un véritable grenier, et, bien que Béranger ait chanté cinquante ans plus tard :

Dans un grenier qu'on est bien à vingt ans!

Julien ne semblait nullement comprendre la poésie d'un semblable lieu. Aussi quand M. Cadet, après force consolations banales et force recommandations minutieuses, l'eut laissé seul dans ce triste réduit, le pauvre garçon donna-t-il un libre cours à ses larmes; et, se jetant sur un siége écloppé, il dit avec une sorte de rage :

— Ne voilà-t-il pas une belle journée et une belle nuit de noces!

VI

LE COCHE DE SENLIS

Le surlendemain du jour où s'étaient passés ces événements, de bon matin, on remarquait une grande agitation dans une auberge située rue du Bouloi. C'était de cette auberge que partait, deux fois par semaine, le coche ou, comme on disait encore, le « carrosse » de Senlis, et ce jour était précisément un de ceux où avaient lieu les départs.

Au centre d'une cour fangeuse, entourée d'écuries et de magasins à fourrage, on chargeait la voiture antique et monumentale affectée à ce service, lourd assemblage de bois raccommodé, de fer rouillé, de cuir éraillé, qui ne présentait ni sécurité ni comfort. Pendant que le cocher entassait valises et paquets sur le véhicule, les voyageurs recevaient les adieux de leurs amis; et déjà six pauvres rosses, au cou écorché, sortaient à pas lents de l'écurie pour venir s'atteler à la laide machine, encore mouchetée de la boue des voyages précédents.

Deux hommes, soigneusement enveloppés de manteaux, malgré la chaleur de la saison, se tenaient à l'angle de la cour, en s'efforçant de demeurer inaperçus. On a deviné Julien et le vieux commis, qui seul avait accompagné son patron jusque-là, car la présence de la Normande ou de Raymondot eût pû trahir l'incognito rigoureux du voyageur. M. Cadet portait obligeamment une valise où se trouvaient les objets les plus nécessaires à Julien, tandis que celui-ci dissimulait sous son manteau une sacoche beaucoup plus petite, mais très-lourde en apparence. Le commis semblait inquiet, comme s'il eût redouté, en ce moment décisif, quelque mauvaise rencontre. Forget, au contraire, si découragé et si triste l'avant-veille encore, avait maintenant un air gai et railleur. Bien qu'il observât avec une curiosité soupçonneuse, comme son compagnon, les gens qui allaient et venaient autour de lui, il ne se gênait pas pour rire de leurs tournures grotesques ou de leurs propos ridicules; rien ne trahissait plus le chagrin qu'il éprouvait naguère de quitter sa mère et surtout Denise.

M. Cadet ne pouvait s'expliquer ce changement, mais il n'osait en demander la cause et se contentait de prémunir le jeune homme contre toutes les fâcheuses éventualités du voyage.

— Je pense, disait-il à demi-voix, que vous n'avez pas oublié de prendre avec vous les pistolets que je vous ai prêtés et que j'ai chargés moi-même avec beaucoup de soin ?

— Je n'ai garde de les oublier, répliqua Julien d'un ton jovial en portant la main à sa poche; vos pistolets d'arçon pèsent bien dix bonnes livres, et je suis comme un forçat qui traîne son boulet.

— Il est prudent d'avoir toujours des armes en voyage; mais, comprenez-moi bien, monsieur Forget; il faudra vous servir de ces pistolets contre les malfaiteurs seulement. Si vous vous en serviez contre... les autres, cel pourrait vous mener plus loin que Senlis.

— C'est bon, c'est bon, interrompit Julien avec légèreté.

— Et puis, prenez bien garde encore de vous laisse voler... Les voleurs sont si fins et vous êtes si jeune!. Vous avez là dans cette sacoche, trois mille livres environ tant en louis qu'en écus d'argent; ne vous en dessaisisse pas d'une minute pendant tout le voyage. Sur cett somme, vous aurez à payer les deux mille livres de prin cipal qui sont dues à l'horloger de Senlis, et vous en ré glerez l'intérêt au denier cinq, selon le taux du com merce. Peut-être l'horloger, qui est fort avare, récla mera-t-il plus de cinq pour cent; ne cédez pour aucun considération à ses exigences usuraires. Vous serez libr de disposer comme il vous conviendra de l'excédant d la somme, ainsi que des douze cents livres payables Lagny chez le bimbelotier Trublet, car votre honoré mère n'entend pas que vous vous priviez de quoi que c soit pendant le voyage... Mais vous êtes rangé, économe et certainement vous ne prodiguerez pas l'argent en pur perte comme les jeunes fous de la noblesse...

— Oui, oui, j'agirai pour le mieux, monsieur Cadet répondit Julien avec distraction; merci de vos conseils, mais on commence à monter en voiture, je vais réclame ma place.

En effet, un cocher à rouge trogne, qui exerçait une autorité despotique sur l'intérieur et l'extérieur du véhicule, c'est-à-dire sur les voyageurs et sur l'attelage, s'était posté à la portière, ne laissant monter dans le coche que les personnes munies d'un billet pris d'avance.

C'était le moment des derniers adieux et même des

larmes, dont certains assistants ne s'abstenaient pas, malgré la brièveté du voyage. Cadet lui-même, toujours si froid et si emphatique, ne put cacher son émotion en donnant respectueusement l'accolade à son jeune maître.

— Allons! adieu, monsieur Julien, lui dit-il; écrivez-nous le plus souvent que vous pourrez... J'ai mis dans votre valise deux tablettes de chocolat... Soyez prudent et ne vous laissez pas duper... Mais n'avez-vous à me charger d'aucun message pour votre respectable mère?

— Vous lui direz que je l'aime bien et que je penserai beaucoup à elle.

— Et pour Denise... votre femme? ajouta Cadet en baissant encore la voix.

— Denise! répliqua Julien en riant, ne portez pas peine de Denise... Adieu!

Et il s'empressa de monter dans le coche où, grâce à l'exiguïté de sa taille, il trouva moyen de s'incruster entre une grosse nourrice et un moine des plus corpulents.

Toute conversation particulière étant devenue impossible, M. Cadet regagna l'angle de la cour. Il était navré de l'indifférence de Julien pour sa femme.

— Ce sera un mauvais ménage, disait-il à part lui; l'affection, d'abord si vive, de ces deux jeunes gens aura été altérée par les événements singuliers de ces derniers jours. J'avais pourtant espéré que la visite de Denise, pendant la journée d'hier, aurait pour résultat une entente complète; mais la jeunesse est si frivole, si changeante!

Pendant que le bonhomme se livrait à ces réflexions, l'énorme coche s'était bourré de voyageurs et on eût cru, à les voir empilés les uns sur les autres, qu'il n'en pouvait contenir davantage. Cependant, comme le cocher allait escalader les hauteurs de son siége en brandissant son interminable fouet, un homme qui arrivait en toute hâte s'écria impérieusement :

— Eh! l'ami, il reste, dit-on, une place... Je veux la prendre.

M. Cadet tourna les yeux vers le nouveau venu, et qu'on juge de son anxiété en reconnaissant le laquais à mine sinistre qui suivait comme une ombre le marquis de Laroche-Cardière! Cet individu avait quitté sa livrée pour se vêtir d'un habit gris, et, quoiqu'il fût tout haletant, il cherchait à plonger un regard avide dans la voiture. Sans doute Julien l'avait reconnu aussi, car il s'empressa de relever le collet de son manteau et de se dissimuler derrière un de ses voisins.

Heureusement le cocher n'admit pas la requête du survenant.

— Pas moyen, mon cher, dit-il avec cette autocratie des voituriers d'ancien régime; la place qui reste est retenue par une personne, qui doit monter au Bourget et qui paye le voyage depuis Paris... Ainsi donc si vous êtes pressé, ajouta-t-il d'un ton railleur, vous pouvez dès à présent prendre un billet au bureau pour samedi prochain.

Puis, sans écouter les jurons du laquais, il monta sur son siège, d'un air majestueux :

— Gare! cria-t-il, en s'adressant aux curieux qui se pressaient autour de la voiture pour serrer une dernière fois la main aux voyageurs.

Tout le monde s'écarte précipitamment, et, comme dit la jolie chanson de Désaugiers :

> Les fouets retentissent
> Les chevaux hennissent,
> Les vitres frémissent,
> Les voilà partis!

Le valet de Laroche-Cardière était demeuré à la même place, toujours pestant et frappant du pied ; néanmoins, lorsque le coche eut disparu, cet homme s'éloigna précipitamment, comme s'il eût conçu quelque nouveau projet qu'il avait hâte de réaliser.

M. Cadet le suivit des yeux, et ce fut seulement après l'avoir vu se perdre dans la foule qu'il se mit lui-même en marche pour retourner au Grand-Dunkerque.

— Hum ! murmurait-il, la présence de ce coquin n'annonce rien de bon ; notre jeune homme n'aura qu'à se bien tenir. Mais nous avons fait tout ce qui dépendait de nous ; que Dieu fasse le reste !

Julien, de son côté, avait très-bien compris que la présence du laquais lui présageait de nouvelles persécutions et peut-être de nouveaux dangers. Aussi, tant que l'on traversa la ville au milieu d'embarras sans cesse renaissants, dans des rues étroites et populeuses, se montrait-il fort inquiet. Quand le coche ralentissait sa course, il tremblait de voir un exempt ou un cavalier de la maréchaussée apparaître tout à coup et se saisir de sa personne.

Heureusement les barrières de Paris n'étaient pas alors aussi éloignées du centre qu'aujourd'hui. C'était le temps où toute la portion de la ville actuelle, située sur la droite des boulevards, en descendant de la Bastille à la Madeleine, n'existait pas encore. La ferme de la Grange-Batelière, remplacée plus tard par l'Opéra, était entourée d'un marais, et une danseuse, la *petite Lolo*, fit manger une fois à d'Alembert des poules d'eau tuées le jour même sur les étangs de la Grange-Bate-lière (1). Aussi

(1) *Paris*, par Gustave Claudin, excellent ouvrage, plein d'aperçus ingénieux et élevés sur le passé, le présent et l'avenir de la capitale de la France.

les transes de Julien ne furent-elles pas de longue durée : à peine eut-on franchi la porte Saint-Denis qu'on se trouva en rase campagne, et il commença à respirer bien qu'une autre espèce de préoccupation semblâ encore faire travailler son cerveau.

L'attelage, pendant la traversée de Paris, avait témoigné des velléités de prendre le trot et même le galop, mais, aussitôt qu'on eut dépassé les dernières maisons des faubourgs parisiens, les pauvres rosses, déjà fatiguées, se mirent au petit pas, qui était leur allure habituelle. Le cocher, de son côté, tira des provisions de sa poche et procéda paisiblement à son déjeuner, en attendant les innombrables verres de vin qu'il comptait prélever sur tous les cabarets de la route jusqu'au terme du voyage. Dans l'intérieur du coche, les voyageurs commencèrent les uns à dormir, les autres à causer. Il fallait douze heures environ pour parcourir les douze lieues qui séparent Paris de Senlis et on s'arrangeait afin d'employer le temps le plus agréablement possible.

Julien Forget pourtant ne songeait ni à causer, ni à dormir. Il s'était débarrassé de son manteau et se penchait à la portière du vieux carrosse, comme pour jouir du spectacle de la campagne, aux premières heures du jour. En réalité ce n'étaient ni les arbres couverts de feuillage, ni les champs émaillés de fleurs, ni les maisonnettes enguirlandées de vignes, qui attiraient son attention. Ses yeux se portaient obstinément vers l'extrémité de la route ; et, quand il apercevait au loin un hameau, une ferme ou même une habitation isolée, il demandait avec une impatience que ses compagnons de voyage ne tardèrent pas à remarquer, « si ce n'était pas là le Bourget. »

Evidemment Julien avait un intérêt puissant à atteindre le Bourget au plus vite ; on supposait même que ce petit village était le lieu de sa destination. Aussi, quand le Bourget, avec ses vieilles maisons et son antique église, apparut enfin, s'empressa-t-on de l'en avertir.

Julien était toujours à la portière et regardait avidement autour de lui. Le coche s'étant arrêté à une auberge où le conducteur avait l'habitude de boire, le jeune homme parut avoir trouvé ce qu'il cherchait, car une joyeuse exclamation s'échappa de sa bouche.

Devant l'auberge était une chaise de poste dont on dételait en ce moment les chevaux écumants et couverts de sueur. Le voyageur qui venait d'arriver dans cette voiture, debout au bord du chemin, sa valise à ses pieds, examinait le coche avec une sorte d'anxiété.

Il semblait avoir quinze ans à peine ; aucun poil de barbe ne surmontait ses lèvres roses et fraîches. Sa figure était charmante ; son air timide, un peu gauche même, lui donnait une grâce de plus. Il avait le costume d'un riche bourgeois ; une veste de satin et un habit de couleur claire, à boutons d'acier poli, serraient sa taille. Par-dessous son léger tricorne s'échappaient des cheveux bien poudrés, réunis dans une bourse de soie. Des bas chinés, retenus par des jarretières à boucle d'or, dessinaient sa jambe fine et bien modelée. Il portait une épée, selon l'usage du temps ; mais cette épée, véritable joujou d'enfant, ne paraissait pas bien redoutable. Enfin, malgré son équipage cavalier, il avait plutôt l'air d'un écolier échappé depuis peu à la férule du maître d'école que d'un page hardi se disposant à courir le monde et les aventures.

En se voyant l'objet de l'attention générale, il rougit et manifesta un embarras extrême. Mais, au même

7

instant, une voix claire et vibrante s'écria du fond de la voiture :

— Denis, est-ce vous ?

Il sembla aux autres voyageurs qu'on eût dit *Denise* au lieu de *Denis*; mais ils avaient mal entendu sans doute. Quoi qu'il en fût, Forget sauta lestement à terre et courut vers le petit inconnu, qui murmura :

— Julien... mon cher Julien !

Ils s'embrassèrent avec une cordialité passablement impétueuse. Cependant le plus jeune ne tarda pas à se dégager.

— Julien, balbutia-t-il timidement, songez donc... on nous regarde.

Forget, rappelé à lui-même, essaya de prendre un air calme; puis, sans lâcher la main du soi-disant Denis qui tremblait un peu, il dit aux autres voyageurs, comme s'il eût récité une leçon nouvellement apprise :

— C'est mon jeune frère, et nous devons voyager ensemble. Il habite les environs, et il est venu en poste m'attendre au Bourget... Cocher, ajouta-t-il en s'adressant à l'automédon, voici le voyageur dont la place était retenue depuis Paris.

— Fort bien, répondit distraitement le cocher qui buvait un verre de vin blanc; avez-vous le billet du bureau ?

— Le voici.

— Suffit. Alors passez-moi les bagages, et votre frère se casera là-dedans comme il voudra... Il n'est pas gros et peut encore entrer, je pense. Allons donc, leste, preste !... Nous partons.

En effet, la halte était finie, le cocher n'ayant plus rien à boire, et Julien s'empressa de se hisser dans la voiture avec son frère improvisé. Bien leur en prit, car ils purent s'asseoir côte à côte avant que leurs compagnons de voyage se fussent réinstallés dans le coche. La présence du nouveau venu causa quelque curiosité aux gens de la voiture.

— Dieu ! est-il donc mignon ce p'tiot-là ! disait la grosse nourrice en observant du coin de l'œil le prétendu Denis.

— Ouiche ! murmura en goguenardant un jeune employé de la gabelle, est-ce bien son frère que ce garçon a t'ouvé là ? Ce frère vous a un air... Ah çà, mon révérend père, ajouta-t-il en s'adressant au moine augustin assis à côté de lui, avez-vous des « frères » comme celui-là dans votre couvent ?

Le religieux lui tourna le dos et commença la lecture de son bréviaire.

Du reste, la voiture s'était remise en mouvement, et grâce à ses cahots continuels, à ses énormes soubresauts, une conversation générale devenait impossible.

Julien et son soi-disant frère s'étaient blottis dans un coin. Ils demeurèrent d'abord immobiles et muets, afin de donner le temps à l'attention de se détourner d'eux. Quand ils crurent n'être plus observés, leurs têtes se rapprochèrent et ils se mirent à chuchoter. Cependant ils ne semblaient pas avoir encore la liberté suffisante pour s'entretenir d'intérêts qui les touchaient vivement, et peut-être attendaient-ils avec impatience l'occasion de s'épancher, loin des regards curieux et des oreilles indiscrètes.

Cette occasion s'offrit bientôt. Le coche, tout en cahotant, atteignit « une côte, » et le chef du véhicule, mettant lui-même pied à terre, vint annoncer d'un ton péremptoire que « l'on descendait » en cet endroit. Quelques-uns des voyageurs hésitaient à donner un nouvel exercice à leurs jambes, mais c'était l'usage et il fallait se résigner. Quant à Julien et à son petit compagnon, ils ne s'étaient pas fait prier pour descendre. Ils se prirent par le bras, s'éloignèrent un peu des autres voyageurs; puis, suivant un des bas côtés de la route qu'ombrageaient de beaux arbres feuillus, ils purent enfin agir et parler en liberté.

— Denise, ma chère Denise, disait Julien, les yeux brillants de joie, en serrant contre sa poitrine le bras de sa jeune femme, combien je vous remercie d'être venue! Comme nous allons être heureux! Quel délicieux voyage!... Je tremblais que vous ne pussiez exécuter le projet arrêté entre nous et tromper la surveillance jalouse de votre famille.

— Ah! Julien, ce que j'ai fait est bien mal, je le crains... Mon père sera fort irrité, et ma pauvre mère va pleurer toutes les larmes de ses yeux.

— Enfant! ne sommes-nous pas mariés? Oubliez-vous que la femme doit quitter père et mère pour suivre son mari? C'est texte d'Evangile cela, ma chère; qui pourrait vous blâmer d'avoir obéi aux lois divines et humaines..... sans parler des inspirations de votre cœur? Nous écrirons à vos parents pour les rassurer et ils nous pardonneront aisément cette innocente escapade.

— Il n'en est pas moins vrai, répliqua Denise fort disposée peut-être à se laisser persuader, que j'ai commis un gros péché en prenant les habits d'un autre sexe...

— Mais ce costume vous sied à ravir, et je ne croyais pas que mes habits de noce, car ce sont eux que vous portez là, pussent avoir si bon air... Quelle tournure mutine cela vous donne!... Tenez, expliquez-moi comment vous avez pu réaliser si heureusement notre complot.

Denise, avec un mélange de naïveté et de malice, donna à son mari les explications qu'il demandait.

On se souvient que, la veille, Julien, enfermé dans la mansarde solitaire de la rue Saint-Honoré, avait insisté pour recevoir la visite de Denise ; c'était dans cette entrevue que les deux jeunes gens avaient pris la résolution de se rejoindre en voyage et s'étaient entendus sur les moyens d'y parvenir. D'abord, on avait envoyé l'apprenti Alexis, qui était tout à la dévotion de Julien, retenir au bureau du coche de Senlis une place, qui devait être occupée seulement à partir du Bourget. Puis, Denise elle-même s'était rendue chez un loueur de voitures de la rue Dauphine et lui avait demandé, pour le lendemain matin, une voiture légère avec deux chevaux, afin de la conduire au Bourget en passant par Saint-Denis. Le loueur connaissait la famille Raymondot et fit quelques objections avant de céder à ce désir ; mais on réussit à le persuader. Les mœurs un peu relâchées du temps étaient indulgentes pour de pareilles escapades ; d'ailleurs la jeune femme ne manquait pas d'argent, et elle offrit une telle somme que les difficultés s'aplanirent en un clin d'œil. Il fut donc convenu que le lendemain matin, avant le jour, une voiture tout attelée attendrait Denise dans la cour du loueur, dont la maison était située, comme on sait, à quelques pas seulement du quai des Orfèvres.

Ces dispositions prises, Denise rentra chez elle, et pendant la soirée, elle s'efforça de cacher sa vive préoccupation à ses parents. Quand tout le monde fut couché au logis, elle commença ses préparatifs de voyage. Par une circonstance favorable, les habits de noce de Julien étaient restés chez Raymondot. Denise, qui avait à peu près la taille de son mari, passa une partie de la nuit à se

vêtir de ce costume, à se coiffer selon la mode des homme:
à s'exercer pour porter avec aisance son équipement ca
valier. Elle y réussit parfaitement, comme nous l'avor
dit, et un peu avant le jour, laissant sur la table de s
chambre une lettre destinée à rassurer sa famille, elle s
glissa sans bruit hors de la maison.

Peut-être, au moment de quitter la demeure mater
nelle, versa-t-elle quelques larmes; mais elle croyai
remplir un devoir, et elle se dirigea d'un pas rapide ver
la rue Dauphine.

Du reste, tout s'arrangea pour elle à souhait. Le loueu
avait voulu gagner consciencieusement son argent; l
voiture était déjà prête dans la cour, le postillon en selle
Quelques écus distribués par la jeune et fringante voya
geuse achevèrent de lui gagner tous les cœurs; aussi l
trajet s'accomplit il sans encombre jusqu'au village oi
elle devait retrouver Julien.

Ce récit ne s'acheva pas sans que la jolie aventurière
eût été félicitée plus d'une fois pour son sang-froid e
son courage. Julien était rayonnant; il se frottait les
mains et disait avec une vanité naïve :

— C'est un enlèvement, ma Denise! Je vous enlève à
la barbe de nos braves gens de parents, à la barbe de
ces matamores qui nous ont si cruellement persécutés...
Maintenant vous êtes à moi, à moi tout seul, et je sau
rai vous faire respecter, sacrebleu!

— Ne jurez pas, monsieur, je vous crois; si je ne vous
croyais, me confierais-je à vous?... Mais, vraiment, ce
costume d'homme me rend honteuse; il me semble que
tous les yeux sont fixés sur moi, que tout le monde me
reconnaît, et j'ai hâte de reprendre des habits.... plus
convenables.

Cette conversation fut interrompue par le cocher; on

était au sommet de la côte et il fallut rentrer dans la voiture. Cependant les deux jeunes gens pouvaient encore échanger quelques mots tout bas, et à défaut de la voix, ils se parlaient des yeux. D'ailleurs de nombreuses occasions de marcher ne tardèrent pas à se présenter encore. Sur cette grand'route de Paris à Lille, la plus plate et la plus unie de la France entière, le pesant véhicule n'avançait qu'avec une lenteur désespérante. Tantôt on rencontrait une nouvelle côte à gravir, tantôt le pavé était défoncé, sillonné d'ornières profondes ; il fallait aussi à certains passages, en vertu de nous ne savons quel droit féodal, payer à un péager une taxe pour les voyageurs, les chevaux et la voiture, sous prétexte que là, à une époque reculée, avait existé « une barrière. » Dans ces différents cas, les voyageurs devaient descendre, et véritablement la majeure partie du chemin ne se faisait pas dans le coche.

Julien et Denise ne s'en plaignaient pas. Ils marchaient à quelque distance des autres voyageurs, riant ou causant à voix basse, fiers, alertes et joyeux. Bien que cette partie du Valois soit peu pittoresque et passablement monotone, la campagne elle-même avait un charme inexprimable pour ce couple d'amoureux. Avec cette ignorance singulière de certains Parisiens à cette époque, ils n'auraient su dire ce que produisaient ces champs couverts de fauves épis ; ils ne distinguaient pas un pommier d'un chêne, et ils se demandaient à quoi pouvaient servir ces plantes aux fleurs jaunes ou bleues dont ils voyaient de vastes carrés s'étaler à droite et à gauche du chemin. Cependant ils admiraient tout, et tout les ravissait. Le soleil se jouant dans le feuillage des arbres, le vent qui faisait onduler les moissons, un ruisseau d'eau vive courant dans la verdure, un toit de chaume projetant quelques flocons de fumée sur l'azur du ciel, tout était pour eux matière à contemplation, sujet d'enthousiasme. La nature se révélait à eux pour la première fois avec ses splendeurs et son immensité, éveillant dans leur être des sensations inconnues ; et leur amour mutuel, mieux encore que le soleil d'été, répandait sur ces prairies, sur ces forêts, sur ces villages, une teinte éblouissante de poésie et de bonheur.

Cette première partie du voyage était donc un perpétuel enchantement pour les jeunes époux, quoique leur joie fût contenue par la présence de leurs compagnons. Ceux-ci, dans le désœuvrement d'une marche lente et fastidieuse, ne pouvaient s'empêcher de les observer à la dérobée, et peut-être devinaient-ils le secret de Julien et de Denise. Toutefois cette curiosité n'avait rien d'hostile ; on se contentait de sourire, et on n'éprouvait que de l'indulgence pour le mystère dont ils semblaient vouloir s'entourer.

— Suffit ! disait le cocher en clignant des yeux, c'est un duc qui enlève une princesse... Il y aura pour boire.

— Je veux être pendu, disait l'employé de la gabelle, si le petit frère n'est pas une gentille petite sœur !

— Peut-être ben, marmottait la nourrice d'un air dédaigneux, que le plus maigret est une « jeunesse ; » mais ça n'aurait guère de chance si ça se présentait au bureau pour nourrir un enfant parisien... Je gage que ça ne trouverait pas tant seulement un nourrisson à dix livres dix sous par mois, comme il y en a !

Mais Julien et Denise ne s'inquiétaient pas de ces propos. Tout occupés l'un de l'autre, ils ne voyaient, n'entendaient rien de ce qui était étranger à leur affection mutuelle.

VII

LA FORÊT DE CHANTILLY

La journée s'écoula sans incident remarquable; en revanche, un peu avant la chute du jour, la monotonie du voyage fut brusquement interrompue.

Le cocher, en se retournant par hasard sur son siége, avait aperçu derrière le carrosse un nuage de poussière qui paraissait causé par des cavaliers lancés au galop. D'abord le nuage s'était rapproché rapidement; mais arrivé à quelques portées de fusil de la voiture, il s'était ralenti, et maintenant il demeurait toujours à la même distance. Quand il se dissipait momentanément, on voyait deux hommes à cheval qui semblaient observer le coche avec intérêt, mais ils ne s'avançaient jamais assez pour qu'on pût les examiner à leur tour.

On prit d'abord ces inconnus pour des voyageurs qui, sans vouloir se mêler aux gens du coche, n'étaient pas fâchés de profiter de leur compagnie et de se mettre, en quelque sorte, sous leur sauvegarde. Cependant, comme, au bout d'une heure, les cavaliers s'obstinaient à suivre la voiture à une distance calculée ; comme, d'autre part, le jour tombait et que l'on allait entrer dans de grands bois, on se mit à jeter plus fréquemment les yeux vers eux et à se demander quel pouvait être leur dessein.

— C'est singulier tout de même, s'écria le moine augustin que l'inquiétude rendait communicatif ; pour quel motif ces gens-là s'attachent-ils à nous avec tant d'opiniâtreté ? Du reste, ce n'est pas pour moi que je crains, car un pauvre religieux est à l'abri des voleurs...

— Et moi donc ! dit la nourrice avec un gros rire niais, ils ne me prendront pas mon nourrisson peut-être.... Qu'en feraient-ils ?

— Bon ! ce ne sauraient être des voleurs, répliqua l'employé de la gabelle ; d'ailleurs, nous sommes ici sept hommes... et ces cavaliers ne sont que deux.

— Attendez, dit le cocher à son tour ; peut-être se trouveront-ils quatre, ou six, ou davantage, quand tout à l'heure nous serons engagés dans la forêt de Chantilly... Avec ça qu'il n'y aura pas de lune ce soir, et que j'ai oublié de mettre de l'huile dans ma lanterne. A-t-on des armes ici ?

Plusieurs voyageurs portaient l'épée selon la mode, et deux d'entre eux, ainsi que Julien, étaient munis de pistolets. Toutefois, la troupe semblait peu préparée à la résistance et ne montrait aucune intention belliqueuse. Le cocher en prit philosophiquement son parti.

— Bah ! dit-il, chacun pour soi..... Pourvu qu'on ne touche pas à mes chevaux !

Pendant cette conversation, on avait pénétré dans la forêt que traversait la route royale ; les dernières lueurs du couchant doraient la cime des hautes futaies, et sous ces ombrages régnait un calme majestueux. En ce moment tous les voyageurs avaient encore mis pied à terre, non qu'il y eût là une pente à gravir ou un pavé défoncé, comme cela était arrivé tant de fois pendant la journée; mais les chevaux, qu'on n'avait pas relayés depuis le matin, étaient harassés, et le coche, même vide, devenait trop lourd pour eux. On avançait donc par petits groupes et on se retournait fréquemment vers les mystérieux cavaliers, qui semblaient aussi occupés des voyageurs que les voyageurs étaient occupés d'eux.

Julien et Denise marchaient à quarante ou cinquante pas en avant des autres, dans leur isolement habituel. Bien qu'on leur eût laissé voir l'inquiétude que causait la présence de ces gens suspects, ils conservaient toute leur tranquillité. Peut-être n'avaient-ils pas compris, peut-être même n'avaient-ils pas entendu les suppositions fâcheuses de leurs compagnons de route. Ils s'en allaient côte à côte, riant, causant à voix basse, cueillant des fleurettes au bord du chemin. Ils s'étonnaient du silence imposant des bois; ils respiraient avec délices les fraîches émanations de la verdure aux approches du soir. Denise, avec une naïveté enfantine mêlée parfois d'un peu de frayeur, faisait remarquer à Julien, tantôt un chevreuil, aux formes élégantes, qui parcourait avec une incroyable légèreté les longues allées de la forêt, tantôt un cerf majestueux qui, s'arrêtant dans un carrefour, dessinait son bois branchu sur le ciel encore lumineux. Le gibier ne manquait pas à Chantilly car les princes de Condé, propriétaires de la forêt, passaient pour les plus déterminés chasseurs du monde entier.

Telles étaient donc les innocentes distractions de Denise et de Julien. Toutefois un moment vint où ils durent, en dépit d'eux-mêmes, oublier ce tableau champêtre et songer à un autre genre de réalités. Une clameur confuse, poussée par leurs compagnons de voyage, attira leur attention. Les deux cavaliers, renonçant à leur attitude d'observation, s'avançaient maintenant au galop de leurs chevaux. Les gens du coche avaient fait halte, et chacun s'était mis en garde, qui avec ses pistolets, qui avec son épée, le cocher avec son fouet, le moine avec son bréviaire, mais les cavaliers se contentèrent de leur lancer un regard moqueur et passèrent outre avec rapidité.

Les jeunes époux avaient enfin pris l'alarme à leur tour. Julien, ayant tiré précipitamment de sa poche ses pistolets d'arçon, se disposait à défendre au besoin Denise qui, toute tremblante, s'était réfugiée derrière lui. Néanmoins, voyant les cavaliers passer devant les autres voyageurs sans leur adresser un signe ou une parole, ils espérèrent qu'il en serait de même pour eux; ils furent bientôt détrompés.

Les deux inconnus les rejoignirent et s'arrêtèrent pour les examiner avec insolence.

— Tu avais raison, ce sont eux! dit un des cavaliers dans lequel Julien reconnut en frémissant le marquis de Laroche-Cardière.

— Monsieur le marquis sait que je ne suis jamais une fausse piste, répliqua son compagnon, qui n'était autre que le laquais dont nous avons si souvent parlé.

Le maître et le domestique étaient couverts de poussière; montés sur des bidets de poste, ils semblaient avoir fait la route à franc étrier.

—Ah! vous voici donc, mon gentil damoiseau? reprit Laroche-Cardière en s'adressant à Julien avec une colère méprisante, vous vous croyiez bien fin et sans doute vous vous félicitiez déjà d'avoir joué un bon tour à un gentilhomme... A nous deux maintenant!... Et vous, continua-t-il en se tournant vers Denise, belle bergère qui prenez des habits masculins pour courir les champs, vous allez changer de direction, s'il vous plaît, et, bon gré, mal gré, je serai désormais votre berger... Allons! qu'on ne résiste pas... Je me soucie fort peu des lamentations et des grimaces.

En même temps il avait mis pied à terre, et passant à son bras la bride du cheval, il s'avança vers Denise. Julien se plaça résolûment devant lui.

— Monsieur, dit-il avec fermeté, nous ne vous connaissons pas; poursuivez votre chemin, ou je vous apprendrai la bienséance.

— Allons donc! vous me connaissez parfaitement, au contraire, et cette belle dédaigneuse, la fille de l'orfévre Raymondot, me connaît aussi. Elle a méprisé mes feux, il y a quelque temps; mais je ne me décourage pas et je prétends devenir le gendre de son père... Vous serez marquise de Laroche-Cardière, ma charmante, et pas plus tard que dans quelques heures, je vous en donne ma parole!

— Jamais! s'écria Denise, que l'insolence du marquis révoltait. Je vous connais, en effet, monsieur, car j'éprouve pour vous une aversion extrême, et je préférerais mille fois la mort....

— Bah! nous avons entendu déjà chanter cette vieille chanson... Pas de simagrées, ma petite; je l'ai résolu, vous allez prendre place là, sur le devant de ma selle, et je vous enlèverai comme une héroïne de roman.

— Ne m'approchez pas! ne me touchez pas! s'écria la pauvre enfant épouvantée.

— Ne bougez pas, monsieur le marquis, puisque marquis vous êtes, dit Julien en brandissant son pistolet; ne bougez pas, ou je fais feu.... Denise est ma femme, et vous n'arriverez jusqu'à elle qu'après m'avoir tué.

— Votre femme? répéta La roche-Cardière en fronçant ses gros sourcils broussailleux; cette fable ridicule, que l'on m'a contée déjà, serait-elle vraie?

— Rien de plus exact, répliqua Denise qui crut avoir trouvé un argument décisif contre le terrible marquis; je ne saurais plus épouser personne, puisque j'ai été mariée, il y a trois jours, à M. Forget, dans l'église de Saint-Germain-l'Auxerrois.

La roche-Cardière paraissait douter encore, et il échangea quelques mots à voix basse avec son valet; mais les deux jeunes gens lui donnèrent avec volubilité tant d'explications, citèrent tant de preuves, qu'ils réussirent à le convaincre. Par malheur, ils ne gagnèrent rien à ce succès. Le marquis frappa du pied et poussa un effroyable blasphème.

— Joué! s'écria-t-il, joué par deux enfants et par de stupides bourgeois, moi, Laroche-Cardière! Mais, tonnerre! si je n'épouse pas une demoiselle, j'épouserai du moins une veuve!... L'épée à la main, drôle; je vais te faire l'honneur de croiser le fer avec toi, et je te traiterai comme j'ai traité, il y a deux jours, le capitaine racoleur... Toi, Picard, continua-t-il en s'adressant à son valet, empare-toi de cette « dame » et mets-la sur ton cheval, je me charge du reste.

Picard ne se pressait pas d'obéir, et montrait à son maître les voyageurs du coche arrêtés à quelque distance.

— Bon! vas-tu t'inquiéter de cette canaille? dit le marquis avec dédain; je les mettrai tous à la raison avec quelques coups de plat d'épée... Pas un ne bronchera, je te le garantis.

En effet, les spectateurs de cette scène étrange semblaient paralysés par la crainte, et n'osaient approcher. Le valet essaya de saisir Denise, qui lui échappa par un mouvement rapide et se réfugia de nouveau derrière son mari, en poussant des cris aigus. Pendant ce temps le marquis avait tiré sa rapière et disait à Julien d'un ton formidable :

— En garde, monsieur du Grand-Dunkerque, en garde donc ou je vous embroche comme un escargot.

Mais Julien ne songeait qu'à Denise, toujours menacée par l'odieux Picard, et qui ne pouvait fuir, car déjà ses jambes se dérobaient sous elle.

— Laisse-la, coquin, ne la touche pas, s'écriait-il, ou malheur à toi !

Il avait un pistolet à chaque main, et comme le laquais ne tenait pas compte de ses menaces, il fit feu convulsivement, presque au hasard. Un des pistolets, dont l'amorce était tombée sans doute, ne partit pas. L'autre, qui résonna comme une pièce de quatre, était si effroyablement chargé qu'il s'échappa de la main inexpérimentée de Julien et sauta dans le taillis voisin sans atteindre Picard. Toutefois celui-ci intimidé s'arrêta un moment et demeura indécis.

Denise, par une heureuse inspiration, se mit à crier de toute sa force :

— Au voleur ! à l'assassin ! au secours !

Les gens du coche, sans oser cependant avancer encore, répondirent par des cris semblables ; et trois ou quatre coups de pistolet, qui partirent à la fois, furent répétés par les échos de la forêt.

Ce n'était là, sans doute, qu'une vaine démonstration, mais elle eut pour effet d'augmenter l'hésitation de Picard, à qui son maître criait d'un ton furieux :

— En finiras-tu, nigaud ? Vas-tu t'inquiéter de ces braillards imbéciles ? Et vous, mon petit monsieur, poursuivit-il en s'adressant à Julien, quand vous mettrez-vous en garde ? Êtes-vous donc un lâche? M. de Voltaire et les philosophes de l'Encyclopédie ont-ils tort de soutenir que les bourgeois peuvent avoir du sang dans les veines comme les gentilshommes ?

Forget essayait de faire bonne contenance. Il avait aussi tiré son épée, mince et frêle comme une aiguille à tricoter, et il l'avait engagée, sans trop savoir comment, avec la terrible broche à rôtir de Laroche-Cardière, quand un événement inattendu vint changer la face des choses.

Six gardes forestiers, portant une riche livrée de couleur isabelle, le couteau de chasse au côté et le fusil sur l'épaule, apparurent tout à coup et s'avancèrent à grands pas vers le théâtre de la lutte; en même temps, une voix jeune et sonore cria d'un ton impérieux :

— Bas les armes !... au nom de Son Altesse Royale monseigneur le prince de Condé !

La vue de ce renfort imposant rendit courage aux voyageurs du coche.

— Alerte! messieurs les gardes, s'écrièrent-ils; on nous vole, on nous assassine.

— On arrête, reprit le cocher, une voiture publique circulant par privilége du roi.

— Sauvez-nous ! au secours ! répétait Denise.

Force avait été au marquis d'interrompre ou plutôt de ne pas commencer le combat, et Picard, de son côté, lâcha Denise dont il avait déjà saisi le bras. Le maître et le valet furent entourés non-seulement par les gardes forestiers, mais encore par les voyageurs qui faisaient grand bruit.

— Où sont les voleurs? demanda un jeune homme de bonne mine et revêtu d'un brillant uniforme, qui semblait être l'officier des gardes.

On lui désigna Laroche-Cardière et Picard.

— En ce cas, bas les armes et rendez-vous! leur dit l'officier.

Laroche-Cardière se mit à rire.

— Il ne s'agit pas de voleurs, mon cher, dit-il tranquillement, mais d'une simple affaire de galanterie. Je suis gentilhomme, et je m'amuse à châtier un bourgeois qui a voulu m'enlever mon amoureuse... N'écoutez pas ces gens de rien ; je m'appelle le marquis de Laroche-Cardière, et mon nom est connu en bon lieu.

L'officier des gardes forestiers sembla un peu irrésolu en apprenant que le prétendu voleur était un homme de qualité. Comme il se taisait, Denise lui dit d'un ton suppliant et en joignant les mains :

— Protégez-moi, monsieur, et délivrez-moi ainsi que mon mari, de ces insolents qui n'ont aucun droit sur nous.

Elle exposa en peu de mots dans quelle situation Julien et elle se trouvaient à l'égard de leur persécuteur. L'officier, en reconnaissant une jolie femme dans la personne qui l'implorait d'une voix si douce, ne montra plus aucune hésitation.

— Il suffit, ma belle enfant, dit-il avec grâce; vous êtes en sûreté, je vous en donne ma parole.

Puis, se tournant vers Laroche-Cardière :

— Je me soucie peu, poursuivit-il avec fermeté, que vous soyez ou non gentilhomme, mais vous vous êtes permis d'arrêter une voiture publique dans la forêt de Chantilly qui appartient à M. de Condé et je ne dois pas le souffrir... Je suis le chevalier de Morandelle, capitaine des chasses de Son Altesse, et tout ce que je peux faire en votre faveur est de vous permettre de continuer votre chemin avec votre valet, pourvu que vous ne molestiez pas davantage des voyageurs paisibles.

— Vous le prenez de bien haut, monsieur; je vous répète que c'est galanterie pure, et à votre âge, on devrait mieux comprendre les peccadilles que l'amour fait commettre...

— Je les comprends peut-être, monsieur; mais il serait à craindre que le bailli de Chantilly ne les comprît pas, si je vous faisais conduire devant lui par mes gardes, et monseigneur, qui est très-jaloux de ses droits seigneuriaux, les comprendrait encore moins... Croyez-moi donc, remontez à cheval avec votre laquais, et sortez bien vite de la forêt, sinon je vous enverrai quelque part où l'on aura fort peu d'égards pour votre qualité.

La figure du spadassin s'empourpra.

— Pour qui me prenez-vous, monsieur le capitaine des chasses? demanda-t-il avec arrogance; oseriez-vous me traiter comme un malfaiteur?

— Et pourquoi pas, monsieur? Je vous trouve en train d'arrêter sur le grand chemin le carrosse de Senlis; et, de votre propre aveu, vous essayez de consommer un rapt, après avoir provoqué en duel un jeune homme inoffensif... Autrefois, en effet, tout ceci eût passé pour simple galanterie, mais aujourd'hui ceci s'appelle délit, crime, et quiconque se rend coupable de pareils actes doit être traité en conséquence.

— Pour le coup, c'est trop fort! vous me rendrez raison de vos paroles inciviles, monsieur.

— Soit, mais pas en ce moment. Je veux d'abord m'assurer si cette qualité de gentilhomme que vous prenez est bien la vôtre, ce dont vos façons actuelles me permettent de douter. D'autre part, je remplis aujourd'hui le service de ma charge et je ne saurais écouter une provocation personnelle... Vous me trouverez plus tard au château de Chantilly, où je réside, et je serai tout à vos ordres.

— Fort bien; je vous aurais cru plus pressé de répondre à un appel d'honneur, et je suis en droit de supposer...

— Silence! monsieur, interrompit le capitaine des chasses avec chaleur; ne m'offensez pas, ou, de par le diable! je vous envoie dans la prison du bailliage, pour vous apprendre la politesse.

Laroche-Cardière ne se sentait pas le plus fort et il ne répliqua rien. Il fit un signe à Picard et tous les deux remontèrent sur les chevaux de poste qui les avaient amenés. Comme tout le monde s'écartait pour leur livrer passage, le marquis sembla recouvrer sa fierté.

— A bientôt donc, monsieur de Morandelle, s'écria-t-il; sur mon âme! vous étiez mieux fait pour être officier de la maréchaussée que capitaine des chasses de Son Altesse... Mes compliments à vos maîtres! Nous nous reverrons.

Et il fouetta son cheval. Quand son valet et lui furent à quelque distance, les voyageurs du coche les saluèrent par de formidables huées, auxquelles les cris rauques des pies et des geais se joignirent dans la profondeur des bois. Le marquis se retourna sur sa selle et montra le poing aux railleurs; mais il ne s'arrêta pas, et quelques minutes plus tard il rentrait avec son compagnon dans un nuage de poussière.

Après son départ, Julien et Denise remercièrent avec émotion le chevalier de Morandelle. Forget se répandait en protestations, tandis que la jeune femme disait, moitié riant, moitié pleurant :

— Ah! mon bon monsieur, comment pourrons-nous reconnaître le service que vous venez de nous rendre?

— En m'accordant un baiser sur vos joues fraîches, répliqua Morandelle avec gaieté; entre hommes, ajouta-t-il finement, cela ne tire pas à conséquence.

— De tout mon cœur, monsieur le chevalier.

Julien fit la grimace; malgré la vivacité de sa reconnaissance, il trouvait que sa femme mettait trop d'empressement à satisfaire le désir du beau capitaine des chasses.

Bientôt Denise reprit :

— Je vous en conjure, monsieur le chevalier, prenez bien garde aux menaces de ce méchant Laroche-Cardière. Il passe pour un duelliste des plus dangereux...

— Il a blessé grièvement, comme il s'en vantait tout à l'heure, poursuivit Julien, le capitaine des racoleurs du quai de la Ferraille.

— C'est bon, je vous remercie, répliqua Morandelle avec un sourire légèrement dédaigneux; je me souviens en effet d'avoir entendu parler de ce gentilhomme comme d'un coureur de brelans et de ruelles; mais je ne le crains pas... Seulement, comme il est de bonne famille, et comme il peut avoir des amis qui raconteraient les choses à leur manière, je vais instruire sur-le-champ Son Altesse de ce qui vient de se passer... c'est le plus sûr.

Un des gardes lui amena son cheval, qu'on avait attaché à un arbre dans le taillis quelques moments auparavant.

— Mais, monsieur le chevalier, reprit Denise avec inquiétude en voyant son libérateur faire ses préparatifs de départ, si M. de Laroche-Cardière allait revenir sur ses pas?

— Ne craignez rien de pareil, ma charmante, dit le capitaine des chasses; remontez dans le coche et continuez votre route. Les gardes vous escorteront jusqu'à la sortie du bois. Là vous ne serez plus qu'à une courte distance de Senlis et vous y arriverez sans malencontre, je vous le promets.

Tous les assistants le remercièrent de cette nouvelle faveur; pour lui, il salua gracieusement, envoya un sourire à Denise en particulier, puis il lança son cheval dans une allée qui conduisait au château de Chantilly.

VIII

LE ROI DE SENLIS.

Le lendemain de cette journée si pleine d'événements, les deux principaux personnages de cette histoire étaient à Senlis, à l'auberge des Armes-de-Montmorency, située non loin de la vieille porte de Meaux.

Cette auberge, propre et bien tenue, présentait tout le comfort qu'on pouvait exiger dans ce temps-là. Elle était bâtie à l'angle d'une place, vers le sommet de la colline où Senlis est assise. On avait de ses fenêtres une magnifique vue sur la cathédrale dont le clocher passe pour un des plus élevés de France, sur les anciens remparts, ouvrage des Romains, enfin sur les vastes forêts environnantes. Ces forêts, qui existent encore aujourd'hui, étaient celles de Chantilly, d'Halatte et d'Ermenonville; et, suivant une vieille croyance, elles assainissaient si bien l'air à Senlis que les enfants des rois de France étaient envoyés au château de cette ville pour y être élevés dans les meilleures conditions de salubrité.

Julien et Denise achevaient de déjeuner en petit comité

dans leur chambre. Quoiqu'il fût dix heures du matin, ils ne semblaient pas être sur pied depuis bien longtemps ; néanmoins le repas avait été gai, et assaisonné d'appétit ; ils ne se ressentaient déjà plus des fatigues et des émotions de la ville. Forget, grâce au barbier du coin, était fraîchement rasé, poudré, *accommodé*, comme on disait alors, et avait repris toute la franchise de ses manières. Denise, de son côté, avait subi une nouvelle métamorphose. Abandonnant ses habits masculins, elle était redevenue une sémillante Parisienne ; et, sous ce costume, qui était beaucoup plus que l'autre dans ses goûts, elle n'attirait pas moins le regard sans exciter autant le soupçon.

Cependant, vers la fin de ce repas, où avait régné la plus douce intimité, une discussion s'éleva entre les jeunes époux.

— Je vous le répète, monsieur Forget, disait Denise avec ce ton péremptoire de la femme qui se sent aimée, nous ne pouvons nous arrêter à Senlis ; il nous faut partir ce soir même... Avez-vous oublié les menaces du marquis de Laroche-Cardière ? Il sait que nous sommes ici, il nous guette sans doute, et d'un moment à l'autre il nous jouera encore quelque méchant tour.

— Voyons, chère Denise, soyez raisonnable ; les affaires de mon commerce me retiendront à Senlis pendant une semaine. Que diraient ma mère et M. Cadet si je négligeais les intérêts de la maison ? Nous sommes si bien dans cette auberge ! Et puis, que pouvons-nous craindre ? Le capitaine Fleur-de-Canon est blessé, mort peut-être ; ce matamore de Laroche-Cardière vient de recevoir une bonne leçon, et il n'osera pas de sitôt se mettre à la traverse de nos projets... Enfin, ma chère, me croyez-vous tout à fait incapable de vous défendre ?

Hier pourtant, ne vous ai-je pas protégée comme faut ?

— Sans doute, répliqua Denise en riant; vous av[ez] bravement tiré l'épée; mais vous la teniez d'une faço[n] si drôle que vous avez failli, deux ou trois fois, m[e] blesser moi-même... Oui, monsieur Forget, vous ne ma[n]quez pas de courage; mais, si je n'avais eu l'excellen[te] inspiration de crier au voleur, et si cet aimable genti[l]homme, M. de Morandelle, n'était accouru à notre se[-]cours, je tremble de penser à ce qu'il aurait pu arrive[r] de vous et de moi... Aussi me semble-t-il sage de quit[-]ter Senlis au plus vite.

— Encore une fois, ma chère Denise, rien ne presse[.] Laissez-moi terminer mes affaires, ce ne sera pas long[,] puis, je vous le promets, nous irons aussi loin que vou[s] voudrez... pourvu que vous ne me quittiez pas !

— Vos affaires! vous ne pensez qu'à vos affaires!

Julien allait protester, quand une grosse servante d'auberge, qui avait déjà servi de camériste à Denise, entra pour lever le couvert. Le jeune négociant lui demanda :

— Eh! la fille, votre maison est-elle paisible et se trouve-t-on en parfaite sûreté chez vous?

La servante écarquilla ses yeux, comme si elle n'eût pas compris une pareille question.

— Je crois bien! dit-elle enfin; où trouver mieux? Vous êtes ici chez le roi.

Forget et Denise furent stupéfaits.

— Quoi! demanda Julien, cette auberge serait-elle une demeure royale?

— Certainement que c'est une « demeure... » puisqu'*il* y reste toute l'année et qu'*il* y est encore en ce moment.

— Le roi ici ! Sans doute il s'est arrêté dans cette maison en se rendant à son château de Compiègne ?

— Mais est-ce bien le roi, le vrai roi ? demanda Denise, qui soupçonnait une méprise.

— Pardi ! croyez-vous que c'est le faux ?... D'où venez-vous donc ? Comment ne le savez-vous pas ? Il est roi depuis deux ans, et si les choses tournent bien, il passera bientôt empereur ; personne dans le pays n'ignore cela... Du reste, le roi disait tout à l'heure, en bas dans la cuisine, qu'il avait à vous parler.

— Le roi à la cuisine ! s'écria Denise.

— Et il veut nous parler ? ajouta Julien ; mais voyons ! ma brave femme, expliquez-moi...

— Est-ce que j'ai le temps ? Il vous expliquera lui-même... Et tenez, ajouta-t-elle en désignant une personne qui entrait, justement le voici.

Elle enleva une pile d'assiettes sales, et sortit avec tant de précipitation qu'elle faillit renverser le monarque dont elle avait annoncé la visite.

Sa Majesté se mit à jurer en riant et menaça du poing la grosse fille qui se hâta de disparaître.

Or, le personnage qui faisait ainsi son entrée n'était ni le roi Louis XVI, fort tranquille alors dans son palais de Versailles, ni même le roi d'Yvetot, qui n'avait pas encore été inventé par un illustre chansonnier. C'était un homme entre deux âges, alerte, bien proportionné ; et réellement, s'il n'y avait eu dans sa tournure un peu de cette roideur que donne l'habitude de l'uniforme, sa physionomie débonnaire et joviale eût rappelé le type traditionnel du roi d'Yvetot. Son costume était propret, digne, presque élégant ; il portait l'épée avec cette aisance que les bourgeois bien posés savaient emprunter aux gentilshommes. Enfin ce personnage, si pompeusement annoncé, n'était autre que M. Quentin, le maître de l'auberge des Armes-de-Montmorency, l'hôte qui, la veille, avait reçu les voyageurs à leur descente du coche.

Julien et Denise le regardaient épousseter en maugréant ses habits froissés par le passage un peu brusque de la servante.

— Monsieur, dit Julien avec embarras, on avait voulu nous faire croire...

— Ce n'est pourtant pas vous qui êtes le roi? demanda Denise.

— Si, parbleu! c'est moi, répliqua distraitement l'aubergiste; qui serait-ce donc?

— Quoi! reprit Forget, sous ce déguisement, sous ces dehors modestes...

— En effet, j'ai bien meilleure mine en grand costume. Eh bien, une cérémonie doit avoir lieu dans quelques jours; si vous êtes curieux de la chose, vous me verrez avec mes habits de gala et tous mes insignes.

Denise demeurait convaincue qu'il y avait dans tout ceci quelque singulière méprise.

— Ah çà, reprit-elle délibérément, quelle espèce de roi êtes-vous donc?

— Eh! parbleu, je suis le roi du papegaut, le roi de l'Arquebuse de Senlis!

Les jeunes gens se regardèrent d'abord avec étonnement; puis Julien gonfla ses joues, comme s'il eût contenu avec effort une envie de rire. Denise, moins réservée, partit d'un éclat de rire si bruyant et si franc, elle lançait des gammes si folles, que son mari ne put se modérer longtemps et finit lui-même par donner libre carrière à sa gaieté. M. Quentin, avec une bonhomie charmante, ne tarda pas à se mettre de la partie, et, pendant plusieurs minutes, on entendit dans toute la maison les accents de cette joie convulsive et irrésistible.

— Mais, vraiment, pour quel diable de roi me preniez-vous? reprit l'aubergiste quand les rires se furent apaisés; n'avez-vous jamais entendu parler des arquebusiers de Senlis et de leur roi, qui acquiert ce titre, chaque année, en remportant le prix de l'adresse à la carabine?

En même temps, il donna à ses hôtes quelques renseignements non-seulement sur la compagnie, alors célèbre, à laquelle il appartenait, mais encore sur sa propre personne.

Quentin était un ancien officier de la vénerie des princes de Condé à Chantilly; s'étant dégoûté de ce service et s'étant marié, il était venu tenir l'hôtel des Armes-de-Montmorency. Grâce à ses relations avec les gens de la maison du prince, la clientèle affluait à son auberge. Une circonstance particulière avait contribué à soutenir cette prospérité.

De temps immémorial, la ville de Senlis, comme, du reste, la plupart des villes du nord de la France, possédait une compagnie d'arquebusiers. Cette compagnie se composait de cinquante bourgeois qui, revêtus d'un brillant uniforme, se réunissaient à certains jours pour s'exercer au tir de la carabine, et celui qui abattait le papegaut (petit oiseau de métal de la grosseur d'une aveline, posé à une distance de cent pas au moins) devenait « roi de l'Arquebuse » pour l'année. Le prix était souvent une pièce d'orfèvrerie ou même une somme d'argent, et l'heureux vainqueur obtenait en outre, par le fait de sa royauté, de nombreux priviléges. Il était exempt d'impôts et de subsides de toutes sortes. De plus, il pouvait acheter et revendre chaque année vingt muids de vin, sans payer aucun droit. Celui qui obtenait le titre de roi de l'Arquebuse pendant trois années consécutives recevait le titre « d'empereur, » et il était exempt de tailles et d'impôts pour le reste de sa vie.

Or, Quentin, pendant qu'il occupait un emploi dans la vénerie de Condé, avait acquis une adresse extraordinaire à la carabine; et, devenu propriétaire des Armes de Montmorency, il s'était empressé de se faire admettre dans la corporation des arquebusiers de Senlis. Outre que cette qualité attirait à son auberge tous les francs tireurs de la ville et des villes voisines, il avait gagné pendant deux années le prix de l'arquebuse; et les avantages matériels attachés à cette victoire n'étaient pas de mince importance pour lui.

— Vous comprenez, mon cher petit monsieur, ma gentille petite dame, disait Quentin en se frottant les mains, comme c'est commode pour les aubergistes de ne pas payer d'impôts !... Je peux débiter vingt muids de vin sans être tarabusté par le fisc; en débité-je plus ou moins? Qui le sait? Je ne compte pas. Mais cela dure depuis bientôt deux ans; les affaires marchent, je m'arrondis... Dans quelques jours la seconde année de ma royauté expire et on va de nouveau tirer le papegaut... Je remporterai le prix et je serai nommé empereur de l'Arquebuse. Alors ce sera bien le diable si je ne fais pas tout à fait ma fortune.

En parlant ainsi le bonhomme se rengorgeait si naïvement, il y avait tant de béatitude dans son maintien que Julien et Denise ne pouvaient se défendre d'une vive sympathie pour lui.

— Mais vraiment, monsieur, demanda la jolie Parisienne, êtes-vous donc si sûr d'abattre le... l'oiseau, encore une fois?

— Parbleu! je ne suis pas rouillé, j'imagine... Et puis, voyez-vous bien, ma mignonne, je possède une carabine, mais une carabine!... Le roi lui-même (celui de Versailles, bien entendu) n'a pas sa pareille. C'est un cadeau que me fit autrefois M. le prince de Condé. Un jour que je l'accompagnais à la chasse du sanglier, je me trouvai seul avec Son Altesse et un piqueur à l'hallali. Le sanglier faisait tête aux chiens et en avait décousu plusieurs. Le prince me dit :

— « Veneur, il faut *servir la bête* au plus vite, ou mes meilleurs chiens y passeront.

« J'avais une assez bonne carabine qui provenait de l'équipage de Chantilly, et je dis tranquillement :

— « Dans quel œil du sanglier Votre Altesse veut-elle que je place la balle?

« Monseigneur me regarda en souriant :

— « Tu es bien suffisant, me dit-il. Allons! un archer tira jadis à l'œil gauche du roi Philippe; afin de ne pas traiter un sanglier comme un roi de Macédoine, envoie une balle dans l'œil droit de ce mangeur de glands.

« A peine avait-il achevé ces mots que mon coup partit et la balle entra précisément dans l'œil indiqué. Or, l'œil du sanglier n'est pas bien grand, comme vous savez peut-être! »

— Bon! reprit Julien en affectant un air capable, ce pouvait n'être qu'un coup de hasard.

— « Monsieur le prince fut de cet avis, poursuivit Quentin; mais comme le sanglier, un vieux solitaire, bougeait encore et se défendait tant bien que mal contre la meute, je dis à Son Altesse :

— « La bête est borgne, monseigneur, voulez-vous que je la rende aveugle?

— « Quelle confiance en toi-même!... Fais donc; mais

tâche de la tuer tout de bon, et surtout prends garde de blesser les chiens.

« La recommandation était d'autant plus de saison que la meute entière s'était ruée sur le sanglier ; deux chiens l'avaient *coiffé*, les autres le recouvraient si bien qu'on le voyait à peine.

— « Il n'y a pas de danger, monseigneur, dis-je tranquillement.

« J'avais rechargé ma carabine, et je lâchai le coup presque sans viser. Le sanglier fit un saut énorme et retomba foudroyé ; cette fois la balle était entrée dans l'œil gauche et avait pénétré jusqu'à la cervelle.

« Monseigneur était enthousiasmé ; il me félicita chaleureusement, et trois jours après, il m'envoya la carabine dont je suis si fier. Vous la verrez, mes bons amis ! un canon de Leclerc... une batterie qui est un chef-d'œuvre de l'arquebuserie parisienne ! Avec une arme semblable, je ne crains aucun tireur du monde... J'ai défié les arquebusiers de Compiègne, et ceux de Laon et ceux de Beauvais ; je les ai toujours battus. Non pas qu'il n'y ait parmi eux des tireurs habiles, mais mon arme est meilleure ; elle m'a fait roi deux fois, elle me fera empereur. Aussi, après ma femme, Mme Quentin, qui est une excellente créature, après mon petit gars Barnabé, le plus gentil garçon de tout Senlis, je n'aime rien autant que cette carabine de mon âme... Elle est à double détente, damasquinée en argent, et... »

L'aubergiste s'interrompit tout à coup et se mit à rire.

— Allons, dit-il, voilà que j'enfourche mon dada, et si ma femme m'entendait... Elle prétend que j'ennuie nos voyageurs à leur conter mes balivernes d'arquebusier... Vous êtes bien gentils de me laisser ainsi bavarder... Mais ce n'est pas de cela qu'il s'agit ; j'étais monté pour vous annoncer que j'ai reçu ce matin un message vous concernant.

— Un message pour nous? s'écria Julien.

— Bon Dieu! que va-t-il nous arriver encore? dit Denise effrayée.

— Il n'y a pas de quoi vous tourmenter, reprit l'aubergiste-roi avec son sourire amical. Vous êtes bien M. et Mme Forget de Paris?

— Quoi! vous nous connaissez? demanda Julien avec surprise.

— Depuis quelques instants seulement... Hier, en voyant arriver chez moi cette charmante petite dame sous les habits d'un cavalier, j'avais certaines idées... Ne faut pas être trop rigoureux pour les amourettes; mais un aubergiste qui tient à l'honneur de sa maison est très-excusab'e... Enfin, j'avais tort, quoi! Vous êtes mari et femme, et vraiment vous formez à vous deux un fort joli couple, avenant, poli et qu'on a plaisir à voir!

—Enfin, monsieur le roi de l'Arquebuse, reprit Julien, quel est ce message dont vous parlez?

Quentin exposa comment, le matin même, un garde de la forêt de Chantilly était venu le trouver, de la part du chevalier de Morandelle. Le capitaine des chasses faisait savoir à ses protégés qu'ils n'avaient rien à craindre tant qu'ils resteraient à Senlis. Immédiatement après l'événement de la veille, il avait vu le prince de Condé et lui avait raconté ce qui venait de se passer. Le prince prenait sous sa protection spéciale M. et Mme Forget; il les autorisait, en cas d'agression nouvelle, à se réclamer de son nom, tant qu'ils seraient sur ses terres. De plus, M. de Morandelle, qui avait été le supérieur de Quentin dans la vénerie de Chantilly, recommandait particulièrement au roi de l'Arquebuse de veiller sur ses hôtes, pendant tout le temps qu'il leur plairait de résider aux Armes-de-Montmorency.

— Vous sentez, mes gentils enfants, poursuivit l'aubergiste, qu'avec des recommandations pareilles, je suis tout à vous, non-seulement moi, mais encore Mme Quentin, mon épouse, et mon petit Barnabé, et tous les domestiques mâles et femelles de ma maison. Je ne sais quelles méchantes affaires vous pouvez avoir sur les bras; mais, soutenu par Monseigneur et par ce digne gentilhomme, M. de Morandelle (un veneur fini, on peut le dire!), je serais capable de tenir tête au bailli royal lui-même pour vous défendre. Ayez donc l'esprit en repos et en joie.

Ces nouvelles favorables, ces assurances sympathiques ne pouvaient que faire grand plaisir aux jeunes époux.

— Vous le voyez, Denise, reprit Julien, il n'y a plus d'inconvénient à ce que nous séjournions ici. Quand je m'absenterai pour mes affaires, vous demeurerez sous la garde de notre hôte et de sa famille.

— Oui, oui, dit Quentin, ma femme vous tiendra compagnie, ma belle petite, et elle vous contera pour vous amuser tous les caquets de Senlis, si vous avez la patience de l'écouter... Elle sait les nouvelles avant même que les choses soient arrivées!

Et il se mit à rire de sa plaisanterie. Denise n'avait donc plus aucune raison de persister dans ses craintes, et elle acquiesça enfin au désir de Forget.

— C'est cela, reprit l'aubergiste; vous verrez, la ville est agréable et vous y trouverez du bon temps. Restez seulement jusqu'après les fêtes... Je vous donnerai les meilleures places pour assister au tir du papegaut. Ce sera magnifique. Les arquebusiers et les fusiliers royaux sortiront en grand uniforme; on viendra pour les voir de plus de vingt lieues à la ronde, peut-être même de Paris.

Ceci entendu, Julien Forget s'occupa de l'affaire qui l'appelait à Senlis et prit des informations sur l'horloger Billon, le correspondant du Grand-Dunkerque.

La figure douce et souriante du roi de l'Arquebuse se couvrit d'un nuage.

— Ah! dit-il, vous voulez voir Billon? Il est de la compagnie des arquebusiers et passe pour un des plus riches bourgeois de Senlis... Mais pourrait-on, sans indiscrétion, vous demander quelle espèce d'affaire vous devez traiter avec lui?

Julien répondit qu'il avait à rembourser Billon d'une somme assez forte.

— Allons! si vous avez de l'argent à lui remettre, dit Quentin d'un air plus tranquille, il ne s'élèvera sans doute aucune contestation entre vous; par exemple, si vous en réclamiez, peut-être les choses ne se passeraient-elles pas aussi bien, car il est dur à la desserre.

— Est-ce donc un malhonnête homme?

— S'il était un malhonnête homme, ferait-il partie de l'Arquebuse? Non, on ne saurait lui reprocher une action mauvaise, quoiqu'il ait l'air un peu sournois; seulement, il aime l'argent et il est très-emporté, malgré ses airs mielleux... Aussi, tenez, puisque vous avez des comptes à régler avec lui, peut-être ne sera-t-il pas mal que je vous accompagne; j'ai moi-même à l'entretenir d'une affaire qui concerne la compagnie des arquebusiers.

— Vous me rendrez service, monsieur Quentin, car je ne connais pas Senlis.

— En ce cas, nous partirons quand vous voudrez.
— Pourquoi pas à l'instant même ?
— Soit, je suis à vos ordres.
— Eh bien, et moi ? reprit Denise en faisant la moue, que vais-je devenir pendant votre absence ? Je m'ennuierai mortellement.

Quentin promit que sa femme monterait tenir compagnie à la voyageuse. De son côté, Julien assura qu'il serait bientôt de retour. Quelques sourires affectueux, quelques furtives pressions de main achevèrent de déterminer la jeune Mme Forget à la patience. Au moment où les deux hommes sortaient, elle demanda pourtant à l'aubergiste :

— Ne recevez-vous pas ici quelquefois la visite de M. de Morandelle ?

— Quelquefois, ma petite dame ; mais, voyez-vous, un capitaine des chasses a un rude service chez Son Altesse !

— Et ne serait-il pas possible qu'il vînt aujourd'hui en personne s'informer de nous ?

— Je n'en sais rien ; cependant il s'arrête chez moi assez souvent quand il est en tournée... et peut-être, ajouta le roi de l'Arquebuse avec malice, aura-t-il maintenant plus de raisons que jamais d'y venir.

— Je serais heureuse de le voir pour lui exprimer ma reconnaissance mieux que je ne l'ai fait hier.

— Eh ! bon Dieu, Denise, votre reconnaissance a été assez chaleureuse, je pense, reprit Forget avec humeur. Que pouvez-vous dire encore à M. de Morandelle ?

— Monsieur, vous ne paraissez pas suffisamment comprendre quel immense service nous a rendu ce brave jeune homme !

— Si, si, je le comprends à merveille ; je lui en sais tout le gré possible et je vous prie, ma chère, de me charger seul de lui en exprimer nos remercîments en temps et lieu.

— Allons! il n'est pas probable que vous ayez l'un ou l'autre l'occasion de le remercier aujourd'hui, reprit l'aubergiste de son ton conciliant. Venez-vous, monsieur Forget?

Julien embrassa sa femme, lui recommanda de ne pas quitter sa chambre pendant qu'il serait absent, et sortit avec Quentin. Dès qu'il fut dehors, la petite Parisienne courut à la fenêtre pour le voir passer dans la rue.

— Je suis sûre maintenant, disait-elle avec gaieté, que Julien ne s'amusera pas en chemin.

IX

L'HORLOGER BILLON.

Senlis, si pauvre de nos jours en monuments publics et qui n'a plus qu'une paroisse, l'ancienne cathédrale, possédait alors deux collégiales et sept paroisses, des abbayes, prieurés, commanderies de toutes sortes, des couvents habités par des moines et des religieuses de toutes couleurs. Elle avait, en outre, un présidial, une chancellerie du bailliage, une délégation de l'intendance de Paris, et je ne sais combien de juridictions administratives ou judiciaires. Aussi disait-on, à cette époque, que Senlis était une place de prêtres, de moines et de gens de robe. Toutefois elle n'offrait de remarquable que ses remparts quasi romains et l'antique château construit par saint Louis. Les rues étroites, mal percées, empruntaient au voisinage de ces ruines et de ces couvents un caractère d'austérité, et les rares passants, pour la plupart en collet noir ou en habit monastique, n'égayaient guère leur morne solitude.

Pendant que Forget et son compagnon traversaient

la ville, l'honnête roi de l'Arquebuse était salué de tous ceux que l'on rencontrait absolument comme si sa royauté eût été plus sérieuse. Il ne s'en montrait nullement fier et faisait les honneurs du pays à Julien, qui marchait le nez au vent avec curiosité, mais n'en paraissait pas plus disposé à admirer, en vrai Parisien qu'il était.

L'horloger Billon habitait une maison de modeste apparence dans la Vieille-rue-de-Paris, à une centaine de toises de la cathédrale. Sa boutique, bien qu'il joignît au commerce de l'horlogerie celui de l'orfévrerie et qu'on l'accusât même de faire dans l'occasion quelques équivoques opérations de banque, n'annonçait pas un brillant négoce. Basse et enfoncée, elle était assombrie encore par un de ces auvents en charpente qui autrefois surmontaient l'entrée de la plupart des magasins, tant en province qu'à Paris. Derrière les petites vitres formant la devanture, on apercevait une demi-douzaine de montres enfilées à une tringle de fer, quelques réchauds et quelques assiettes en plaqué d'argent, hors de service et outrageusement ternis : c'était tout, et un chat noir, au poil lustré, qui dormait sur un établi, à côté de ces richesses, semblait en être le gardien habituel.

Cependant, au moment où les visiteurs entrèrent, Billon lui-même était assis devant l'établi et, l'œil appliqué à une loupe, travaillait à un ouvrage de sa profession. Ce personnage, dont le nom plus tard acquit une si triste célébrité, était de taille exiguë, de complexion chétive. Son visage était criblé de petite vérole; ses yeux, qui ne manquaient pas de vivacité, avaient une expression fausse et oblique. Il paraissait âgé de cinquante ans, et quelques touffes de cheveux gris couronnaient à peine son crâne dénudé. Son costume, pauvre et râpé, trahissait un avare ou du moins un homme fort peu soucieux de sa mise. Il y avait quelque chose de dur et de sévère dans toute sa personne. Cependant, quand il parlait, il prenait un air doucereux, capable de séduire un observateur superficiel, mais qui ne pouvait manquer de mettre en garde un interlocuteur intelligent.

A la vue des survenants, il s'empressa de se lever; après avoir salué Julien, dont il ignorait le nom, il accabla Quentin de politesses et de démonstrations amicales.

— Enchanté de vous voir, confrère, dit-il en lui offrant ainsi qu'à son compagnon un tabouret de bois; vous venez rarement de ce côté... Ah çà, est-ce que votre montre avancerait encore?

— Non, non, père Billon, répondit Quentin avec gaieté, grâce à vous, elle va comme le soleil.

— A la bonne heure... Eh bien, monsieur le roi de l'Arquebuse, vous disposez-vous à devenir empereur? C'est bientôt le grand jour!

— On fera son possible; et pourvu que, vous et les autres, vous ne me souffliez pas le prix...

— Oh! moi, vous le savez, monsieur Quentin, je suis le plus maladroit de tous les chevaliers de l'Arquebuse... Cependant, ajouta Billon d'un ton sombre et en paraissant s'oublier, je saurais, comme un autre, bien placer une balle si l'on m'avait offensé.

— Bah! qui songerait à vous offenser, père Billon?... Mais parlons d'affaires... Avez-vous reçu la poudre que l'on vous a chargé de demander à Paris pour les prochains exercices de l'Arquebuse?

— Oui, monsieur Quentin, une vilaine commission

que le capitaine de la compagnie m'a donnée là ! Mais on ne peut rien refuser à des confrères... Oui, il m'est arrivé deux barils de poudre de cent livres chacun, et ils sont déposés dans un caveau de mon cellier, dont moi seul ai la clef.

— Très-bien ! nous pourrons ainsi faire beaucoup de bruit, sinon beaucoup de besogne ; le papegaut n'a qu'à se bien tenir !... A présent, père Billon, autre chose... Ne connaissez-vous pas le gentil monsieur que je vous amène là ?

L'horloger-arquebusier dirigea son regard oblique vers Julien Forget.

— Je n'ai pas cet honneur, répliqua-t-il en s'inclinant, et monsieur n'est certainement pas du pays. N'importe ! s'il a besoin d'une montre... ou d'une bague... ou même d'argent, quoique l'argent soit rare, je pourrai, sous la garantie de M. Quentin, qui est un homme riche et considéré...

— Rien de tout cela, monsieur Billon, répondit le Parisien avec jovialité, bien que la figure de l'horloger ne lui plût guère ; je ne viens pas ici chercher d'argent, je viens au contraire en apporter... Etes-vous sûr, monsieur, de ne pas me connaître ?

— Et qui donc êtes-vous ? demanda Billon, affriandé par cette ouverture.

Julien se nomma et exposa brièvement le motif de sa visite.

— Quoi ! M. Forget du Grand-Dunkerque ? s'écria l'horloger ; le fils de cette excellente dame avec laquelle j'ai toujours eu de si bonnes relations ? Ravi de vous voir, mon jeune ami ; et vous voudrez bien, je l'espère, accepter à dîner chez moi... aussitôt que ma femme, qui est souffrante à la campagne, sera de re-

tour... Quant à la dette que vous avez l'intention d'ac
quitter, je ne m'en inquiétais guère... L'argent es
en sûreté dans la maison du Grand-Dunkerque.

— N'importe! monsieur Billon, je suis venu pou
cette affaire, et je désire la régler au plus vite; j
vous prie donc d'établir le compte des intérêts depuis l'é
chéance jusqu'à ce jour, et dès ce soir, les fonds vou
seront remis.

— Cela ne presse pas, répliqua Billon, visiblemen
embarrassé : il me faut compulser mes livres... Et pui
vous ne partirez pas de sitôt sans doute?

— Je peux être obligé de quitter Senlis d'un momen
à l'autre, et ma mère a le plus vif désir d'éteindre cett
ancienne dette. Le compte est facile; et les calculs, qu
voici, ont été faits par M. Cadet, notre premier com
mis, qui s'y entend, comme vous savez... Deux mill
livres, au denier cinq pendant deux années et quelque
mois, produisent deux mille deux cent vingt-sept livre
neuf sous huit deniers... Vous pouvez vérifier les chiffres

Et il présenta à l'horloger une note que lui avait re
mise le factotum du Grand-Dunkerque. Billon se con
tenta d'y jeter un coup d'œil.

— C'est bon, dit-il en pliant le papier; j'examinera
cela plus tard.

— Pourquoi pas tout de suite, père Billon ? demanda
le roi de l'Arquebuse avec sa rondeur habituelle;
M. Forget ne vous a-t-il pas dit qu'il voulait en finir ?...
Etudiez ce compte à l'instant même, nous prendrons pa
tience... Sur ma parole, je ne vous ai jamais vu aussi
rebelle à recevoir votre dû !

Ainsi pressé, Billon déplia de nouveau le papier et
sembla vérifier le calcul. Au bout d'une minute, il dit
avec une sorte d'embarras :

— Nous ne sommes pas entièrement d'accord... C'est, d'après moi, 2,372 livres que vous auriez à me compter.

— Mais alors, s'écria Forget, vous calculeriez l'intérêt au denier huit au lieu du denier cinq?

— J'exige toujours le denier huit pour produit de mon argent.

— Ceci est contraire aux usages du négoce... Et cette exigence, monsieur Billon, ne ressemble-t-elle pas à de l'usure?

— De l'usure! répéta l'horloger en se redressant tout à coup par un mouvement de tigre irrité.

Il y eut un moment de silence.

— Hum! dit enfin l'aubergiste, je m'attendais bien, Billon, qu'une affaire d'argent ne pourrait se régler avec vous sans quelques difficultés... Vous êtes un peu trop âpre au gain, compère! Mais vous ne persisterez pas dans votre prétention exorbitante?

— J'y persiste pourtant, monsieur Quentin, et qui m'en empêcherait? L'Arquebuse n'a rien à voir là-dedans, j'imagine?

— En êtes-vous sûr? N'avez-vous pas juré en entrant dans la compagnie de demeurer « prud'homme et bon chrétien? » Et est-ce d'un honnête homme d'exiger un intérêt usuraire? Prenez garde, cette affaire pourra tourner mal!

— Ah! c'est ainsi! s'écria Billon, exaspéré et les traits décomposés. Advienne que pourra; je ne me laisserai pas dépouiller de mon bien!

— Et vous, monsieur Forget, demanda le roi de l'Arquebuse, acceptez-vous les conditions de votre créancier? Il n'y a guère entre vous qu'une différence d'une centaine de livres.

— C'est vrai, monsieur Quentin, répondit Julien avec

fermeté ; mais l'injustice doit-elle être appréciée à proportion de la somme en litige ?... Ecoutez, je suis nouvellement émancipé, et pour la première fois je suis chargé seul d'une affaire de cette nature ; que dirait-on si j'acceptais, pour mon début dans la carrière du négoce, des conditions contraires aux usages reçus et à la probité commerciale ?

— Peut-être avez-vous raison, mais alors comment faire ? Voyons, père Billon, laissez-vous rembourser au taux raisonnable fixé par M. Forget.

— Non, non, mille fois non, dit l'horloger ; mon argent est toujours placé au denier huit, je n'en démordrai pas.

— Mais c'est de l'usure !

— Encore ! s'écria Billon en se levant furieux ; si vous ou tout autre, vous osiez répéter ce mot-là...

— Il suffit ; partons, monsieur Forget, puisqu'il n'y a pas moyen de se mettre d'accord... Mais souvenez-vous, Billon, que vous aurez lieu de regretter votre avarice et votre opiniâtreté !

L'aubergiste prit le bras de Julien ; puis tous les deux sortirent de la boutique, sans écouter les menaces et les imprécations de l'horloger.

Nous demandons pardon au lecteur pour la longueur de ces détails commerciaux ; mais ils sont historiques, et cette discussion devait amener la plus terrible catastrophe dont Senlis ait conservé la mémoire.

Quand Forget et son compagnon se trouvèrent sur la voie publique, Quentin dit en s'essuyant le front :

— Vit-on jamais un âne plus têtu ? Eh bien, quel parti prenez-vous, monsieur Forget ? Décidément, vous ne voulez pas payer à ce maudit usurier la somme qu'il réclame ?

— Non, certes; ma mère ne me pardonnerait pas une pareille faiblesse, et moi-même je me mépriserais si j'en étais capable.

— En ce cas, reprit Quentin en soupirant, il n'y a plus qu'à porter l'affaire devant M. Deslandes, lieutenant général au bailliage de Senlis.

— Allons au bailliage, dit Julien avec résolution; cette pauvre Denise doit m'attendre avec impatience. Mais, si je ne me hâte de terminer cette fâcheuse contestation, Dieu sait quand nous pourrons quitter la ville.

Le lieutenant général au bailliage ne manquait pas de cette morgue alors assez fréquente chez les magistrats de province, et l'accès de sa personne était parfois difficile pour ses justiciables. Mais le roi de l'Arquebuse jouissait d'une telle popularité à Senlis, il était en si bons termes avec les notables du pays, que son nom ouvrait toutes les portes; aussi son compagnon et lui furent-ils admis sans peine dans le cabinet de M. Deslandes, le premier magistrat de la ville.

Le lieutenant général accueillit Quentin avec beaucoup de bienveillance, Julien avec politesse, et écouta attentivement l'affaire qui les amenait devant lui. Après quelques questions brèves, il se fit remettre les pièces et notes que Forget avait apportées. Quentin lui ayant expliqué combien l'on avait hâte d'obtenir une décision :

— Je rendrai ma sentence demain à mon audience, dit-il, aussitôt que j'aurai entendu contradictoirement l'autre partie. Le procès ne traînera pas en longueur, je vous le promets, car aussi bien ma conviction est à peu près faite.

Là-dessus il congédia les deux visiteurs, et sous sa politesse froide, un peu guindée, il semblait impossible de deviner son opinion sur le litige. Toutefois, comme ils sortaient, il dit d'un ton amical au roi du papegaut :

— Ah çà, monsieur Quentin, ce Billon n'est-il pas membre du *serment* de l'Arquebuse?

— Certainement, monsieur le lieutenant général.

— Ah! ah! Hum! tant pis, répliqua le magistrat.

— Tout va bien pour vous et mal pour Billon, reprit Quentin quand ils furent dehors. Tenez, monsieur Forget, au bout de cette rue vous apercevrez les Armes-de-Montmorency, et il vous est facile de vous y rendre seul... Pour moi, il faut que j'aille chez M. Delorme, notre capitaine, afin de lui apprendre ce qui se passe... Il y aura deux justices pour Billon, celle du présidial et celle de l'Arquebuse... La plus sévère des deux n'est pas peut-être celle qu'on croit.

Julien, impatient de rejoindre sa femme, n'essaya pas de le retenir et retourna seul à l'auberge.

Il trouva Denise dans la chambre où il l'avait laissée, en compagnie de Mme Quentin et du petit Barnabé, charmant enfant dont l'humeur joyeuse égayait toute la maison. Mme Quentin était une femme grassouillette et réjouie, qui bavardait volontiers et riait encore davantage. Quand il n'y avait plus d'ordres à donner aux valets et aux servantes, elle tricotait des bas de laine et parlait « du roi » son mari, qu'elle considérait comme une sorte de divinité. A l'arrivée de Julien, elle était assise en face de la voyageuse. Son peloton de laine dans la poche de son tablier, une de ses longues aiguilles de bas fichée sous sa coiffe, elle s'escrimait des doigts et de la langue, tandis que le petit garçon jouait à ses pieds avec un fusil de bois.

Denise courut embrasser Julien.

— Vous vous êtes donc ennuyée en mon absence? demanda Forget radieux.

— Beaucoup, répliqua Denise.

C'était flatteur pour la bonne Mme Quentin, qui, depuis deux heures, s'efforçait de la distraire ! Mais les amoureux n'en font pas d'autres. La digne hôtesse s'était levée de même.

— Eh ! donc, monsieur, demanda-t-elle, où avez-vous laissé mon pauvre « roi ? »

Julien lui expliqua en peu de mots pour quelle cause l'aubergiste l'avait quitté un instant auparavant.

— Ce Billon est méchant, reprit-elle ; il passe pour être d'une avarice et d'une vilenie incroyables ; et il martyrise cruellement sa femme, qu'il a rendue presque idiote... Mais ne craignez rien, mon roi saura bien mettre Billon à la raison. C'est que, voyez-vous, Quentin a tant de crédit dans la ville ! Tout le monde le recherche, les grands comme les petits ; rien ne se fait à Senlis qu'on ne l'ait consulté. Aussi je me demande ce qu'il pourra souhaiter, quand il sera empereur ; car il le sera, j'en suis sûre... J'ai donné un cierge à Saint-Rieul ; et ma voisine, qui tire fort bien les cartes, m'a annoncé hier au soir une grande « réussite. »

— Vous paraissez aimer beaucoup votre mari, ma brave dame, dit Julien.

— Si je l'aime ! Qui ne l'aimerait pas ? Il est si honnête et si doux ! Je suis si fière de lui ! Vrai, il y a des moments où je me crois reine tout de bon.

Les deux jeunes époux ne purent s'empêcher de rire ; Mme Quentin ne s'en offensa pas.

— Oui, oui, riez, répliqua-t-elle, et puissiez-vous, après dix ans de ménage, être aussi heureux que nous le sommes ! c'est tout le mal que je vous souhaite.... Allons, viens, Barnabé, continua-t-elle en s'adressant au chérubin blond et rose qui jouait sur le plancher, et salue militairement nos voyageurs.

Le petit garçon saisit aussitôt son fusil avec une gravité comique, et, se plaçant devant Julien et Denise, il leur présenta les armes. Il fut chaleureusement embrassé pour sa peine.

— Ah! il sera le digne fils du roi de l'Arquebuse! dit la bonne hôtesse toute glorieuse.

Et elle s'empressa de se retirer avec son enfant, car son instinct féminin lui disait que sa présence n'était plus ni nécessaire ni désirée.

Sur le soir, Julien revit M. Quentin, qui lui sembla rêveur et mélancolique.

— J'ai dû conter toute l'affaire de Billon à M. Delorme, dit l'aubergiste, et notre capitaine, comme moi, est d'avis qu'il y va de l'honneur de la corporation. Aussi s'est-il empressé d'envoyer le marqueur de la compagnie à l'horloger, pour lui défendre de paraître à nos assemblées jusqu'à ce que sa contestation avec vous ait été jugée. Si le prêt est déclaré usuraire, Billon sera impitoyablement rayé de la liste des arquebusiers.

— Eh bien, mon cher monsieur Quentin, ne l'aura-t-il pas mérité?

— Sans doute... Mais ce sera pour lui une grande douleur et un grande honte. Il a beau être ladre et insolent, nous regrettons d'en venir aux moyens de rigueur envers un confrère... Etre chassé de la compagnie de l'Arquebuse, c'est un malheur pire que la mort!

X

LA CATASTROPHE DE SENLIS

Plusieurs jours se passèrent dans une tranquillité parfaite. Les jeunes époux, logés aux Armes-de-Montmorency, avaient écrit à Mme Forget et aux Raymondot, tant pour raconter les incidents du voyage que pour expliquer la disparition de Denise et implorer le pardon de cette escapade. Le service des postes laissait beaucoup à désirer à cette époque, les dépêches ne partaient pas tous les jours de Senlis pour Paris; il devait donc s'écouler un intervalle assez long entre le moment où ils écrivaient et celui où reviendrait la réponse. Toutefois ils ne doutaient pas que cette réponse ne fût satisfaisante et, en l'attendant, ils se livraient sans contrainte au charme de leur affection réciproque. Tantôt seuls, tantôt accompagnés du bon Quentin et de sa femme, ils parcouraient la ville ou ses pittoresques environs; et la population de Senlis ne semblait pas voir d'un mauvais œil ce couple gracieux qu'on rencontrait, le rire aux lèvres, errant dans les rues et les chemins.

Quant à l'affaire de Billon, elle ne fut pas longtemps un motif de préoccupation sérieuse pour Forget. Le lieutenant général au bailliage, M. Deslandes, après avoir interrogé l'horloger lui-même, n'avait pas tardé à rendre une sentence qui déclarait usuraire la demande de Billon, et celui-ci s'était trouvé dans la nécessité d'accepter le payement de sa créance au taux fixé par le débiteur. Le procès s'était donc terminé, à la satisfaction de Julien; mais il n'en avait pas été de même pour l'autre partie. Bien que le lieutenant général, par une sorte de commisération envers un homme qui avait été honorable jusque-là, n'eût prononcé aucune peine contre l'usurier, les chevaliers de l'Arquebuse s'étaient montrés impitoyables. Aussitôt après la sentence, le conseil de la compagnie s'assembla, et on décida que Billon serait rayé du contrôle, comme indigne de faire partie de la corporation. Le tambour et les marqueurs de l'Arquebuse furent envoyés sans retard pour lui signifier ce jugement.

Mais Julien ne s'inquiétait déjà plus de ce que devenait son ancien créancier. Nanti d'une quittance en bonne forme, il ne songeait qu'à mener doucement la vie à Senlis et ne parlait plus de départ. Sous l'influence bénigne de la lune de miel, il oubliait même les menaces de Laroche-Cardière et sa position équivoque à l'égard de l'administration militaire. Cependant, la veille du jour où devait avoir lieu le tir de l'arquebuse, il fut bien obligé d'accorder de nouveau son attention à l'horloger de la Vieille-rue-de-Paris.

C'était le soir, un peu après le coucher du soleil. Denise venait de sortir avec Mme Quentin pour se rendre à l'office dans une église du voisinage. Julien, étant resté chez lui pour écrire de nouveau à sa mère, dont la réponse n'arrivait pas, entendit le bruit d'une conversation animée à l'étage inférieur, dans une pièce réservée aux maîtres du logis. Peu à peu la discussion sembla s'aigrir et devint une violente altercation. Alors il fut facile de reconnaître le son de voix des interlocuteurs ; c'étaient Quentin et Billon. Craignant pour son hôte quelque sévice de la part d'un homme aussi violent que l'horloger, Julien quitta son travail et se hâta de descendre.

Il trouva en effet Quentin et Billon, tous les deux rouges et l'œil enflammé, bien que la nature paisible du roi de l'Arquebuse ne parût pas susceptible d'un tel emportement. Ni l'un ni l'autre ne remarqua d'abord la présence de Forget.

— Non, monsieur, disait Quentin avec énergie, je n'intercéderai pas en votre faveur le capitaine et les chevaliers de l'Arquebuse ; c'est justement que vous avez été frappé. Notre corporation si ancienne et si illustre vous repousse ; je suis un de ceux qui ont demandé que votre nom fût rayé de nos registres ; comment maintenant oserais-je demander qu'on l'y rétablisse?

— Et vous vous vantez devant moi d'une infamie pareille! s'écria Billon.

Cependant il se calma bientôt et reprit d'une voix sombre, qui avait par moments des intonations suppliantes :

— Tenez, monsieur Quentin, ne me poussez pas à bout, vous et les autres... La sentence du lieutenant général m'a causé un énorme préjudice, mais ce n'est rien encore auprès du tort que me cause mon expulsion de l'Arquebuse. Tout le monde me fuit, tout le monde me montre au doigt. Si cette mesure impitoyable n'est pas rapportée, je serai ruiné, obligé de quitter la ville... Encore une fois, ne me réduisez pas au désespoir!

— Eh bien, que ferez-vous? Exterminerez-vous les cinquante arquebusiers de la compagnie? Allez, ils ne vous craignent guère. Quant à intercéder pour vous, je n'y consentirai jamais. Je vous ai dit cent fois que votre passion pour l'argent vous ferait commettre quelque bassesse; maintenant que la bassesse est commise, pourquoi vous plaindre de ses conséquences inévitables?

— Bassesse! usure! vous n'avez que ces mots à la bouche... Ne les répétez pas, monsieur, ou vous aurez à vous en repentir.

— Je les répéterai aussi souvent qu'il me plaira, car ils sont vrais.

— Insolent!

Julien se hâta d'intervenir.

— Messieurs, dit-il, ces injures réciproques ne peuvent amener aucun bon résultat pour personne, et M. Billon sera sage de se retirer. L'horloger se tourna vers lui.

— Ah! c'est vous, monsieur Forget, reprit-il avec un accent de haine; vous avez été la cause première de ma perte, et puissé-je un jour vous rendre le mal que vous m'avez fait!

— Allez-vous maintenant insulter mes voyageurs! s'écria Quentin; sortez de chez moi, monsieur, sortez à l'instant, ou mes valets d'écurie se chargeront de vous jeter dehors.

— Qu'ils y viennent! dit l'horloger en roulant des yeux terribles et en grinçant des dents.

— Morbleu! je peux très-bien vous y jeter moi-même.

Quentin saisit Billon avant que celui-ci eût pu s'en défendre, l'enleva dans ses bras, et le porta, malgré sa résistance, jusque dans la rue. Là il le déposa sur ses pieds et, le poussant avec rudesse, il lui dit:

— Allez au diable, avare, malhonnête homme... et que je ne vous revoie jamais ici!

Puis il rentra dans sa maison, dont il ferma bruyamment la porte, tandis que Billon s'écriait d'une voix menaçante :

— J'aurai mon tour... Je me vengerai de telle sorte qu'on en parlera encore dans cent ans!

Et on l'entendit s'éloigner à grands pas.

Julien avait rejoint Quentin dans le vestibule. Un peu effrayé des menaces de Billon, il dit au roi de l'Arquebuse :

— C'est un forcené dont il faut se défier.

— Bah! que peut-il faire? M'assassiner? Il est trop lâche pour cela... Je vous prie toutefois, monsieur Forget, de ne pas parler devant ma femme de ce qui vient de se passer, car les femmes ont peur de tout, vous ne l'ignorez pas... Quant à moi, je ne prends aucun souci des rodomontades de Billon.

On remarqua pourtant que l'aubergiste, si jovial d'ordinaire, fut taciturne et triste pendant le reste de la soirée.

En revanche, le lendemain, dès le matin, l'hôtellerie des Armes-de-Montmorency, comme la ville de Senlis tout entière, était en rumeur et en liesse. Des tambours et des fifres faisaient un effroyable vacarme dans les rues. La compagnie de l'Arquebuse et une autre milice bourgeoise que l'on appelait les *fusiliers royaux* allaient s'assembler à l'hôtel de ville, pour escorter les hauts fonctionnaires jusqu'aux remparts où avait lieu d'ordinaire le tir du papegaut. Un temps magnifique favorisait la fête, et toute la population remplissait déjà les places et carrefours où devait passer le cortége.

Mais c'étaient Quentin et sa famille qu'il fallait voir

en ce jour solennel ! Quentin portait le grand uniforme de l'Arquebuse, et cet uniforme était vraiment d'une extrême richesse. L'habit écarlate avait le collet, les parements et les retroussis en velours noir, avec des brandebourgs et des épaulettes en or, et des boutons en vermeil ; la veste et la culotte étaient de couleur chamois. Des bas de soie blancs, une épée et un chapeau bordé d'or complétaient ce costume luxueux qui, tout en donnant aux arquebusiers l'air de soldats de parade, n'en faisait pas moins l'admiration et l'orgueil des habitants de Senlis.

A côté du superbe et triomphant roi de l'Arquebuse, on admirait son diminutif ou, pour mieux dire, sa miniature. C'était un microscopique arquebusier, qui reproduisait sur son individu tout le riche uniforme du grand ; en un mot, c'était Barnabé, que son père avait eu la fantaisie d'habiller comme lui en l'honneur de la fête. L'enfant, tout fier de son brillant costume, de son fusil de bois, se proposait d'assister à la cérémonie sur les bras de sa mère. Quant à celle-ci, elle avait renoncé à son bas de laine, dans cette grave circonstance ; et, revêtue d'une robe verte à rubans rouges, la tête ornée d'une coiffure à laquelle il serait difficile aujourd'hui de donner un nom, mais qui était du jaune le plus éclatant, elle parcourait la maison, pénétrée d'admiration pour elle-même et osant à peine parler, de crainte sans doute qu'on ne la prît pour un de ces oiseaux dont elle portait les éclatantes couleurs.

Julien et Denise étaient venus, comme toutes les autres personnes de l'auberge, contempler dans sa gloire cette honnête famille. Forget avait revêtu ses plus beaux habits, et Denise, malgré les faibles ressources de sa garde-robe de voyageuse, avait trouvé moyen de s'improviser une toilette pimpante, qui ne pouvait manquer de soutenir sa réputation de Parisienne au milieu des provinciales endimanchées.

— Vous savez, mes bons petits amis, disait Quentin en faisant jouer les ressorts de sa carabine damasquinée, que je vous ai réservé deux places dans la meilleure tribune, en face des cibles. Vous serez là avec ma famille et vous pourrez parfaitement juger les coups.... Vous ne me trouverez pas trop maladroit, je l'espère! Seulement ne vous mettez pas en retard, car il y aura foule, et les derniers venus ont toujours tort en pareil cas.

— Eh bien, dit Denise, nous allons nous rendre directement aux cibles avec votre femme et votre fils... N'est-il pas vrai, Julien?

— A vos ordres, ma chère.

— C'est que, dit Mme Quentin avec enthousiasme, Barnabé et moi nous aurions voulu suivre le cortége et être le plus près possible de toi, monsieur Quentin. C'est si beau à voir la compagnie des arquebusiers et celle des fusiliers royaux en grande tenue! et puis tous les personnages du pays, le gouverneur, les magistrats, les officiers du roi, les uns en uniforme, les autres en robe! Sans compter que, lorsque tu passes avec le cortége, les étrangers, dont la ville est remplie à pareil jour, se demandent les uns aux autres : « Où est le roi? Avez-vous vu le roi? » Alors Barnabé s'écrie : « C'est mon papa! » Moi je dis : « C'est mon mari! » et tout le monde nous salue.

Le roi de l'Arquebuse ne paraissait pas indifférent au petit triomphe que voulaient se procurer son fils et sa femme. Cependant il répliqua d'un ton ferme :

— Bah! vous avez vu assez souvent les arquebusiers

et les fusiliers sous les armes. Il vaut mieux vous rendre sur-le-champ aux cibles avec M. et Mme Forget. Pour moi, il faut que j'aille bien vite au lieu habituel de nos réunions, car j'entends le rappel de nos tambours, et je dois aux autres l'exemple de l'exactitude... qui est la politesse des rois, ajouta-t-il en riant.

Mme Quentin avait tant de respect pour son mari qu'elle ne trouva aucune objection à élever contre une volonté si nettement exprimée. Barnabé pleurnicha bien un peu en apprenant qu'il ne suivrait pas son père, mais on réussit à l'apaiser, et le chevalier de l'Arquebuse partit.

Les jeunes Parisiens avaient autant d'impatience que personne d'assister à la fête; mais, au moment où ils allaient aussi se mettre en route, le facteur, ou, comme on disait alors, le *messager* de la poste remit à Forget une lettre venant de Paris, et Julien reconnut l'écriture de sa mère. Aussi le mari et la femme s'excusèrent-ils auprès de leur hôtesse de ne pouvoir l'accompagner sur-le-champ; ils l'engagèrent à se rendre au tir, où ils comptaient la rejoindre un peu plus tard, et se retirèrent dans leur chambre pour prendre connaissance de la lettre si impatiemment attendue.

Cette lettre, en effet, contenait des nouvelles qui méritaient toute leur attention. Il va sans dire que Denise obtenait plein et entier pardon pour son escapade; ses parents avaient été trop heureux d'apprendre que sa disparition n'était due à aucune intrigue ennemie pour lui tenir rigueur; Mme Raymondot elle-même avait ajouté quelques lignes, afin de rassurer à cet égard l'épouse trop fidèle. En revanche, Mme Forget annonçait à son fils que l'engagement extorqué par les racoleurs n'avait pu être annulé. Le capitaine Fleur-de-Canon, quoique malade encore de sa blessure, paraissait tout à fait hors de danger, et, en attendant sa guérison complète, il mettait un acharnement incroyable à faire poursuivre Julien. D'autre part, le marquis de Laroche-Cardière, de retour à Paris, préparait quelque machination, et M. Receveur, qui était maintenant en relations suivies avec Raymondot, avait secrètement donné avis à l'orfévre de tenir sa fille et son gendre bien cachés jusqu'à nouvel ordre. De tout cela, il résultait que l'exil des deux jeunes gens ne devait pas cesser de sitôt.

Cette conviction ne parut pourtant pas les affliger outre mesure.

— Au fait, chère amie, dit Julien en regardant tendrement sa femme, la vie est assez douce à Senlis. Nous y sommes bien traités, nous y avons des amis... Et puis nous pouvons compter au besoin sur de puissantes protections.

— On l'a dit, répliqua Denise, mais nous n'en avons aucune preuve, en définitive! Cet officier de vénerie, qui montrait tant de zèle pour nous, n'a même pas songé une seule fois à venir s'informer de nos nouvelles!

— Qu'importe!... Enfin nous causerons de tout cela plus tard... Pour le moment il s'agit de se rendre bien vite à cette assemblée où je me promets tant de plaisir.

— Et moi donc!... Monsieur Forget, trouvez-vous que cette robe me va bien?

— Vous êtes ravissante.

Et l'on sortit.

Cette partie de la ville paraissait maintenant déserte, car la population s'était portée en masse vers l'endroit où devait avoir lieu la fête. Cependant on entendait au loin des marches de tambour, preuve certaine que le cortége n'était pas encore parvenu à destination. Comme les jeunes époux, se tenant par le bras, s'avançaient à pas rapides vers les remparts, les sabots d'un cheval sonnèrent derrière eux sur le pavé raboteux de la rue. S'étant retournés, ils aperçurent un cavalier, portant les couleurs du prince de Condé et monté sur une bête de prix. Ils se rangèrent le long des maisons pour lui livrer passage; et quand il fut près d'eux, ils reconnurent M. de Morandelle, le capitaine des chasses de Chantilly.

Denise devint toute rouge et fit sa plus belle révérence, tandis que Forget mettait le chapeau à la main. Le cavalier, de son côté, retint sa monture et salua gracieusement :

— Me voici, je crois, en pays de connaissance! dit-il avec politesse. Quelle fée a donc transformé en une délicieuse femme certain gaillard jouvenceau, si turbulent naguère, quand je le rencontrai dans la forêt?... Sur ma foi, vous êtes éblouissante, ma chère !

Denise continuait de rougir et de baisser les yeux. Le gentilhomme reprit :

— Ah çà, j'espère que vous n'avez pas été inquiétée chez mon ancien veneur Quentin et qu'il a pour vous toutes les attentions imaginables?

Denise répondit en balbutiant qu'elle et son mari se trouvaient à merveille aux Armes-de-Montmorency; que seulement ils regrettaient de n'avoir pas vu encore M. le chevalier, dont la protection leur avait été si utile. Julien la poussa du coude, mais elle n'en tint compte, et s'animant peu à peu, elle finit par exprimer sa gratitude en termes fort convenables.

M. de Morandelle la contemplait avec admiration.

— En effet, reprit-il, je suis inexcusable de ne pas encore être allé vous visiter; mais monseigneur chasse tous les jours, et c'est par suite d'une circonstance inattendue que je peux aujourd'hui assister au tir de l'arquebuse... Je prendrai bientôt ma revanche, je vous le promets... Une invitation de votre part ne saurait s'oublier... Ah çà, à défaut de ma visite, j'espère que vous n'avez pas reçu celle de M. de Laroche-Cardière?

— Non, non, monsieur le chevalier; que le ciel nous en préserve!

— A la bonne heure. S'il reparaît, j'aurai deux mots à lui dire, car, en dépit de son mauvais renom, ce Laroche-Cardière est vraiment d'ancienne et noble souche... Mais pardon! je vous retiens ici, et vous avez hâte sans doute de vous rendre à la fête; de mon côté je veux m'assurer si Quentin est aussi bon tireur qu'autrefois... Au revoir donc! Je n'aurai garde d'oublier désormais le chemin des Armes-de-Montmorency.

En même temps le capitaine des chasses toucha son chapeau et partit au galop pour regagner le temps perdu.

— Quel charmant jeune homme! dit Denise quand il se fut éloigné; comme il est galant et poli!

— Pas si poli, répliqua Julien avec humeur; il n'a pas eu l'air de remarquer ma présence. Ces nobles sont d'une insolence avec nous autres bourgeois... Je crois que décidément nous ferons bien de ne pas résider longtemps à Senlis.

— Quoi donc, monsieur Forget, est-ce que, par hasard, vous seriez un peu jaloux?

— C'est que peut-être, madame, vous êtes très-coquette.

Denise regarda son mari avec des yeux effarés où ne tardèrent pas à briller de grosses larmes.

— O Julien!... Julien! murmura-t-elle.

Forget n'y tint pas.

— Pardonnez-moi, Denise, ma chère Denise! reprit-il

avec émotion. Eh bien, oui, j'ai ressenti un mouvement de jalousie en voyant ce gentilhomme vous débiter des douceurs en ma présence, sans daigner s'occuper de moi... Mais vous m'aimez, n'est-ce pas? Répétez-moi que vous m'aimez.

— Pouvez-vous en douter, mon Julien?... Allons! moi aussi, j'ai eu tort d'écouter avec complaisance les galanteries de M. de Morandelle... Pour vous prouver mon repentir, je ne le recevrai pas, et nous partirons quand vous voudrez.

— Alors rien ne presse... C'est à ma charmante Denise de commander.

Pendant cette conversation, ils s'étaient remis en marche, et ils ne songeaient guère à ce qui se passait autour d'eux.

Cependant, depuis quelques minutes on entendait dans le lointain des coups de feu multipliés, comme si déjà les arquebusiers eussent commencé les épreuves du tir au papegaut. Mais les explosions ne venaient pas des remparts, elles semblaient partir, au contraire, du centre de la ville ; elles étaient suivies de rumeurs puissantes, comme celles qu'aurait pu produire une foule terrifiée ou furieuse. Au moment où Denise et Julien arrivaient à l'extrémité de la rue, ils aperçurent des gens qui fuyaient, et le chevalier de Morandelle lui-même qui avait changé de direction. Sans doute, en entendant ces bruits inexplicables, il avait renoncé à son dessein de se rendre au tir, et voulait en connaître la cause.

Denise et son mari avaient fait une nouvelle halte, ne sachant s'ils devaient avancer ou reculer. Ils eussent souhaité de questionner quelques-uns des fuyards qu'ils voyaient gesticuler avec énergie; mais ces gens étaient loin et ne venaient pas de leur côté. Le capitaine des chasses fut plus heureux : il mit son cheval en travers de la rue et arrêta un passant qu'il eut l'air d'interroger avec intérêt. Pendant leur rapide dialogue, un fait nouveau se produisit, plus terrible et non moins inexplicable que les précédents.

Une explosion formidable, égale à celle de vingt canons partant à la fois, ébranla la ville, en même temps qu'un nuage de fumée et de poussière montait jusqu'au ciel. A la suite de cette détonation, il se fit d'abord un grand silence ; les cris avaient cessé, les fuyards étaient restés immobiles. Mais cette tranquillité morne dura seulement quelques secondes ; bientôt la clameur recommença, et cette fois immense, universelle, poussée par toute une population en détresse. Puis, on entendit des corps durs rebondir sur le pavé, enfoncer les toits des maisons, briser les arbres des jardins ; des cris de douleur, isolés mais déchirants, s'élevèrent çà et là, comme si de nombreuses victimes, frappées par une force inconnue, venaient d'être atteintes simultanément dans tous les quartiers de Senlis.

Nous avons dit que Julien et Denise s'étaient arrêtés au milieu de la rue, ne comprenant rien à ce qui se passait. Leurs yeux étaient fixés sur M. de Morandelle, qui se trouvait à une centaine de pas plus loin, quand tout à coup ils le virent tomber de cheval, comme foudroyé. Le malheureux jeune homme demeura étendu sur le sol, tandis que l'individu avec lequel il venait de causer se rejetait brusquement en arrière et que le cheval, blessé lui-même, affolé de douleur, s'enfuyait, les étriers ballants, les sangles rompues, tout couvert de sang. Cela s'était accompli si vite qu'on ne pouvait s'expliquer comment l'accident était arrivé.

— Grand Dieu ! s'écria Denise, M. de Morandelle ne bouge plus... Il est grièvement blessé, mort peut-être !

Quelque chose venait de tomber en sifflant à deux pas de Julien et s'était brisé en éclats. Cependant à la vue du cavalier désarçonné, il n'éprouva plus qu'une profonde pitié.

— Allons à son aide, Denise ! s'écria-t-il ; bonté divine ! est-ce donc la fin du monde ?

Et ils s'élancèrent pour porter secours au capitaine des chasses qui pourtant ne semblait plus avoir besoin de secours.

Afin de faire comprendre les tragiques événements dont Senlis était alors le théâtre, nous sommes obligés de remonter au moment où Mme Quentin, conduisant son enfant par la main, avait quitté la maison.

Malgré les recommandations pressantes du roi de l'Arquebuse, la bonne dame n'avait pu surmonter la tentation de se rendre à l'endroit où s'assemblaient les arquebusiers et les fusiliers royaux, en se gardant bien toutefois de s'approcher assez pour être aperçue de son mari. Perdue dans la foule, elle prenait plaisir à le voir de loin recevoir les félicitations, répondre aux propos joyeux de ses camarades. Du reste, son attente, aussi bien que celle des habitants de la ville accourus pour la fête, ne fut pas de longue durée. Bientôt les tambours firent entendre un roulement ; arquebusiers et fusiliers se rangèrent sous leur bannière respective ; puis, les hauts fonctionnaires de Senlis étant venus prendre place entre les files des miliciens, on se mit en marche vers l'endroit où devait avoir lieu le tir du papegaut.

Cette marche, favorisée par un beau soleil, qui faisait étinceler fusils et carabines, comme s'ils eussent été d'argent, présentait l'aspect le plus pittoresque. Les chevaliers de l'Arquebuse, dont nous avons décrit déjà le brillant costume, s'avançaient en bon ordre les premiers, car dans toutes les cérémonies publiques, ils avaient le pas sur les autres corps armés. Ils étaient précédés de leurs tambours et de leur marqueur, en frac bleu, veste et culotte rouges, le tout galonné d'argent. Le capitaine et le « roi » de l'Arquebuse marchaient à côté de la bannière, qui était portée par le plus vieux chevalier de la corporation. Après eux, venait la compagnie des fusiliers royaux, garde bourgeoise instituée à la suite de grands événements historiques, dont la ville avait conservé la mémoire, et l'uniforme de ces fusiliers était à peine moins riche que celui de l'Arquebuse. Entre les deux rangs de miliciens se trouvaient M. Hamelin, gouverneur de Senlis ; M. Deslandes, lieutenant général au bailliage ; des gentilshommes pourvus de diverses charges importantes ; des officiers en retraite, tous escortés par les hocquetons et les valets de ville. La marche était fermée par un détachement de maréchaussée, la gendarmerie du temps, commandé par son lieutenant, M. de la Bruyère.

Ce cortége s'avançait lentement au milieu des acclamations joyeuses. Les rues regorgeaient de monde ; à toutes les fenêtres, depuis le rez-de-chaussée jusqu'au toit des maisons, on ne voyait que curieux et curieuses, battant des mains, agitant des mouchoirs. La ville n'était pas peu fière de ses arquebusiers, et elle ne manquait jamais de leur faire une ovation quand ils s'assemblaient. Plus d'un bouquet, lancé par une jolie main, tomba devant leur drapeau ; et quelques-unes de ces maisons, habitées sans doute par des enthousiastes, s'étaient pavoisées de ces riches tapisseries dont elles se paraient, le jour de la Fête-Dieu, sur le passage de la procession.

Cependant l'une d'elles, située dans la Vieille-Rue-de-Paris, et devant laquelle allait défiler le cortége, avait en ce moment un air triste, silencieux, solitaire, qui contrastait avec l'animation des autres. On a deviné que c'était la demeure de l'horloger Billon, l'arquebusier expulsé, pour qui cette pompe devait être une insulte nouvelle. Elle était hermétiquement close et semblait abandonnée; seulement, à une fenêtre du premier étage, un rideau s'agitait avec précaution, comme si quelqu'un, caché derrière, observait furtivement les splendeurs de cette marche triomphale.

Mais nul ne songeait en ce moment au propriétaire de ce triste logis, et la troupe continuait d'avancer, quand un coup de feu retentit sans qu'on pût savoir d'où il avait été tiré. On crut d'abord que la carabine d'un arquebusier était partie par mégarde; mais au même instant un tambour de l'Arquebuse, celui-là même qui avait été chargé de notifier à Billon son expulsion de la compagnie, laissa échapper ses baguettes et tomba sur le pavé; il avait été frappé d'une balle au-dessus de l'œil.

L'autre tambour cessa de battre afin de secourir son compagnon, et le cortége s'arrêta. Des cris s'élevaient de toutes parts, bien que personne ne comprît encore ce qui se passait. Mais Quentin, qui était un peu en arrière, vit le rideau s'agiter à la fenêtre de la maison voisine, tandis qu'un léger flocon de fumée trahissait l'endroit d'où venait le coup. Il courut vers la tête de la colonne.

— Prenez garde! s'écria-t-il, c'est Billon... Ah! le scélérat avait bien dit qu'il se vengerait!

— Et ton tour est venu, dit une voix farouche derrière le rideau.

Un canon de fusil apparut à la fenêtre et le malheureux roi de l'Arquebuse fut frappé de trois balles à la poitrine. Il n'eut que le temps de murmurer :

— Ah! ma pauvre femme... Mon pauvre enfant!... Mon Dieu! Aidez-moi.

Et il expira en inondant de son sang le superbe uniforme dont il était si fier. Un éclat de rire se fit entendre derrière le rideau ; l'assassin se réjouissait de son adresse et applaudissait à sa vengeance.

La foule nombreuse réunie dans la rue, arquebusiers, fusiliers, soldats de la maréchaussée, fonctionnaires de tous rangs, restaient immobiles et comme pétrifiés, en présence de ces deux cadavres qui déjà jonchaient le sol. On éprouvait une sorte de stupeur qui contenait tous les mouvements, paralysait toutes les intelligences. Le misérable Billon sut mettre à profit cette inaction inconcevable. Ayant tout un arsenal dans sa maison, préparé d'avance à cette œuvre exterminatrice, il visa une troisième victime ; cette fois ce fut M. Deslandes, le magistrat qui l'avait condamné. Heureusement, le lieutenant général ayant fait un mouvement, les chevrotines dont l'arme était chargée ne l'atteignirent qu'au sommet de la tête. Il tomba cependant, et l'on put croire que le premier magistrat de la ville venait aussi d'être frappé à mort.

Alors enfin la foule s'éveilla de sa torpeur ; la colère, le désir de vengeance firent explosion en cris forcenés. On s'élança vers la porte de l'assassin. Cette porte était barricadée, formée d'épaisses planches de chêne ; elle résista d'abord aux coups de crosse, de pierre et de barre dont on l'attaquait. Mais que ne peut une multitude exaltée jusqu'à la frénésie ? Bientôt les ais massifs se fendirent, les puissantes ferrures se brisèrent, et l'on se rua impétueusement dans la demeure de Billon.

Cependant, plein de confiance dans la solidité des clôtures, le scélérat avait poursuivi son effroyable projet. Deux fois encore il avait tiré par la fenêtre, et deux chevaliers de l'Arquebuse, parmi lesquels se trouvait M. Delorme, le capitaine, avaient été atteints par les projectiles meurtriers. Ce fut seulement quand la porte eut été enfoncée et quand il entendit des pas dans l'escalier, qu'il parut songer à la retraite ou tout au moins à exécuter la seconde partie de son abominable programme (1).

Parmi les personnes qui venaient d'envahir la demeure de l'horloger étaient M. Hamelin, le gouverneur de Senlis, et plusieurs officiers, notamment M. de la Bruyère, lieutenant de la maréchaussée. Ils s'empressèrent de monter au premier étage; mais là encore une porte solide, barricadée avec des meubles, leur opposa un obstacle sérieux. Il fallut une hache pour enfoncer cette porte, et quand elle eut enfin été renversée on se trouva dans la chambre de Billon.

L'horloger n'était pas dans cette pièce, et l'on jugeait aux volets soigneusement clos que ce n'était pas par là qu'il avait tiré sur la foule. En revanche, une particularité frappa tout d'abord les survenants : au milieu de la chambre un amas de paille et de fagots, auquel on venait de mettre le feu, commençait à flamber. On supposa que cet incendie avait pour but de faire diver-

(1) Nous n'avons pas besoin de dire au lecteur que toute cette histoire de l'horloger Billon et de sa vengeance contre la population de Senlis est rigoureusement vraie. Nous avons conservé jusqu'au nom des principaux personnages qui ont figuré dans ce terrible drame.   E. B.

sion à la poursuite et de donner au maître de la maison le temps de s'échapper. Aussi ne s'en préoccupa-t-on pas d'abord, et M. Hamelin, qui venait de voir une seconde porte se fermer à l'autre extrémité de la chambre, s'élança en s'écriant :

— Par ici... Le voilà... nous le tenons !

Mais déjà la porte était assujettie par de solides verrous; il fallait l'enfoncer comme les autres. Pendant qu'on l'attaquait à coups de hache, plusieurs arquebusiers survinrent et s'efforcèrent d'éteindre le feu, sans y réussir. Ils constatèrent seulement qu'au centre du bûcher, sous les fagots déjà en ignition, on avait caché deux gros barils dont le contenu semblait destiné à accélérer l'incendie dès que la flamme les aurait atteints.

La seconde porte ayant aussi volé en éclats, on pénétra dans une espèce de cabinet où l'on s'attendait à trouver l'assassin. Le rideau blanc étendu devant la fenêtre était à moitié brûlé; on voyait épars sur le plancher plusieurs fusils, carabines et pistolets, encore fumants, que Billon venait de décharger; quant à lui, il n'était déjà plus là; il avait gagné l'étage supérieur de sa maison, et du haut du grenier, il ne cessait de tirer sur la foule avec les armes qui lui restaient.

Heureusement la porte par laquelle il avait opéré sa retraite n'était pas fermée comme les précédentes; les braves gens qui le poursuivaient ainsi de chambre en chambre ne perdirent pas courage. Au moment où ils s'engageaient dans un étroit et obscur escalier qui conduisait à la dernière retraite du forcené, une voix s'éleva :

— La poudre ! la poudre ! s'écriait-on; sauvons-nous tous ou nous sommes perdus !

On venait de découvrir ce que signifiaient ces deux barils cachés sous la paille enflammée; ils contenaient la poudre que Billon avait été chargé d'acheter pour la compagnie de l'Arquebuse et qu'on avait négligé de lui réclamer. Aussitôt que cette poudre serait suffisamment échauffée, elle devait faire explosion et causer des désastres incalculables.

En acquérant cette certitude, la plupart des personnes dont la maison était pleine furent prises d'une panique, fort excusable en pareille circonstance. Elles se précipitèrent en tumulte vers les degrés. Seuls, M. Hamelin et un brave arquebusier essayèrent encore, en se brûlant les mains, d'arrêter les progrès du feu; mais leurs efforts demeurèrent impuissants, les douves des tonneaux brûlaient déjà; on pouvait s'étonner que l'explosion eût autant tardé.

Deux autres personnes, soit qu'elles n'eussent pas entendu les cris d'alarme, soit qu'elles fussent trop animées par la lutte, n'avaient pas renoncé à poursuivre le scélérat; c'étaient le lieutenant La Bruyère et un second officier de la maréchaussée, nommé Rouillier. Mais, en gravissant l'escalier du dernier étage, Roullier tomba, atteint à la poitrine par un coup de pistolet que lui avait tiré Billon. L'accident arrivé à son compagnon ne fut pas capable d'arrêter La Bruyère; exalté jusqu'à la rage, il s'élança, quoique sans armes, sur le féroce horloger.

Celui-ci, le visage et les mains noirs de poudre, les cheveux hérissés, les yeux hagards, avait encore à sa ceinture plusieurs pistolets, et il tenait une carabine qu'il venait de décharger sur la foule en désordre, par la lucarne du grenier. L'officier s'élança sur lui et le saisit dans ses bras.

Billon n'essaya ni de résister ni de se dégager. Il dit d'une voix sourde :

— Sauvez-vous, monsieur de La Bruyère ! Je n'ai pas de rancune contre vous... Sauvez-vous, la maison va sauter ! (1)

La Bruyère ne l'étreignit qu'avec plus de force :

— Brigand ! dit-il, espères-tu m'échapper ainsi ? Peu m'importe de mourir, pourvu que je délivre la terre d'un monstre tel que toi !

Ce fut en ce moment que la catastrophe arriva.

La maison s'ouvrit comme le cratère d'un volcan ; un immense tourbillon de flammes, de poussière et de fumée monta dans les airs, emportant pêle-mêle des pierres, des poutres et des corps humains qui furent rejetés à d'incroyables distances. La demeure de Billon s'écroula, ainsi qu'une maison voisine qui écrasa plusieurs personnes sous ses débris ; et soixante-six maisons du quartier furent tellement ébranlées qu'il fallut les démolir plus tard. La cathédrale de Senlis, qui s'élevait pourtant à plus de cent pas de là, comme nous l'avons dit, eut sa voûte endommagée ; pas un coin de la ville ne fut à l'abri des énormes projectiles ainsi lancés dans l'espace.

On s'explique donc comment le chevalier de Morandelle avait pu être atteint par une pierre ; mais, avant de revenir aux personnages principaux de ce récit, nous devons achever, d'après les documents les plus authentiques, l'exposé des faits se rattachant à Billon et au désastre dont il était l'auteur.

Les cris d'alarme poussés par les chevaliers de l'Arquebuse avaient mis en fuite beaucoup de personnes qui

---

(1) Historique.

se trouvaient autour de la maison; malheureusement, quelques-unes avaient négligé cet avertissement, et d'autres n'étaient pas hors de portée quand le bâtiment sauta. Pendant plusieurs minutes, la poussière et la fumée formèrent une nuée impénétrable; on n'entendait que de faibles gémissements, des imprécations, ou bien des murs qui s'écroulaient, de lourds matériaux qui tombaient du haut des airs. Mais à peine le nuage se fut-il dissipé, laissant voir des amas de décombres, des ruines noircies, à la place où se trouvaient tout à l'heure de solides constructions, que la foule reparut de toutes parts, consternée et terrifiée, quoique pleine d'ardeur pour essayer d'arracher quelques victimes au désastre.

On se mit donc à travailler énergiquement au déblai. Les arquebusiers et les fusiliers avec leurs somptueux uniformes, les fonctionnaires en robe ou en collet noir, aussi bien que les gens du peuple, les enfants et les femmes, s'employaient à cette pieuse tâche. La plupart pleuraient en la remplissant; on s'informait avec anxiété de personnes chères qui avaient disparu et que l'on ne devait plus revoir. A chaque instant on rencontrait des corps humains mutilés, défigurés, méconnaissables. Lorsque plus tard on fit le recensement des victimes, on constata que trente personnes avaient péri et que soixante avaient reçu des blessures graves, soit par le feu de l'horloger, soit par l'écroulement des maisons. Quant aux blessures légères et aux contusions, elles étaient innombrables.

Cependant le dévouement des travailleurs ne devait pas être tout à fait inutile. En enlevant les décombres, on finit par trouver encore vivantes plusieurs personnes que l'on croyait perdues. Une des premières fut le gouverneur, M. Hamelin, qui s'était si généreusement exposé pour s'emparer de Billon et le réduire à l'impuissance. Il avait eu les deux jambes brisées par une poutre, mais il n'avait aucune autre blessure, et dès qu'il put parler, il encouragea les travailleurs à poursuivre leurs recherches. En effet, comme l'on continuait d'enlever les débris, on découvrit M. de la Bruyère. Il était dans un déplorable état et l'on crut d'abord qu'il succomberait ; mais, grâce aux soins qui lui furent prodigués, il survécut à l'événement. Quelques mois plus tard, le roi Louis XVI envoyait la croix de Saint-Louis à M. Hamelin et à M. de la Bruyère, en récompense de leur noble et courageuse conduite dans le désastre de Senlis.

Mais la découverte la plus étonnante, celle qui exalta surtout les passions populaires, fut celle de Billon lui-même. Le misérable respirait encore. Sitôt qu'on l'eut dégagé, il promena un regard sinistre et railleur sur ceux qui l'environnaient. Il avait encore plusieurs paires de pistolets à sa ceinture, ses poches étaient pleines de cartouches. Sans doute ses membres mutilés ne lui permettaient plus d'employer ces armes meurtrières, mais il conservait la faculté de parler, et il dit avec une sorte de ricanement sauvage :

— Ah ! ah ! il s'est vengé, le père Billon !... J'espère qu'il n'existe plus un seul de ces arquebusiers maudits !

C'en était trop ; l'exaspération du peuple ne put être contenue. On se rua sur le scélérat et il fut lapidé avec les pierres de sa propre maison.

Le corps fut porté ensuite à la prison de la ville, et le lendemain, par une sentence du bailliage, il fut traîné sur une claie jusqu'aux fourches patibulaires de Senlis, car à cette époque, la mort n'interrompait pas l'action de la justice, et le châtiment frappait même les cadavres. La sentence ordonnait, de plus, que la demeure de Billon serait rasée, et elle défendait de bâtir à l'avenir sur son emplacement (1).

(1) Voyez, pour tout ce qui concerne Billon et l'Arquebuse de Senlis, un excellent travail de M. J. Lavallée, inséré dans le sixième volume du *Journal des Chasseurs*.

X

LA FUITE.

Le lendemain de cette affreuse catastrophe, l'auberge des Armes-de-Montmorency, comme du reste toute la ville de Senlis, était dans le deuil. Le corps inanimé du roi de l'Arquebuse avait été transporté chez lui; la malheureuse veuve était folle de désespoir, tandis que l'enfant ne cessait de pleurer en appelant son père. La ville ayant décidé qu'un service funèbre serait célébré avec solennité pour toutes les victimes du terrible événement, il y eut encore des scènes navrantes quand on vint chercher Quentin pour lui rendre les derniers honneurs. La pauvre femme ne pouvait s'en séparer; elle pleurait, trépignait, rugissait. Enfin, succombant à sa douleur, elle demeura évanouie, et alors seulement on put lui soustraire ce trésor que la terre réclamait.

D'ailleurs, les secours ne manquaient pas à cette digne créature, tombée si brusquement du faîte des prospérités bourgeoises. Les moines et religieuses des nombreux couvents de Senlis s'étaient hâtés de quitter leurs cloîtres pour porter à tant de familles désolées, à tant de blessés et de mourants, une assistance bien nécessaire en pareille circonstance. Ainsi deux religieuses de l'ordre des Filles-du-Calvaire, avec lesquelles Mme Quentin était liée depuis longtemps, lui prodiguaient les soins les plus délicats, les consolations les plus affectueuses. Julien et Denise eux-mêmes, pleins de sympathie pour une affliction si légitime, ne laissaient échapper aucune occasion de la témoigner. Mais les consolations de Julien furent mal reçues. Une fois qu'il conjurait la pauvre dame de prendre courage, elle lui dit d'un ton irrité :

— Laissez-moi, vous!... Vous êtes la cause de tous mes maux. Maudit soit le jour où vous êtes entré dans notre maison, jusque-là si paisible et si heureuse! Si vous n'étiez jamais venu à Senlis, si vous n'aviez pas su intéresser Quentin à vos sottes affaires d'argent, il n'eût pas exaspéré ce monstre de Billon, et aujourd'hui je ne serais pas veuve, mon cher Barnabé ne serait pas orphelin... Tenez, allez-vous-en ; que je ne vous voie plus; votre vue me fait mal et me fait horreur !

Forget essaya de lui démontrer l'injustice de ces reproches, mais elle ne l'écouta pas, et les religieuses qui la gardaient se joignirent à Denise pour prier Julien de ne plus approcher d'elle tant qu'elle serait dans le paroxysme de la douleur.

Du reste, il n'y avait pas que Mme Quentin, aux Armes-de-Montmorency, qui eût besoin de soins et de dévouement. On se souvient qu'au moment où la maison de Billon avait sauté en l'air, une des pierres lancées par l'explosion avait atteint à la tête M. de Morandelle et l'avait renversé de cheval. Julien et Denise, témoins de l'accident, étaient accourus auprès de lui, et au premier aspect l'avaient cru mort. Il n'en était rien par bonheur. La pierre dont il avait été atteint n'était pas très-grosse, et sa chute avait été amortie par le chapeau du chevalier d'abord, puis par son épaisse queue poudrée. Cependant la commotion avait été assez violente pour ôter tout sentiment au blessé, et l'on pouvait craindre que l'accident n'eût les suites les plus funestes si l'on ne se pressait d'y porter remède.

Julien et Denise se trouvaient dans un cruel embarras. Soulevant le pauvre Morandelle, ils le posèrent sur le bord de la voie publique et bandèrent avec un mouchoir la plaie béante qu'il avait au sommet de la tête; mais que faire de plus? Deux maisons auxquelles Julien alla frapper pour demander du secours étaient complétement désertes, leurs habitants s'étant rendus à la fête. Bientôt les passants affluèrent autour d'eux; mais ils couraient comme des forcenés, en proie à une terreur dont quelques-uns eussent été embarrassés de dire nettement la cause, et ne répondaient pas à l'appel du mari et de la femme. La vue même de ce corps privé de mouvement fut incapable de les arrêter; il y avait en ce moment bien d'autres cadavres dans la ville de Senlis!

— Monsieur Forget, dit enfin Denise, nous ne devons pas abandonner le brave jeune homme qui nous a rendu un si grand service... Puisque ces gens ne veulent pas nous prêter leur assistance, portez-le à l'auberge des Armes-de-Montmorency; je vous aiderai.

— C'est bien loin, et je ne sais pas si j'aurai la force...

— Allons donc! il y a deux cents pas à peine... Et moi je suis forte aussi... Monsieur, vous pouvez peut-être sauver la vie à notre généreux protecteur, et si vous ne tentez pas un effort, je ne vous pardonnerai jamais.

Ainsi pressé, Julien enleva le blessé dans ses bras, et non sans faire de fréquentes haltes et sans fléchir sous le fardeau, il réussit à le transporter jusqu'à l'auberge.

Personne ne prit garde à eux pendant qu'ils se dirigeaient vers les Armes-de-Montmorency; chacun ne s'occupait que de son propre malheur ou du malheur de ses proches; la ville entière était pleine de tumulte, de pleurs et de lamentations. Cependant les gens de l'auberge ignoraient encore la mort de leur maître, et à la vue de l'uniforme de Condé, dont était vêtu le capitaine des chasses, tout le monde fut en l'air. On déposa Morandelle sur un lit; puis, tandis que Denise appliquait des compresses d'eau froide sur sa plaie, on songea à lui procurer des secours plus sérieux et plus efficaces.

Il y avait dans un couvent voisin un cordelier qui s'occupait de chirurgie; en apprenant l'accident arrivé à un gentilhomme du prince de Condé il s'empressa d'accourir. Morandelle fut saigné, et un appareil ayant été posé sur sa blessure, il ne tarda pas à donner quelques signes de connaissance.

Par malheur, le moine-chirurgien n'eut pas le temps de s'occuper beaucoup de son malade. Le désastre qui frappait la ville était enfin connu dans tous ses terribles détails, et on réclamait l'assistance du bon père pour d'autres blessés. D'ailleurs on venait d'apporter aux Armes-de-Montmorency le corps du pauvre Quentin. Valets et servantes étaient accourus auprès de leur maîtresse désespérée. Bientôt il ne resta plus auprès du chevalier de Morandelle que Julien et Denise; sans eux il eût été complétement abandonné.

Son état pourtant continuait d'être alarmant, et, pendant la nuit qui suivit la catastrophe, il eut une fièvre violente accompagnée de délire. Denise et son mari étaient dans la nécessité d'aller en personne à la cuisine ou à l'office chercher les objets dont il pouvait avoir besoin, car tous les domestiques perdaient la tête et semblaient frappés de vertige.

Ce fut seulement le troisième jour que le chevalier, à la suite d'un paisible sommeil, parut avoir pleinement conscience de lui-même; quand il ouvrit les yeux, il fut tout étonné de se trouver dans une chambre inconnue, entouré de personnes que les rideaux baissés l'empêchaient de voir. Il essaya de se soulever; ne pouvant y parvenir, il dit avec impatience :

— Qui diable m'a emmaillotté ainsi? que m'est-il arrivé?

Une voix douce s'éleva derrière le rideau de l'alcôve l'engagea à se calmer; puis, on lui demanda s'il était mieux.

— Mieux! répéta-t-il, tonnerre! je suis fort bien et je veux m'habiller... Est-ce que M. le prince ne chassera pas aujourd'hui? Qu'y a-t-il au *rapport?* Un daguet ou une quatrième tête? Qu'on fasse venir le valet de limier... Les trompes n'ont donc pas sonné ce matin?

On crut qu'il avait encore le délire; mais on reconnut bientôt que le capitaine des chasses s'abandonnait tout simplement à ses préoccupations ordinaires.

Denise et Julien se trouvaient en ce moment auprès de lui, ainsi qu'un frère lai du couvent voisin, chargé de le maintenir pendant ses accès de fièvre. La jeune femme, dont la voix semblait le plus sympathique au blessé, le mit au courant de la situation et lui apprit en peu de mots par suite de quel événement il avait été atteint d'une pierre à la tête dans une rue voisine.

— Et vous pouvez dire, mon gentilhomme, ajouta le moine d'un ton nasillard, que vous devez la vie à ces braves jeunes gens. Le vénérable père Hilarion, qui vous a pansé, assure que si l'on avait attendu seulement un quart d'heure pour vous saigner, vous n'auriez pu en réchapper à moins d'un miracle. Cet excellent M. Forget, en vous transportant ici bien vite, dans un moment où chacun ne songeait qu'à soi, cette bonne jeune dame, en vous veillant le jour et la nuit, vous ont préservé du malheur de mourir prématurément... et sans confession encore!

Morandelle tourna la tête avec effort.

— Merci, monsieur Forget, dit-il. Ma foi, il est heureux que vous vous soyez trouvé là, et bien m'en a pris, de mon côté, d'avoir la tête si dure... Mais c'est surtout, continua-t-il en s'animant, à cette charmante dame que je dois des remercîments, puisqu'elle a joué auprès de moi le rôle d'un ange gardien.

Cette conversation et la légère surexcitation qui en était la suite avaient fatigué le blessé ; sa tête retomba, ses yeux se fermèrent. Le frère qui lui servait d'infirmier avertit les époux Forget qu'il pouvait être dangereux de le faire parler longuement dans ce premier moment de convalescence. Ils allaient donc se retirer quand le malade reprit :

— Un mot encore : personne n'est-il venu du château de Chantilly pour s'informer de mes nouvelles?

Julien lui apprit que, deux fois par jour, des valets et même des gentilshommes de la maison du prince venaient s'enquérir de lui.

— A la bonne heure, mes amis ne m'ont pas oublié... Ah! si monseigneur était au château en ce moment, il serait venu lui-même... Oui, morbleu! il serait venu... Il est si généreux et si bon pour ses serviteurs!

— Quoi donc? demanda Julien avec intérêt, Son Altesse ne se trouve donc pas en ce moment à Chantilly?

— Non ; il est allé à Paris surveiller les travaux du magnifique palais qu'il y fait construire et qui s'appellera le Palais-Bourbon... Il se ruine à cette bâtisse, et c'est son absence qui m'a donné des loisirs, car sans cela...

Il n'eut pas la force d'achever et, sur une injonction plus impérieuse du frère, le mari et la femme s'empressèrent de sortir.

La journée du lendemain s'écoula d'une manière assez paisible. Le chevalier de Morandelle allait de mieux en mieux, et la fièvre n'ayant pas reparu, le moine-chirurgien lui permit de quitter le lit pendant quelques heures. Tout le temps qu'il demeura dans un fauteuil, le beau gentilhomme exigea que Denise lui tînt compagnie ; il ne voulait boire que lorsqu'elle lui présentait la tasse, et il ne se gênait pas pour donner un baiser en passant aux jolis doigts de la garde-malade. Julien était là aussi et offrait ses services ; mais on ne les acceptait pas, et, tout en enrageant, il lui fallait rester spectateur des galanteries prodiguées à Denise.

Vers le soir, comme il était seul dans sa chambre avec sa femme, Babet, la servante de l'auberge, introduisit sans façon un homme, « qui, disait-elle, avait besoin de lui parler. » Les époux Forget reconnurent avec autant de surprise que d'effroi, dans ce visiteur, le conducteur à nez bourgeonné du coche de Senlis.

Ses vêtements étaient couverts de poussière et il tenait à la main son fouet dont la lanière était entortillée autour du manche. Il n'avait pris sans doute, avant de se présenter, que le temps de boire un coup de vin, car il n'était ivre qu'à moitié, contre son ordinaire.

— Salut, mon voyageur, dit-il en touchant son tricorne déformé ; j'aurais quelque chose à vous communiquer en particulier, mais...

Il regardait Denise avec embarras et défiance ; tout à coup, il s'écria :

— Eh ! jarnibleu ! je ne me trompe pas !... Cette dame est le joli petit cavalier que j'ai amené avec vous dans mon carrosse !... Suffit... compris... Il n'y a pas à se faire tirer l'oreille pour parler en sa présence.

— Il est vrai, répondit Julien ; cette dame qui, pour des raisons particulières, a dû prendre un moment des habits d'homme, est mon épouse légitime, Mme Forget... Vous pouvez donc m'apprendre devant elle... Voyons, de quoi s'agit-il ?

— Ah ! c'est votre... légitime ? reprit le cocher en clignant des yeux ; très-bien... Nous connaissons ça, nous autres qui conduisons le coche... Alors donc, je vais remplir ma commission, d'autant plus que la chose est pressée, à ce qu'il paraît.

Il chercha dans sa poche un portefeuille crasseux et en tira une lettre qu'il remit à Julien. Cette lettre avait pour suscription : *A Monsieur Forget, à l'auberge des Armes-de-Montmorency, à Senlis.* Toutefois Julien, avant de l'ouvrir, soupçonna un piége.

— De quelle part ? demanda-t-il au cocher.

— Ma foi, c'est de la part d'un vieux bourgeois, qui a une redingote tabac d'Espagne, des bas bleus, un nez énorme et une queue qui n'en finit plus... vous devez voir ça d'ici.

Julien, en effet, avait reconnu le signalement de son commis, M. Cadet.

— Ce vieux monsieur, poursuivit le cocher, est venu me trouver ce matin dans la cour des messageries au moment où ma voiture allait se mettre en route ; il m'a dit qu'il avait une lettre très-pressée à envoyer à Senlis, et que le courrier de la poste devant partir seulement dans deux jours, il me priait de la remettre en personne aujourd'hui même. Ça nous est bien défendu, à nous autres, de nous charger des lettres des bourgeois; mais celui-là paraissait être un brave homme; il me disait qu'il s'agissait d'une affaire très-importante; enfin il m'a glissé un petit écu, en m'assurant qu'on m'en donnerait un autre pour ma peine, et, ma foi, j'ai consenti. Faut être bon avec ses voyageurs, et obligeant, et pas fier! J'ai donc crevé mes chevaux tout le long de la route, et j'arrive ici deux heures plus tôt que d'habitude... On n'est pas plus honnête, n'est-ce pas?

Julien s'empressa d'ouvrir la lettre, et Denise, appuyée sur son épaule, la lut en même temps que lui.

« Cher et honoré patron, écrivait le commis, aussitôt que vous aurez reçu la *présente*, hâtez-vous de quitter Senlis sans aucune espèce de retard et sans dire à personne où vous allez. M. Raymondot, votre respectable beau-père, vient d'être averti secrètement que l'autorité militaire est sur vos traces et qu'un exempt va être envoyé à Senlis pour vous arrêter comme DÉSERTEUR. L'administration civile ne peut toujours rien dans cette affaire; profitez donc de cet avis à l'instant même, ou Dieu sait à quelles terribles extrémités vous devez vous attendre! Mme Forget, votre mère, vous recommande et au besoin vous ordonne de fuir au plus vite, sans vous inquiéter des intérêts commerciaux confiés à vos soins. Quant à la jeune Mme Forget, elle pourra chercher un refuge dans un couvent de femmes à Senlis, et son père ou moi nous irons la prendre pour la ramener à Paris, aussitôt qu'elle nous aura fait connaître le lieu de sa retraite. De votre côté, ne manquez pas de nous écrire, avec toutes les précautions convenables, quand vous serez en lieu de sûreté, et croyez à l'amitié respectueuse, etc.

« CADET. »

Après la lecture de cette effrayante missive, les deux jeunes gens se regardèrent d'un air consterné; mais Denise faisant signe à son mari de se contenir, dit au messager :

— Très-bien, monsieur; cette lettre en effet a de l'importance pour nous et nous vous remercions d'avoir consenti à vous en charger... Monsieur Forget, poursuivit-elle, ne devez-vous pas quelque chose à ce digne homme?

Julien, toujours parcimonieux même dans les conjonctures les plus graves, tira de l'argent de sa poche pour chercher le petit écu promis au cocher; mais Denise comprit que ce n'était pas le moment de lésiner; elle prit un écu de six livres et le remit au messager en lui disant avec son plus charmant sourire :

— Tenez, mon ami, vous boirez à notre santé.

Le cocher fit sauter joyeusement la pièce dans sa main.

— Merci, ma gentille dame... légitime, dit-il avec son gros rire; eh bien, puisque vous êtes si généreuse, je veux vous donner encore un avis qui, j'imagine, pourra vous être utile à vous et à votre... mari. Donc, au moment de quitter Paris, il est monté dans mon carrosse un particulier qui avait l'air d'un soldat en bourgeois et dont la vue a causé beaucoup de tintouin au vieux qui m'a remis la lettre. Aussi, le vieux le dévisageait-il sans cesse, et, au moment où je grimpais sur mon siége, il m'a chargé de vous avertir que le voyageur en question était certainement un exempt déguisé...

— Un exempt! murmura Julien.

— En êtes-vous sûr? demanda Denise.

— On connaît son monde peut-être. D'ailleurs, en route, j'ai essayé de faire jaser le voyageur, et nous avons bu ensemble dans les auberges. Quoiqu'il n'aime guère à causer, j'ai fini par savoir de lui qu'il est bien un sergent aux gardes, qu'il se rend à Senlis pour affaire urgente; et tout à l'heure, en arrivant, il s'est empressé de demander où était l'hôtel des cavaliers de la maréchaussée.

— La maréchaussée! répéta Julien en pâlissant.

Denise lui adressa encore un signe furtif; puis elle dit au cocher avec une tranquillité affectée :

— L'arrivée de cet exempt ne nous touche nullement; je vous remercie néanmoins de l'avis que vous nous donnez à bonne intention... Adieu donc, mon ami; nous n'oublierons jamais votre obligeance et votre civilité.

Tout en parlant, elle poussait doucement le cocher vers la porte; celui-ci, bon homme au fond, eut pitié du trouble extraordinaire que trahissait l'attitude du mari et de la femme, malgré leurs efforts, et, après avoir salué gauchement, il se retira.

A peine la porte se fut-elle refermée, que les jeunes époux se jetèrent dans les bras l'un de l'autre en fondant en larmes.

— Déserteur! déserteur! murmurait Denise, suffoquée par les sanglots.

— Ils vont nous séparer, répliqua Julien; ils vont me mettre en prison... me battre de verges, le supplice des déserteurs! Avez-vous entendu que l'exempt est déjà à la maréchaussée de Senlis?

— Eh bien, que faisons-nous là? A quoi pensons-nous donc? s'écria Denise en se dégageant tout à coup et en séchant ses larmes ; il faut partir, monsieur Forget, il faut partir à l'instant même... Je mourrais de douleur si vous étiez arrêté.

Et elle se hâta d'entasser les effets de Julien dans une petite valise de cuir.

— Mais vous, Denise, que deviendrez-vous?

— N'ayez aucune inquiétude à mon sujet. S'il en est besoin, je me réfugierai dans un couvent, comme on me le conseille, et je ne manquerai ni d'amis, ni de protecteurs.

— C'est que vous avez, s'il faut le dire, des amis et des protecteurs qui ne me plaisent guère... D'ailleurs, où voulez-vous que j'aille, à cette heure et dans ce pays inconnu ?

— Je l'ignore, mais il importe que vous partiez sans retard, et je ne peux vous accompagner, car je ne serais qu'un embarras pour vous... Plus tard, j'irai vous rejoindre... L'argent ne vous manque pas ; vous trouverez aisément une retraite quelque part, en attendant qu'on ait perdu vos traces et que le danger soit passé.

Elle avait achevé la valise et en bouclait les courroies avec dextérité. La nuit était presque entièrement tombée, et l'obscurité devait favoriser la fuite de Julien. Cependant Julien ne bougeait pas.

— Non, ma chère, non, dit-il enfin, je ne saurais vous quitter si vite et sans avoir pourvu... Attendons à demain matin. En supposant que l'individu dont on nous annonce l'arrivée à Senlis ait la mission de s'emparer de moi, il ne peut se présenter ici de sitôt.

— Ecoutez! dit tout à coup Denise en élevant la main.

On frappait violemment à la porte de l'auberge et une voix rude cria du dehors :

— Ouvrez... au nom du roi!

Julien demeura pétrifié; mais la jeune femme s'élança légèrement vers la fenêtre qui donnait sur la rue. Elle aperçut dans l'ombre deux cavaliers de la maréchaussée, avec un troisième personnage, en habit bourgeois, qui semblait les assister. Il n'y avait plus d'illusion à se faire; les sinistres avertissements se réalisaient.

— Julien, mon Julien, sauve-toi! reprit Denise toute tremblante, en venant à lui.

Il ne répondait pas et n'avait pas l'air d'entendre. Tout à coup la porte de la rue s'étant ouverte, un grand tumulte s'éleva dans le vestibule de la maison. Mme Quentin elle-même venait d'accourir avec ses servantes, et demandait avec effroi ce qu'on lui voulait.

— Madame, répondit le chef de la troupe, un déserteur est caché dans ce logis, et nous avons ordre de l'arrêter au nom du roi.

Ce mot de « déserteur » parut produire sur Forget l'effet d'une décharge électrique; il se leva d'un bond et se mit à courir comme un fou dans la chambre. Denise, qui, malgré sa frayeur, conservait toute sa présence d'esprit, alla verrouiller la porte de l'escalier; puis elle entraîna son mari vers une seconde pièce, dont la fenêtre s'ouvrait sur la cour.

— Par ici! dit-elle d'une voix étouffée.

La fenêtre de cette pièce était élevée de sept ou huit pieds environ au-dessus du pavé; mais un pareil saut ne devait avoir rien de bien périlleux pour un jeune homme agile et robuste, et dans la cour se trouvait une petite porte donnant sur une ruelle écartée. Selon toute apparence, la maréchaussée avait négligé de garder cette issue; et une fois hors de la maison, Julien semblait devoir être en sûreté.

Il laissa d'abord tomber sa valise sur le pavé; mais, au moment d'enjamber à son tour l'appui de la fenêtre, il serra convulsivement sa femme dans ses bras.

— Denise, murmura-t-il, n'oublie pas que je t'aime... et sois toujours digne de moi.

— Mon ami, je te jure...

On frappa rudement à la porte de la première chambre.

— Adieu, adieu! dit Julien.

Et, se suspendant par les mains, il sauta dans la cour. Denise, penchée au balcon, le suivait des yeux avec inquiétude. Il était arrivé à terre sans accident, et après avoir repris sa valise, il se dirigea vers la porte de la ruelle. Par bonheur cette porte n'était fermée qu'au loquet, et Forget put s'élancer au dehors.

La jeune femme demeura immobile pendant quelques instants, silencieuse et l'oreille au guet. Rien ne troubla le calme du quartier, et le bruit des pas de Julien s'éteignit dans l'éloignement. En revanche le fracas redoublait à la porte de la chambre. Denise ne s'en émut pas et laissa le temps au fugitif de gagner du terrain; alors seulement elle alla ouvrir, et les deux soldats de la maréchaussée, avec l'exempt en bourgeois, apparurent, suivis de tous les gens de la maison.

XII

LES FOURCHES PATIBULAIRES.

Julien ne songeait d'abord qu'à s'éloigner au plus vite, sans s'inquiéter de choisir une direction ; mais à peine eut-il perdu l'auberge de vue qu'il sentit la nécessité de s'arrêter pour s'orienter et prendre un parti.

La ville était déjà plongée dans l'obscurité, car à cette époque l'éclairage public restait à peu près inconnu dans les villes de province. D'autre part, la catastrophe dont Senlis venait d'être le théâtre y avait répandu une grande tristesse, et peu de personnes passaient dans les rues. Cependant beaucoup de fenêtres étaient éclairées ; dans toutes les maisons on entendait ce bruit vague qui annonce l'activité. La plupart de ces maisons, en effet, contenaient des blessés ; et les pâles lumières, brillant derrière les vitres, attestaient que bien des familles désolées veillaient autour d'un lit de douleur.

Cette désolation même avait amené une sorte de terreur dans la ville ; les habitants, redoutant que Billon n'eût des complices, exerçaient une surveillance défiante et farouche sur tous les étrangers. Aussi Julien craignit-il que s'il était rencontré dans la rue à pareille heure, sa valise sous le bras et l'air effaré, il ne fût arrêté, interrogé et enfin livré à ceux qui le cherchaient. Il devenait donc urgent pour lui de gagner au plus tôt la campagne, après quoi il aviserait aux moyens de poursuivre son voyage.

Dans cette intention, il se dirigea vers la porte la plus voisine, car Senlis, à cette époque, était une ville fermée, bien que les portes n'en fussent pas gardées habituellement. Un nouveau danger ne tarda pas à se produire. Un *qui vive!* retentissant obligea Forget de s'arrêter. Les chevaliers de l'Arquebuse et les fusiliers royaux, toujours sous le coup des terreurs dont nous avons parlé, s'étaient mis en faction aux portes de la ville; ils ne laissaient passer personne sans s'être assurés qu'il ne s'agissait pas d'un ennemi public.

Que faire? Peut-être les miliciens avaient-ils l'ordre d'arrêter Julien; s'ils ne l'avaient pas, ils ne pouvaient manquer de donner plus tard des indications précises sur son compte aux cavaliers de la maréchaussée et à l'exempt chargés de l'arrêter. Il fallait donc éviter de se montrer à ces gens, et le jeune bourgeois se hâta de revenir en arrière.

Une tentative sur un autre point eut le même résultat. Partout les miliciens exerçaient une rigoureuse surveillance; nul n'avait la faculté d'entrer à Senlis ou d'en sortir sans leur avoir fourni des explications nettes et claires que ne pouvait fournir le malheureux déserteur.

Dans sa perplexité, il se souvint que, deux jours auparavant, en se promenant avec Denise, il avait remarqué plusieurs brèches aux vieux murs de la ville, et que des enfants du voisinage, en s'aidant des pieds et des mains, descendaient par là au fond des fossés. Julien se croyait capable d'exécuter le même tour de force, et il résolut de chercher une de ces brèches avec l'espoir que l'on aurait négligé de les garder.

Comme il revenait sur ses pas, plusieurs hommes qui s'avançaient vers lui l'obligèrent de se jeter brusquement dans une encoignure de muraille. Grâce à l'obscurité, il ne fut pas aperçu et il entendit un des passants dire aux autres :

— N'ayons aucun souci. La consigne est donnée à toutes les portes de l'arrêter dès qu'il s'y présentera... Nous l'aurons; si ce n'est ce soir, ce sera demain.

Ces passants étaient les cavaliers de la maréchaussée et l'exempt, qui poursuivaient Forget, et sans aucun doute c'était de lui qu'ils parlaient en ce moment. Par bonheur, ils continuèrent leur chemin sans soupçonner sa présence.

Aussitôt qu'ils se furent éloignés, Julien se mit à courir en sens contraire. Il n'osait interroger les personnes qu'il rencontrait parfois, de peur d'être reconnu. Enfin, au milieu de ce labyrinthe de ruelles noires, le hasard, ou plutôt la Providence conduisit ses pas vers le but désiré. Il se trouva tout à coup sur les remparts de la ville et ne tarda pas à découvrir une des brèches pratiquées pendant les guerres du moyen âge, ou même tout simplement par le temps, dans les murs gallo-romains de la cité de Senlis.

Les remparts étaient déserts, et le fugitif pouvait opérer sa descente en toute liberté. Cependant, il hésita d'abord à la vue de l'abîme dont l'obscurité lui cachait la profondeur; une nécessité impérieuse le décida seul à tenter l'entreprise. Du reste, les difficultés et les périls étaient moins grands qu'ils ne paraissaient. Julien, quoique embarrassé de sa valise, se mit à l'œuvre. Les pierres et les matériaux éboulés formaient des espèces de degrés sur lesquels il avançait avec précaution. Il atteignit ainsi le fond du fossé, qui était sans eau, et qui, fort dégradé lui-même, offrait de nombreux talus au moyen desquels on pouvait en sortir. Tous les obstacles furent donc bientôt franchis, et Julien se trouva sain et sauf sur un grand chemin qui passait au pied des remparts.

Où conduisait ce chemin? Il l'ignorait et ne s'en inquiétait guère.

Il ne tarda pas à laisser derrière lui les rares lumières qui se montraient çà et là ; le silence qui régnait partout lui rendit peu à peu sa sécurité. Il s'avançait maintenant entre deux rangées d'arbres, au milieu desquelles la route se faisait reconnaître à sa blancheur. Sans doute, il venait de s'engager dans une de ces vastes forêts qui entouraient Senlis ; mais, comme nous l'avons dit, peu lui importait où il allait, pourvu qu'il ne fût plus exposé à rencontrer la maréchaussée et les exempts.

Au bout d'un quart d'heure pourtant, il fut dans la nécessité de s'arrêter. Il avait atteint une espèce de carrefour où se croisaient plusieurs routes, et un faible rayon de lune, se glissant dans la déchirure d'un nuage, éclairait un sinistre tableau.

Les arbres s'écartaient en cet endroit pour former une vaste place circulaire. A l'angle d'une des routes qui rayonnaient en tous sens, on entrevoyait une construction basse, mais très-solide, dont les portes et les fenêtres étaient soigneusement closes, et qui semblait inhabitée. Au centre du carrefour, il y avait une sorte de plate-forme carrée, à laquelle on montait par quelques marches en ruine. Quatre piliers en maçonnerie s'élevaient sur la terrasse, réunis par de fortes traverses en bois, auxquelles pendaient des crochets et des chaînes de fer. Une forme longue et mobile se balançait faiblement à une de ces traverses, et une rangée de gros oiseaux noirs dormaient sur les poutres vermoulues. Une odeur fétide, cadavéreuse, régnait en cet endroit et annulait les suaves senteurs de la verdure. Au-dessous de la terrasse, dans les halliers, on entendait de sourds bruissements; des formes d'animaux rôdaient alentour et l'on voyait parfois briller leurs yeux comme des charbons enflammés.

Julien comprit qu'il se trouvait en présence des *fourches patibulaires* de quelque justice des environs, sans doute celle de Senlis. A cette époque, en effet, il était encore d'usage d'exposer les corps des suppliciés sur des gibets permanents, afin de frapper l'imagination et de donner à la multitude des leçons salutaires. Le jeune bourgeois avait hâte de quitter ce lieu lugubre qui, particulièrement à cette heure de la nuit, inspirait le dégoût et l'effroi; mais restait la question de savoir quelle route choisir parmi celles qui s'étendaient autour de lui. Comme il hésitait, quelque chose s'agita tout à coup dans les buissons; un homme surgit à son côté et lui dit d'une voix rauque, avec un accent moqueur :

— Hein! camarade, ainsi que moi vous arrivez trop tard... *Ils* l'ont nettoyé de la tête aux pieds. Je gage que c'est encore Tête-de-Clou, le bourreau de Senlis, qui nous joue ce vilain tour! Le ladre! quand il a passé quelque part, il ne laisse rien à grappiller aux autres.

Julien essayait vainement de voir l'individu qui lui adressait ces étranges paroles. Tout ce que l'obscurité lui permettait de distinguer, c'était que l'inconnu était vieux, laid, couvert de haillons, et qu'il tenait à la main une trique d'aspect très-peu rassurant.

— Je ne vous comprends pas, monsieur, répliqua-t-il timidement ; je ne suis pas venu ici pour... ce que vous supposez.

— Ah çà, reprit l'autre avec un ricanement enroué, allez-vous faire l'innocent ? J'ai été dans mon temps un compagnon de *la Matte*, voyez-vous. C'était le bon temps ; aujourd'hui, avec leur maréchaussée, leurs prévôts et leurs valets de ville, on ne trouve plus d'eau à boire... Il est vrai qu'on boit du vin !... Mais ne veniez-vous donc pas, comme moi, pour dépouiller ce bourgeois qui les a fait sauter là-bas à Senlis? Ce soir, quand ils ont traîné le corps jusqu'ici avec un croc, j'ai très-bien vu, et vous avez vu sans doute aussi, qu'ils avaient laissé à Billon sa chemise et ses bas. La chemise était un peu brûlée, mais les bas valaient bien une pièce de douze sous ; et il eût été d'autant plus facile de s'en emparer qu'ils n'avaient pas hissé le corps sur les fourches comme les autres. Ils l'ont abandonné au pied du gibet pour que les chiens et les loups puissent le dévorer... Eh bien, voyez, ajouta-t-il avec une sorte de colère, en désignant quelque chose sur les marches de la terrasse, voilà déjà le corps tout nu ! Et ce ne sont ni les loups, ni les chiens que nous venons de déranger et qui rôdent là autour de nous, ni ces vilains corbeaux juchés là-haut sur les traverses, qui ont pu manger la chemise et les bas du pauvre homme peut-être !

Alors seulement Julien aperçut à quelques pas de lui un corps humain déjà à moitié dévoré. C'était en effet le corps de Billon qui, ayant été condamné *après sa mort* par le bailliage de Senlis à être exposé sur les fourches patibulaires, avait été abandonné par les exécuteurs à la voracité des bêtes de proie (1).

Le jeune marchand recula avec horreur, et eut beaucoup de peine à balbutier :

— Le hasard seul m'a conduit ici... Quel abominable lieu !

Le vagabond ne parut pas l'entendre ; les yeux tournés vers le pendu, qui se balançait avec un bruit de ferraille au haut des fourches, il reprit d'un air distrait :

— La chemise et les bas sont perdus, il n'y faut plus penser... Mais écoutez, camarade, puisque vous voilà, nous pouvons prendre notre revanche et travailler ensemble... Voyez-vous ce pauvre diable, là-haut ? C'est Maurifolet, qui a été mis là pour avoir tué un garde d'Herménonville et pour quelques autres farces du même genre. J'ai bien connu Maurifolet, moi ; il était un peu violent, mais bon garçon, et il buvait sec... Or donc, comme vous pouvez voir, ils lui ont laissé une culotte qui n'a pas l'air mauvaise et des souliers presque neufs. Autrefois je serais monté lestement pour les prendre ; mais les jointures deviennent roides à cause de l'âge. Pourquoi vous, qui paraissez jeune, ne grimperiez-vous pas là-haut ? Je vous ferai la courte échelle et nous partagerons le butin en frères. Vous aurez la culotte ou les souliers, à votre choix.

Le pauvre Julien, à cette abominable proposition, perdit toute prudence.

— Je ne suis pas ce que vous croyez, s'écria-t-il ; je suis un honnête homme... Laissez-moi... Je n'ai rien de commun avec vous.

L'autre ne répondit pas d'abord, et, se penchant vers

(1) Historique.

Forget, passa la main sur ses vêtements, afin de joindre les ressources du tact aux ressources insuffisantes de la vue. Grâce à ce rapprochement, Julien, à son tour, put envisager le vagabond. Celui-ci avait une figure hideuse, sillonnée de rides profondes, encadrée d'une sordide barbe blanche, et portant l'empreinte des passions les plus basses. Les guenilles dont il était couvert ajoutaient encore à l'aspect repoussant de sa physionomie.

— Mille-z-yeux! s'écria-t-il d'un ton de satisfaction, c'est un bourgeois... Il a un habit de drap fin et une valise... Part à nous deux, l'ami!... Je gagerais, ajouta-t-il, que je devine pourquoi vous voilà. Vous êtes carabin et vous vouliez voler le corps du pendu ou de l'autre, n'est-il pas vrai? Il n'y a pas de mal, et je suis prêt à vous aider.

— Non, non, répliqua Julien avec une inquiétude croissante; je ne suis rien de plus qu'un voyageur égaré... Et si vous tenez absolument à me rendre service, indiquez-moi où conduit le chemin que voici.

— A un couvent où les moines distribuent chaque jour une écuellée de soupe aux pauvres diables tels que moi... une fameuse soupe tout de même! J'irai y déjeuner demain.

— Et celle-ci, demanda Julien en désignant une autre route.

— A la ferme de la Tour-Trompette, dont le fermier a tant de poules... des poules superbes que l'on pourrait « gagner » en franchissant un mur de terre pas plus haut que ça!... Hein! monsieur, sans doute, en votre qualité de bourgeois, vous avez le goût fin, et ce serait un joli coup à tenter! Vous irez chercher une poule ou deux pendant que je garderai votre valise, puis nous mangerons le rôti dans un coin du bois.

Forget comprit qu'il n'avait aucun renseignement utile à tirer de cet homme sinistre.

— Allons! reprit-il brusquement, puisque vous ne pouvez me dire ce que je désire apprendre, bonsoir... Je rencontrerai peut-être quelqu'un plus complaisant et connaissant mieux le pays.

Et il s'éloigna d'un pas rapide. Nous n'avons pas besoin d'affirmer qu'il mourait de peur.

Le vagabond s'en aperçut sans doute, car sa hardiesse redoubla.

— Un moment donc, l'homme à la valise! s'écria-t-il en se mettant à la poursuite de Julien; on peut s'entendre, sacrebleu!.... et vous trouverez bien dans votre poche un six-liards ou deux, afin de récompenser un brave chrétien qui vous a tenu compagnie.... et qui priera pour vous!

— Je n'ai rien à vous donner; laissez-moi. Je vous préviens que je suis armé.... J'ai des pistolets, et je saurai me défendre!

Julien, en effet, tira de sa poche un pistolet dont il fit craquer la batterie; mais ce bruit n'arrêta nullement le vagabond.

— Des pistolets! s'écria-t-il; vous avez des pistolets! Tenez, je renonce à tout le reste; mais donnez-m'en un, et ma fortune est faite... On le montre dans l'occasion, et alors les bonnes gens ne vous refusent jamais des fruits, des œufs, et même des sous marqués.... Vous n'aurez pas le cœur de me faire manquer ma fortune, mon gentil seigneur?

Tout en parlant, cette espèce de mendiant prouvait que, si la roideur de ses membres l'empêchait de grimper aux gibets, du moins elle ne l'empêchait pas de bien courir. Forget le sentait toujours sur ses talons et commençait à croire cet individu fort capable de se porter envers lui aux dernières extrémités. Cependant il hésitait à se servir de son arme, la nécessité d'attenter à la vie d'un de ses semblables ne lui paraissant pas suffisamment démontrée. En désespoir de cause, il eut l'idée de quitter la route frayée pour se jeter dans un taillis voisin.

Le vagabond, en le voyant ainsi disparaître, poussa un effroyable juron. Cependant il ne s'arrêta pas et entra dans le fourré à son tour, en criant d'une voix haletante :

— Monsieur! bourgeois! carabin! attendez donc un peu... Si ça a du bon sens!.. Je perds tout, ajoutait-il comme à lui-même avec dépit, la valise, le pistolet, l'argent, il emporte tout... Une si bonne rencontre!... Bête que je suis; je n'ai pas su m'y prendre!... Mais, triple mule du pape! il faut que je le rattrape, je le rattraperai!

Et il redoublait de vitesse.

Julien, quoiqu'il ne pût entendre les paroles quasi menaçantes du vagabond, n'en détalait pas avec moins d'ardeur. Une terreur folle s'était emparée de lui; il perçait à travers les halliers, comme le cerf qui sent une meute à ses trousses. Assourdi par le frôlement du feuillage, excité par des chocs continuels contre les troncs d'arbres, par des piqûres d'épines, il ne savait plus quelle direction il suivait, mais il continuait de courir, essoufflé, tout en sueur, sans même s'assurer si son adversaire était encore sur ses traces.

Enfin, n'en pouvant plus, il s'arrêta au pied d'une cépée et prêta l'oreille. Il entendit seulement le bruit des branches qu'il avait froissées en passant et qui se relevaient par un mouvement sec. Rien autre ne troublait le calme de la nuit, aucun pas ne résonnait sur le sol de la forêt. Toutefois, dans la pensée que le vagabond pouvait être immobile comme lui dans le voisinage, épiant ses moindres mouvements, Julien n'osait bouger et retenait son haleine.

Un temps assez long s'écoula ainsi. Certain que le mendiant avait réellement renoncé à le poursuivre, Forget voulut regagner le chemin frayé.

Mais cette tâche n'était pas facile. Il avait tant de fois tourné sur lui-même, qu'il ne savait plus par quel côté il était entré dans le bois, ni même dans quelle direction se trouvait Senlis. Pour comble de malheur, le croissant de lune, qui s'était montré un moment, était couvert de nuages; les ténèbres les plus épaisses régnaient sous les arbres de la forêt. Il fallait avancer à tâtons, et, en dépit de toutes les précautions, on n'évitait ni les chocs douloureux, ni les dangereux faux pas.

Dans cette espèce de colin-maillard, sans points de repère pour se reconnaître, le voyageur épuisait ses forces inutilement. Plusieurs fois il crut avoir trouvé un sentier qui devait le conduire à un lieu habité; mais ce n'était d'ordinaire qu'une de ces laies étroites, tracées par le passage habituel du gibier, et il ne tardait pas à la perdre dans l'obscurité. Enfin, comprenant l'inutilité de ses efforts et songeant qu'il avait à se ménager en vue des fatigues possibles du lendemain, il résolut de s'arrêter pour attendre le jour.

Il s'assit donc sur des fougères, au pied d'un chêne, et, posant sa valise à son côté, il s'abandonna aux charmes du repos. Une fraîcheur délicieuse régnait dans les bois; toutes sortes d'émanations suaves remplissaient l'atmosphère. Les membres endoloris du pauvre Julien s'étendaient avec délices sur les plantes élastiques, tandis que le calme de la campagne, le faible souffle de la brise dans le feuillage, semblaient l'inviter au sommeil.

Cependant ce bien-être ne fut pas de longue durée ; le tempérament et les habitudes de Forget ne s'accommodaient guère d'une nuit passée en plein air, et son ignorance des choses de la nature ajoutait encore aux inconvénients de sa situation. Ainsi, cette agréable sensation de fraîcheur ne tarda pas à devenir un froid réel, qui le pénétrait à travers ses habits légers ; cet air parfumé devint de plus en plus humide et se changea en brouillard qui mouillait son lit de verdure. D'ailleurs, maintenant qu'il était immobile et muet, toutes sortes de mouvements étranges se produisaient autour de lui ; il entendait des bruits inconnus et effrayants. Tantôt c'étaient des frôlements légers qui avaient lieu dans les herbes, à son côté et presque sous sa main ; tantôt c'était comme une grande masse qui se frayait un chemin à travers les taillis, brisant les branches, faisant voler les feuilles sèches ; et puis il y avait des bonds impétueux, des luttes et des chocs, des fuites et des retours. En même temps, mille cris singuliers s'élevaient çà et là, les uns faibles et plaintifs comme ceux des petits oiseaux ; les autres puissants, prolongés, terribles, réveillant tous les échos de la forêt. La terre et l'air semblaient se peupler d'êtres mystérieux et invisibles qui s'appelaient ou se fuyaient, jouaient ou combattaient dans les ténèbres.

Julien était un Parisien pur sang, et, comme nous l'avons dit déjà, les Parisiens, à cette époque, étaient absolument neufs pour tout ce qui concernait la campagne. Né et élevé dans la rue Saint-Honoré, le jeune bourgeois n'était pas bien sûr que les tigres et les lions, dont il avait vu les images à la porte des marchands d'estampes, n'habitassent pas les forêts de France et particulièrement la forêt de Chantilly, où M. de Condé, assurait-on, entretenait toute espèce de gibier. Il n'eût pas osé jurer que les serpents venimeux ne sortaient pas de leur retraite au moment le plus froid de la nuit, pour darder contre tous venants leur *langue* empoisonnée.

Aussi se fera-t-on une idée des inquiétudes auxquelles le pauvre garçon était en proie. Il s'imaginait que tous les monstres des déserts de l'Afrique ou de l'Inde se livraient des combats furieux dans le voisinage ; que d'un moment à l'autre il allait se sentir enlacé dans les replis d'un immense boa, ou abattu sous la griffe d'acier d'une panthère. Or, ces cris et ces mouvements étaient l'œuvre de quelques gentils lapins allant au gagnage, de quelques lièvres qui combattaient pour les beaux yeux d'une hase, tout au plus de quelques cerfs qui bramaient, de quelques sangliers qui se repaissaient de glands nouveaux, et peut-être aussi de deux ou trois loups qui, flairant les cadavres des fourches patibulaires, se conviaient les uns les autres à l'immonde festin.

Mais Julien ne savait pas combien tout ce personnel de la forêt était inoffensif pour lui, et il n'avait garde de se livrer au repos. Grelottant de froid comme de peur dans sa fougère, il avait la main sur la crosse de ses pistolets et se tenait prêt à défendre sa vie.

D'ailleurs, il ne manquait pas de réflexions tristes pour se tenir éveillé. Il pensait à sa chère Denise qu'il avait été obligé d'abandonner précipitamment, au milieu d'étrangers, dans une ville bouleversée par un récent désastre ; il se demandait ce qu'elle allait devenir, elle si jeune et si inexpérimentée, tandis que lui-même courait les hasards d'une vie aventureuse. Il y avait surtout une image qui, lorsqu'elle lui apparaissait dans sa rêverie, chassait aussi sûrement ses velléités de sommeil que les hurlements dont retentissait le voisinage ; c'était celle du chevalier de Morandelle, ce beau gentilhomme blessé qu'il avait laissé à l'auberge de Senlis et pour lequel Denise témoignait tant d'intérêt. Ne se pouvait-il pas que le capitaine des chasses, si galant, si empressé et pourtant si peu respectueux envers les jolies bourgeoises... A cette pensée, tout son sang bouillonnait; il voulait retourner en toute hâte à la ville et ne plus quitter sa chère Denise, au risque de tomber aux mains des racoleurs et des exempts.

De longues heures se passèrent dans ces rêveries fiévreuses et dans ces terreurs. Toutefois, vers le matin, la fatigue l'emporta, et Julien finit par s'endormir d'un sommeil léger et agité.

Il fut éveillé par les sons lointains d'une cloche qui devaient venir de quelque village ou de quelque monastère des environs. Quoique le soleil ne fût pas encore levé, il était grand jour, la forêt avait perdu son aspect sinistre. Les hurlements et les bramements avaient cessé; les daims et les chevreuils étaient à la reposée dans les fourrés; les sangliers dormaient dans leur bauge; Jeannot lapin, bien repu de trèfle et de serpolet, était rentré au terrier. On entendait seulement, dans la profondeur des taillis, le chant des oiseaux qui faisaient, à leur manière, la prière du matin, ou les gouttes de rosée qui tombaient de feuille en feuille avec un bruit régulier et doux.

Julien étira en bâillant ses membres courbaturés; le pauvre citadin éprouvait un malaise inexprimable, et cette nuit passée dans les bois ne devait lui laisser aucun poétique souvenir. Cependant la nécessité lui commandait de ne pas perdre de temps ; il se leva donc et, reprenant sa valise, il essaya de retrouver le chemin frayé.

Peu à peu ses membres engourdis recouvrèrent leur souplesse, sa poitrine se dilata au souffle régénérateur du matin ; l'embarras de son cerveau se dissipa ; le courage lui revint avec la vigueur et ses idées prirent une tournure plus riante. Du reste, les obstacles qui l'avaient arrêté pendant l'obscurité n'étaient qu'un jeu pour lui à la clarté du jour, et il pouvait avancer maintenant avec rapidité. Aussi ne tarda-t-il pas à atteindre une large avenue qui semblait devoir le conduire promptement hors de la forêt.

Le bruit de la cloche avait cessé, mais il reprit deux fois à intervalles égaux ; sans doute on sonnait la première messe à quelque église voisine. Après s'être assuré que cette cloche ne venait pas de Senlis, Julien redoubla de vitesse, guidé par ses tintements, et enfin, sortant du bois, il se trouva tout à coup en présence d'un vaste édifice gothique, autour duquel se groupaient quelques habitations modestes.

XIII

L'ABBAYE

Julien n'était jamais venu en cet endroit, et il manquait des connaissances archéologiques suffisantes pour apprécier ces antiques constructions comme elles le méritaient. Elles se composaient d'une église dont le clocher aérien lançait au vent des volées sonores, et de bâtiments irréguliers, mais nobles et imposants, qui semblaient être un monastère. On jugeait même, à l'ampleur des lignes, à la richesse de l'ornementation, à la majesté de l'ensemble que celui-ci n'était pas un monastère ordinaire, que son nom avait dû figurer plus d'une fois dans les fastes de la province, et peut-être dans ceux de la France.

C'était, en effet, l'abbaye de Notre-Dame-de-la-Victoire, une des plus célèbres de tout le Valois. Elle avait été fondée par Philippe-Auguste, à l'endroit où le messager qu'il envoyait à son fils Louis pour lui annoncer la victoire de Bouvines rencontra le messager que, de son côté, Louis, depuis Louis VIII dit le Lion, envoyait à son père pour lui apprendre la défaite des Anglais dans le Poitou. Plus tard cette abbaye, qui appartenait à l'évêque de Senlis, avait été richement dotée par plusieurs souverains. Louis XI notamment, avait pour elle une vive prédilection, et y avait signé le traité de paix avec Edouard IV, d'Angleterre. A l'époque où nous sommes, elle passait encore, quoique bien déchue de son ancienne splendeur, pour une des plus riches de France, et elle était occupée par des chanoines réguliers de Saint-Augustin, qui avaient une grande importance dans le clergé du pays.

Mais ces souvenirs historiques, qu'il ignorait du reste, ne pouvaient guère intéresser Forget. Il ne songeait pas à admirer les détails d'architecture, les dentelles de pierre, les innombrables statues qui décoraient extérieurement l'église et le couvent; il ne donna même aucune attention aux splendides jardins qui étaient une dépendance de l'abbaye et où serpentait une petite rivière en délicieux méandres. Son unique préoccupation était de recueillir là les renseignements dont il avait besoin, et surtout d'y trouver un déjeuner, qu'il commençait à désirer avec ardeur.

En s'avançant vers l'entrée principale du couvent, il aperçut un grand nombre de personnes qui se dirigeaient du même côté. Il les prit d'abord pour des fidèles allant entendre la messe avant de se rendre aux travaux des champs; mais il reconnut bientôt qu'un motif moins édifiant les attirait. Ces soi-disant fidèles étaient des mendiants déguenillés, et dont plusieurs paraissaient atteints d'infirmités hideuses. Jamais bande de gueux n'eût mieux mérité d'exercer le pinceau et le burin de Callot; hommes, femmes, enfants, vieillards, tous avaient cet air de dégradation qui inspire autant de dégoût que de pitié, et sur leurs traits hâves on voyait aussi bien le caractère du vice que celui de la misère.

Cette troupe famélique convergeait, comme nous l'avons dit, vers la porte du couvent. Là, sous un vieux porche que surmontait une statue de Philippe-Auguste, fondateur de l'abbaye, se trouvaient plusieurs moines augustins qui semblaient s'acquitter d'un devoir journalier. Deux robustes frères lais, les manches retroussées, le pan de leur robe noire relevé dans leur ceinture de cuir, venaient d'apporter une colossale marmite de soupe fumante, tandis qu'un père du même ordre se disposait à surveiller la distribution qui allait en être faite aux mendiants du voisinage. Aussi ceux-ci, attirés par l'odeur, accouraient-ils de toute leur vitesse. Les vieux arrivaient en clopinant ; certains aveugles marchaient sans hésitation, et il y avait des boiteux qui ne songeaient pas assez à se servir de leurs béquilles pour donner une foi très-sérieuse dans leur infirmité.

Bientôt ces gens se pressèrent en tumulte dans la petite place qui s'étendait devant l'abbaye. Tous tenaient à la main une écuelle de bois et s'agitaient pour qu'on la leur remplît au plus vite du savoureux potage. Mais l'un des frères lais, moitié par force, moitié par persuasion, les fit ranger sur une seule et longue file ; puis, chacun vint à son rang tendre sa sébile que l'autre moine, armé d'une grande cuiller, emplissait avec une impartialité sereine. Le père augustin présidait à l'opération et s'assurait que nulle supercherie n'était mise en œuvre par les mendiants pour obtenir double part ou qu'il ne se trouvait dans leurs rangs personne qui n'eût un titre réel à la charité des religieux. Quand ils avaient reçu leur sportule, ils allaient la manger soit sur les degrés de l'église, soit à l'ombre des arbres qui ornaient la place; et leurs rires, leurs plaintes, leurs querelles formaient un brouhaha discordant qui ne portait nullement à la piété.

Julien n'osait s'approcher de cette foule turbulente ; partout des figures sinistres et hébétées qui ne l'encourageaient pas à la confiance. Comme il promenait autour de lui des regards embarrassés, son attention se fixa sur le moine qui présidait à la distribution des aumônes, et il le reconnut pour le religieux avec lequel il avait voyagé récemment dans le coche de Senlis. Bien qu'il eût eu avec lui des rapports très-superficiels, cette rencontre en ce moment lui fut très-agréable, et il résolut de s'adresser à l'augustin pour obtenir les renseignements et l'assistance qui lui étaient si nécessaires.

Les mendiants, dans la crainte qu'on n'empiétât sur leurs droits, faisaient bonne garde autour des moines. Toutefois Forget étant convenablement vêtu et ne paraissant pas devoir rogner la portion des affamés, on ne s'opposa pas trop à ce qu'il se glissât derrière un pilier du porche. Là il attendit que la distribution fût terminée, et qu'il pût aborder le religieux avec lequel il désirait renouveler connaissance.

Pendant qu'il était bloqué dans cette encoignure, d'où il pouvait voir et entendre ce qui se passait, un vieux mendiant vint à son tour présenter son écuelle, et Julien crut reconnaître en lui le vagabond qui, la veille au soir, l'avait tant effrayé près des fourches patibulaires. C'étaient mêmes haillons, même bâton noueux, même figure railleuse et menaçante. Il en douta encore moins quand le père, qui présidait à la distribution des aumônes, dit à cet homme avec un accent sévère :

— Ah! c'est encore toi, maître Cascaret? Tu as donc tout à fait élu domicile à la Victoire? Je te préviens pourtant que l'on n'y est pas bien disposé pour toi, car tu es véhémentement soupçonné d'avoir dévalisé, une de ces dernières nuits, le verger du vieux Barillon... Si tu ne crains pas la justice des hommes, tu devrais au moins craindre celle de Dieu !

Cascaret, puisque c'était son nom, attaqua résolûment, avec une cuiller de bois, la soupe qu'on venait de lui servir ; puis il répliqua, la bouche pleine et avec un ton traînant et pleurard fort différent du ton ferme et résolu que Julien lui connaissait :

— C'est une méchanceté, votre révérence, et ceux qui la répéteront devront s'en accuser devant leur confesseur. Parce que je suis un pauvre homme, on me met sur le dos toutes les vilenies qui se commettent dans le pays.

— Je n'affirme rien, mais Dieu sait tout ; et vraiment, Cascaret, tu n'as pas bonne réputation.

— Si l'on peut dire ! Ah ! mon révérend père, je n'ai jamais fait de tort à personne ; en revanche il y en beaucoup de par le monde qui ont voulu m'en faire... Tenez pas plus tard que la nuit dernière, n'ai-je pas été attaqué dans le bois par un brigand qui avait des pistolets? Il m'a donné la chasse et si je n'avais joué des jambes...

Il n'acheva pas ; en levant les yeux, il venait de voir, tout près de lui, Julien Forget par qui il prétendait avoir été attaqué la soirée précédente. Malgré son effronterie, il se retourna brusquement et avala coup sur coup plusieurs bouchées de soupe. Puis, tendant de nouveau sa sébile au moine qui tenait la cuiller, il reprit avec son accent lamentable :

— Ah ! frère Pancrace, je n'ai pas eu toute ma part et je tombe d'inanition !... Achevez de remplir mon écuelle, pour l'amour de Dieu !

Le frère regarda son supérieur, comme pour s'assurer

s'il devait accueillir cette requête contraire aux usages. Le père sourit avec indulgence :

— Allons, allons, reprit-il, si cela peut te rendre meilleur...

Et sur un signe de sa main, une nouvelle part combla la sébile du vagabond. Celui-ci s'empressa de s'éloigner en disant :

— Merci bien, révérend père Anselme ; on a moins de mauvaises tentations quand on a le ventre plein... et je ne vous oublierai pas dans mes prières.

Cependant il s'arrêta à vingt pas plus loin, sur un banc de pierre, et tout en mangeant goulument sa pitance, il semblait observer du coin de l'œil ce que Julien allait devenir.

La distribution des soupes touchait à sa fin, quelques mendiants seulement attendaient encore leur tour. Les deux derniers étaient des jeunes garçons, l'un de dix ans environ, l'autre de six à peine. Tout leur vêtement consistait en une méchante chemise de toile bise et en une culotte déchirée ; leur tête et leurs jambes étaient nues. Ils s'avancèrent humblement, les yeux baissés, l'air honteux ; le plus âgé tendit en tremblant au moine l'écuelle qui devait contenir sa part et celle de son frère. Mais le distributeur, au lieu d'accueillir cette demande tacite, s'écria en brandissant sa cuiller :

— Ah ! par exemple ! en voilà de l'audace ! Connaissez-vous, révérend père, ces enfants qui viennent ainsi rogner la portion des pauvres ? Ce sont les fils de Rieul Balbein, qui est employé comme journalier sur les terres de l'abbaye !

— C'est une horreur ! dirent plusieurs mendiants indignés ; des enfants de bourgeois qui viennent prendre notre bien !

— Ces petits drôles mériteraient d'être fouettés jusqu'au sang! s'écria Cascaret de loin.

La colère était générale parmi les mangeurs de soupe. Le père Anselme lui-même parut croire que le fait méritait toute son attention.

— Serait-il vrai, mes enfants? demanda-t-il avec sévérité. Que venez-vous faire ici? Vous n'êtes pas des indigents; comment osez-vous réclamer la part des pauvres du bon Dieu?

Le plus petit ne répondit pas et se mit à pleurer; mais l'aîné, après avoir porté successivement son doigt à son nez, à ses cheveux et à une déchirure de sa culotte, répliqua d'un air confus :

— Eh! révérend père, c'est que nous avons faim.

— Vous avez faim, vous avez faim... Pourquoi votre père ne vous donne-t-il pas à manger?

— C'est qu'il dit qu'il ne peut pas... Il dit que nous sommes quatre enfants, et que le pain est cher, et qu'il gagne seulement vingt sous par jour... Et alors il nous a dit de venir manger la soupe avec les pauvres, parce que nous sommes plus pauvres qu'eux.

— Voilà de fiers mensonges! s'écria l'un des mendiants; les enfants d'un journalier!

— On nous vole! ajouta Cascaret furieux; ces gens-là ne sont pas des nôtres!

— Allons! retirez-vous, reprit le père Anselme en s'adressant aux enfants; et ne vous présentez plus ici.

— Et si je vous revois à la distribution, ajouta le frère d'un ton terrible, je vous frotterai les oreilles d'importance, souvenez-vous-en.

Les enfants du journalier se prirent par la main, et le plus âgé dit en pleurant à son tour :

— C'est que nous avons bien faim... et nos petites sœurs aussi.

Comme ils s'éloignaient, le père Anselme les rappela et leur glissa quelques mots à voix basse. Il ne leur donna rien ; mais les fils de Rieul Balbein parurent subitement consolés, et partirent d'un air allègre.

La distribution étant finie, les mendiants se dispersèrent dans tous les sens. Les moines allaient aussi rentrer dans l'intérieur de l'abbaye, quand Forget se décida enfin à aborder le père Anselme. Celui-ci le reconnut sur-le-champ et répondit par une inclinaison de tête un peu réservée à la salutation profonde du Parisien. Les grossiers frères lais, flairant un mendiant honteux dans ce jeune homme à mine discrète, aux vêtements un peu en désordre, s'arrêtèrent, et, pendant que l'un déposait sa marmite sur le sol, l'autre préparait sa grande cuiller pour servir au besoin une nouvelle pitance. Julien, bien qu'en réalité il fût mourant de faim, rougit de leur méprise. Le père Anselme s'empressa de dire à ses acolytes :

— Rentrez, mes frères... Cette personne a été dernièrement mon compagnon de voyage dans le coche de Senlis, et elle a sans doute à me parler en particulier.

— S'il plaît à votre révérence, répliqua modestement Forget.

Les frères servants disparurent par une porte latérale, non sans jeter un regard curieux sur le nouveau venu, et Julien accompagna le moine dans l'intérieur du couvent.

Ils se trouvèrent bientôt dans un cloître gothique, dont les galeries occupaient les quatre côtés d'une vaste cour. Le père Anselme s'arrêta, et fixant sur le voyageur un regard empreint d'une vague défiance, il demanda froidement :

— Eh bien, monsieur, puis-je savoir...?

— Mon révérend père, reprit Julien, dans la dangereuse situation où je me trouve, je considère comme une faveur de la Providence d'avoir rencontré un vénérable religieux avec lequel j'ai déjà passé quelques heures, et j'ose espérer que vous ne me refuserez pas l'assistance dont je ne saurais me passer.

Ce mot « d'assistance » fit un peu froncer le sourcil à l'augustin. Toutefois le début de Julien ne manquait pas d'adresse et Anselme l'invita par un signe à présenter sa requête.

Forget, après lui avoir rappelé sommairement les événements accomplis dans la forêt de Chantilly lors de leur voyage en commun, exposa par suite de quelles circonstances il s'était trouvé, la veille au soir, dans la nécessité de laisser sa jeune femme à Senlis. Les lettres de sa mère et de Cadet, qu'il tira de son portefeuille, prouvèrent l'exactitude de ses assertions. Il demandait que le révérend père lui procurât les moyens de gagner quelque ville voisine, s'offrant de payer tous les frais que ce service pourrait occasionner ; en même temps il réclamait un gîte et un déjeuner, toujours sous promesse de solder convenablement sa dépense.

A mesure que Julien parlait, les traits d'Anselme se détendaient et prenaient une expression plus bienveillante. Evidemment certaines particularités du voyage avaient laissé dans son esprit des préjugés que cette franche explication venait de faire tomber. Cependant, lorsque Forget annonça l'intention de payer son gîte et son déjeuner, le bon père fronça de nouveau le sourcil :

— Vous n'êtes pas ici dans une auberge, monsieur,

dit-il sèchement ; vous êtes à l'abbaye de la Victoire, qui compte des rois parmi ses fondateurs et parmi ses hôtes... Mais, ajouta-t-il d'un ton plus doux, puisque vous avez quitté Senlis hier soir, où donc avez-vous passé la nuit ?

Forget répondit qu'il avait couché dans les bois et raconta, non sans quelque confusion, ses alarmes au sujet d'un mendiant qu'il croyait avoir reconnu tout à l'heure, au milieu des pauvres du couvent.

— Ah ! vous voulez parler sans doute de Cascaret, répliqua le père Anselme, et vous êtes la personne qu'il accuse de lui avoir donné la chasse ? Ose-t-il intervertir les rôles avec une telle effronterie ! Peut-être eût-il été incapable de se porter envers vous à des extrémités ; néanmoins il passe pour être un maraudeur incorrigible, et vous avez eu raison de ne pas trop vous fier à lui... Nous sommes obligés, continua-t-il, d'accorder nos aumônes à ces gens-là comme aux autres, car après tout ils sont pauvres et ils souffrent de la faim... Et puis, s'il faut l'avouer, il y a bien des incendies dans le pays depuis quelque temps !... Mais que faites-vous ici, vous ? demanda le père en se retournant brusquement.

Ces mots s'adressaient à un des frères lais, qui venait de s'approcher en tapinois et en se glissant derrière les piliers du cloître, dans l'intention évidente d'écouter la conversation. Pris en flagrant délit d'espionnage, le frère annonça, en baissant la tête, que « les enfants de Rieul Balbein, le journalier, venaient de se présenter à la petite porte de l'abbaye, selon l'ordre qu'ils avaient reçu de sa révérence. »

— Ah ! fort bien, mon frère. Qu'on leur donne une grosse miche de pain avec un quignon de fromage...

Dites-leur que deux fois par semaine ils en recevront autant; mais qu'ils se gardent bien d'en parler; si la chose se divulguait, nous aurions bientôt à nourrir toutes les familles de nos journaliers... M'avez-vous compris?... Allez et priez Dieu de vous préserver du péché de curiosité auquel vous me paraissez beaucoup trop enclin.

Le frère s'inclina et, croisant les bras sur sa poitrine, se retira d'un air confus.

Quand le père Anselme se retrouva seul avec Julien, il dit d'un ton bienveillant:

— Il ne m'est pas permis, monsieur Forget, de vous recevoir dans la communauté et de vous venir en aide comme vous le souhaitez, avant d'avoir pris les ordres du père abbé; je vais donc lui soumettre le cas. Asseyez-vous ici, continua-t-il en désignant un banc de pierre qui régnait tout le long du cloître; je serai bientôt de retour... et, comme vous me paraissez être un bon et honnête jeune homme, comme vous n'êtes pas poursuivi pour avoir commis une mauvaise action; enfin, comme vous n'avez pas l'air d'un de ces jeunes philosophes qui se posent en ennemis de notre sainte religion et de ses ministres, notre excellent père abbé, je l'espère, partagera l'intérêt que vous m'inspirez.

Et il rentra dans l'intérieur du monastère.

L'attente de Julien ne fut pas longue en effet. Dix minutes à peine s'étaient écoulées, que le moine revint, l'air souriant.

— Mon fils, dit-il, j'ai obtenu toutes les permissions nécessaires... Soyez donc le bienvenu à l'abbaye de Notre-Dame-de-la-Victoire et veuillez me suivre.

Julien remercia chaleureusement et fut conduit à une

L'ABBAYE

chambre très-convenable qui semblait destinée aux hôtes du monastère. Un solide déjeuner, composé de viandes froides et de fruits, arrosé d'excellent vin, lui fut servi dans cette chambre même, et ne contribua pas peu à lui faire reprendre ses forces. Pendant le repas, le père Anselme lui tint compagnie, et on causa encore de ses récentes aventures.

Quand Forget eut cessé de manger, le moine lui dit avec bonté :

— Prenez patience, mon fils ; votre situation, pour être fâcheuse, n'est pas désespérée, et vos tribulations ne peuvent manquer de finir bientôt. Sans l'inimitié de certaines personnes puissantes, inimitié dont j'ai vu les effets dans la forêt de Chantilly, il serait facile à votre famille, qui est riche, de vous tirer d'embarras... Mais vous paraissez avoir besoin de repos, car ce sommeil dans les bois ne vous a pas suffisamment rafraîchi le sang ; et je vais vous laisser vous jeter pendant quelques heures sur votre lit. En attendant, écoutez le moyen que nous avons imaginé pour vous faire continuer votre voyage sans danger : Demain matin, un serviteur de la communauté doit conduire à Meaux un chariot de blé provenant de nos dîmes. Il vous donnera place à côté de lui, et comme il est connu tout le long de la route, vous passerez aisément pour un novice ou un frère de notre ordre. De Meaux, il vous sera facile de vous rendre à Lagny où vous dites avoir des affaires... Demeurez donc bien tranquille jusqu'à demain matin ; vous êtes ici sous la protection de notre père supérieur, et nous tâcherons que vous n'ayez pas trop à vous plaindre de notre hospitalité.

Julien ne pouvait qu'accepter avec empressement cette proposition ; et comme ses yeux se fermaient malgré lui, le père Anselme se retira pour lui laisser l[a] faculté de prendre du repos.

Il dormit quelques heures, et, quand il se réveilla[,] une partie de la journée était déjà écoulée. Il fit un[e] toilette sommaire, puis, sortant de sa chambre, il parcou[-] rut un long corridor pour gagner la bibliothèque d[u] couvent où Anselme devait se trouver.

Cette bibliothèque se composait d'une vaste galerie[,] qui servait en même temps de salle de chapitre aux père[s] augustins. Les livres étaient contenus dans des armoire[s] en chêne, dont les sculptures représentaient à satiét[é] des crosses, des mitres ou les armoiries des anciens bien[-] faiteurs de l'abbaye. Plusieurs bons tableaux de maîtr[es] français et italiens, des bustes de marbre, achevaient[,] l'ornementation de cette salle dont la vue eût réjoui l[e] cœur d'un artiste et d'un bibliophile.

Autour d'une grande table, plusieurs religieux tra[-] vaillaient, entassant devant eux in-folio sur in-folio[,] et parmi ces studieux travailleurs était en effet le pè[re] Anselme. La plupart jetèrent à peine un regard distra[it] sur le survenant; mais Anselme, après lui avoir adress[é] quelques mots d'affectueuse politesse à voix basse, afi[n] de ne pas troubler ses confrères, se mit en devoir d[e] lui faire les honneurs de la bibliothèque.

Il y avait là des éditions rares, des Estienne, des Ald[e,] des Elzévirs, des exemplaires uniques; puis des charte[s] et des bulles avec leurs sceaux, des manuscrits sur véli[n] aux éblouissantes enluminures; et enfin un gran[d] nombre de curiosités historiques, bijoux, reliquaire[s,] ornements précieux, provenant des rois et des reines q[ui] avaient jadis visité l'abbaye de la Victoire et lui avaien[t] laissé des marques de leur munificence. Le bon pè[re] exhiba ces trésors de la science et de l'histoire à so[n]

hôte ; il lui expliquait avec complaisance la valeur de tel
ou tel document, la signification de tel ou tel parchemin ; il lui montrait des signatures de souverains et de
papes, toutes choses qu'il croyait de nature à intéresser
vivement le jeune bourgeois.

Julien, de son côté, s'efforçait de témoigner de la curiosité, il n'épargnait pas les questions au religieux ;
mais nous avons le regret de dire que ces questions
trahissaient une ignorance singulière. Elevé pour être
quincaillier dans la boutique du *Grand-Dunkerque*, il
avait beaucoup négligé l'étude de l'histoire, du droit et
surtout de la théologie, qu'Anselme croyait si facile et
si ordinaire. D'ailleurs, malgré ses bonnes intentions, il
était évidemment triste, préoccupé, et sa pensée errait
loin des trésors bibliographiques, des incunables et des
manuscrits précieux qu'on étalait devant lui.

Le père finit par s'en apercevoir et ne voulut pas prolonger son malaise. Aussi bien, ce chuchotement continuel dérangeait dans leur travail les autres savants
religieux, et ils avaient plus d'une fois manifesté leur
mécontentement par des signes d'impatience. Anselme
remit donc en place les raretés dont Forget ne savait
pas apprécier l'importance, et lui proposa de visiter les
jardins de l'abbaye, qui étaient fort beaux.

Là, l'érudition du moine changea de nature ; il promena le jeune Parisien dans les serres où abondaient les
fleurs les plus brillantes et les plus rares ; il lui nomma,
dans la pépinière, les arbres exotiques dont on essayait
l'acclimatation à grands frais ; il l'amena devant les
espaliers qui produisaient les fruits les plus magnifiques et les plus savoureux de toute la contrée ; il essaya
enfin de lui faire comprendre les procédés mis en usage
pour le perfectionnement des espèces. Mais, hélas !

Julien, comme nous l'avons dit, était aussi ignorant en jardinage et en arboriculture qu'en droit canon et en bibliographie; il n'eût su faire aucune distinction entre le coquelicot des champs et le *pelargonium* venu de l'Afrique méridionale, entre le troène des bois de Meudon et le magnolia des forêts vierges. Aussi écoutait-il son guide d'un air distrait; il répondait tout de travers à ses demandes; il soupirait, et parfois son regard s'arrêtait sur les hautes murailles qui entouraient le jardin, comme si déjà il eût aspiré à quitter ces lieux où il recevait une hospitalité si cordiale.

Le père Anselme remarqua tout cela et ne s'en offensa pas.

— Je vois, mon fils, reprit-il, que rien ne peut surmonter vos ennuis. Je vous le répète pourtant, dans notre sainte maison, vous n'avez rien à craindre, et votre situation ne me paraît pas justifier ces inquiétudes exagérées.

— Ah! révérend père, si je n'avais à m'occuper que de moi! Mais je songe...

— Voyons! à quoi songez-vous? demanda l'augustin avec bonté.

— Mon révérend, l'abbaye de la Victoire n'est pas loin de Senlis, sans doute?

— A une demi-lieue à peine, et quand j'étais plus jeune, je faisais facilement le trajet, aller et retour, en une heure.

— Eh bien, révérend père, il m'est venu une idée.

— Quelle est-elle?

— Je suis dans une mortelle anxiété au sujet de ma femme, que j'ai quittée si précipitamment. Je rêve au moyen d'avoir promptement de ses nouvelles et de lui donner des miennes avant mon départ.

— Comment cela ?

— Rien de plus simple ; je n'oserais rentrer à Senlis en plein jour ; mais ce soir, quand la nuit sera venue, il me sera facile de repasser par la brèche du rempart et de me glisser jusqu'à l'auberge de Mme Quentin. Je verrai ma chère Denise, ne fût-ce qu'un instant ; je la rassurerai en ce qui me touche, et nous nous entendrons pour nous réunir au plus vite. Mon révérend, je vous le demande en grâce, ne pouvez-vous m'aider à réaliser ce projet ?

Le moine réfléchit quelques instants.

— C'est impossible, mon fils, répondit-il enfin ; vous courriez trop grand risque d'être arrêté. Comme on ne vous a pas vu sortir de la ville, on vous y croit sans doute encore caché et l'on vous guette autour de l'auberge, avec la pensée bien naturelle que vous chercherez à rejoindre Mme Forget... Mais peut-être y a-t-il un moyen beaucoup plus simple et moins dangereux de vous donner satisfaction.

— Dites-le, mon révérend père.

— Ecrivez à votre femme et envoyez-lui la lettre par une personne sûre qui rapportera sa réponse ; vous n'avez pas besoin d'attendre jusqu'au soir pour cela, et dans deux heures vous pouvez savoir...

— Parfait ! Veuillez donc me procurer ce qu'il faut pour écrire, et indiquez-moi un messager... que je récompenserai généreusement de sa peine.

— Un messager, répliqua le père Anselme en secouant la tête, voilà justement la difficulté... nos frères lais sont d'une curiosité si indiscrète... D'ailleurs il vous faut quelqu'un de sage et de prudent, car la moindre bévue aurait pour vous les plus graves conséquences... Je ne sais à qui me fier... Allons ! ajouta résolûment l'excellent homme, j'irai moi-même tout en lisant mon bréviaire ; et je donnerai de vive voix à Mme Forget les explications que vous ne pourriez ou n'oseriez lui écrire, et puis ce sera une occasion de présenter quelques consolations à cette pauvre Mme Quentin, que je connais depuis longtemps. Ma présence à la ville n'étonnera personne, et on ne se défiera pas de moi dans ce moment d'alarmes excessives... Oui, c'est entendu, venez avec moi dans votre chambre ; vous écrirez la lettre et ce sera moi qui la porterai.

— Ah ! cher père, que de bontés ! Mais cette longue course à votre âge...

— Bah ! les chrétiens doivent s'entr'aider... Pendant que vous préparerez votre lettre, j'irai demander au père abbé la permission de sortir et je ferai mes dispositions pour ce petit voyage.

Julien employa un bon quart d'heure à écrire, bien que sa lettre contînt quelques lignes seulement ; mais il n'avait pas une grande facilité de style, et d'ailleurs il était si préoccupé de ce qu'il devait dire ou cacher, que sa missive se trouva être un chef-d'œuvre d'obscurité. Il allait la déchirer et la recommencer quand Anselme reparut, son bâton à la main. Force fut donc à Julien de la remettre telle qu'elle était, et après avoir renouvelé au moine ses recommandations et ses prières, il le laissa partir.

Sans doute le digne père fit diligence, mais la nuit approchait qu'il n'était pas encore de retour. Forget, confiné dans sa chambre, en compagnie d'un livre de piété, éprouvait une mortelle inquiétude, et plusieurs fois il fut tenté de courir sur la route de Senlis au-devant de son révérend messager. Enfin, au moment où la cloche de l'abbaye sonnait l'Angelus, le père Anselme arriva, les pieds poudreux et le front baigné de sueur.

— J'ai beaucoup tardé, n'est-ce pas? dit-il en se laissant tomber épuisé sur un siége, et pourtant je devinais votre impatience... Eh, bien, lisez d'abord le billet que je vous apporte, puis je vous apprendrai le motif de mon retard.

Forget saisit avec empressement la lettre qu'on lui tendait, et en rompit l'enveloppe ; elle était courte et laconique comme la sienne ; s'il n'avait rien de Saint-Evremond, en fait de style épistolaire, Denise n'était pas non plus une Sévigné. Elle se bornait à féliciter son mari d'avoir échappé aux dangers de la veille, et elle exprimait l'intention de le rejoindre trois jours plus tard, à Lagny, dans une auberge qu'elle lui désignait. Elle lui recommandait la plus grande prudence, et finissait en exprimant l'espoir que leurs épreuves cesseraient bientôt.

Somme toute, Julien éprouva une grande joie à cette lecture. Il prit les deux mains du moine dans les siennes, et les serra convulsivement, en balbutiant des paroles de reconnaissance.

— Un moment, mon cher fils, dit Anselme; ce qu'il me reste à vous apprendre de vive voix sera peut-être moins de votre goût.

— Bon Dieu! révérend père, vous m'effrayez.... Qu'est-il donc arrivé?

— Rien de bien sérieux; cependant il importe que vous sachiez.... Ecoutez-moi.

Julien s'assit en face de lui.

— D'abord, vous avez sagement fait de ne pas rentrer dans Senlis, car la ville est gardée militairement, et il est certain qu'une surveillance spéciale est établie à votre intention autour des Armes-de-Montmorency.

Quant à moi, j'ai cru prudent, en arrivant à l'auberge, de demander Mme Quentin, comme si je venais pour elle seule. On m'a introduit dans la salle commune où se trouvait la pauvre veuve, avec Mme Forget et un jeune gentilhomme, qui, dit-on, a reçu une blessure légère dans le désastre de la ville...

— Le chevalier de Morandelle! dit Julien avec une grimace; il est donc guéri?

— A peu près, quoiqu'il ait encore le front enveloppé de linges. Du reste il semblait très-gai et se montrait fort empressé auprès de Mme Forget, qui, dit-on, lui a sauvé la vie dans la dernière catastrophe.

— Et Denise paraissait-elle l'écouter avec plaisir?

— Comment ferait-elle autrement? Ce jeune gentilhomme jouit d'un grand crédit auprès de M. le prince de Condé dont la protection vous est si nécessaire...

— Ah! mon révérend, j'aimerais mieux ne pas être protégé du tout... J'aimerais mieux qu'on me laissât tomber entre les griffes de Fleur-de-Canon et de ses gens.

— Cela pourrait bien arriver si vous n'agissiez pas avec beaucoup de circonspection, mon cher fils; permettez-moi donc d'achever... Après avoir pris part à la conversation générale et avoir adressé quelques mots de consolation à la pauvre veuve, j'ai prévenu tout bas Mme Forget que je venais lui apporter de vos nouvelles. Nous avons passé sans affectation dans une pièce voisine, et pendant qu'elle écrivait sa réponse à votre billet, nous avons entendu un grand bruit dans la cour. Comme le moindre événement est un motif d'inquiétude pour la jeune dame, elle s'est approchée de la fenêtre; mais aussitôt elle s'est retirée en pâlissant. Un cavalier, monté sur un bidet de poste, venait d'arriver, et dans ce cavalier elle a reconnu, quoiqu'il portât l'habit bourgeois, un racoleur du quai de la Ferraille, un affreux balafré...

— C'est le sergent Jardin-d'Amour, s'écria Julien, le bras droit de Fleur-de-Canon !

— Précisément. Il a demandé une chambre dans l'auberge et on n'avait aucune raison de la lui refuser ; puis il s'est informé si M. et Mme Forget de Paris se trouvaient encore aux Armes-de-Montmorency...

— Plus de doute, il me cherche pour m'arrêter... Et que lui a-t-on répondu ?

— Que vous étiez parti depuis deux jours, mais que Mme Forget résidait encore à l'hôtel. Il n'a pas semblé trop irrité de cette réponse, et comme il avait fait tout d'une traite le voyage de Paris à Senlis, il s'est retiré dans sa chambre afin de se reposer.

— Bon Dieu ! pourquoi ce brigand-là s'est-il informé de ma femme ? Qu'il me pourchasse, puisque j'ai eu la sottise de signer un engagement militaire, cela se conçoit ; mais elle, ma chère Denise...

— Il ne peut rien contre elle, mon enfant ; et ne vous trouvant pas, il va sans doute s'en retourner comme il est venu. Toutefois Mme Forget m'a chargé de vous annoncer l'arrivée de ce mécréant et elle vous engage à quitter le pays au plus vite, en prenant toutes les précautions possibles pour n'être pas découvert.

— Partir ! partir ! répéta Julien en proie à de cruelles angoisses, puis-je laisser Denise exposée aux entreprises de ce soudard ? Il vient certainement ici manigancer quelque chose au profit de son maudit capitaine...

— S'il osait faire la moindre tentative, Mme Forget ne manquerait pas de défenseurs... Le chevalier de Morandelle, instruit de cet événement, a déclaré qu'à la première démarche offensante contre elle, il passerait son épée au travers du corps de ce M. Jardin-d'Amour.

— Au diable le défenseur! au diable Jardin-d'Amour! au diable tout le monde! s'écria le pauvre Julien hors de lui en trépignant de colère.

Cette exclamation peu mesurée scandalisa le père Anselme. Il se redressa et prit un air sévère :

— Fi! monsieur, dit-il; est-ce là le langage d'un chrétien? Est-ce ainsi que vous me récompensez de mon intérêt pour vous? Invoquer l'Ennemi en ma présence! Blasphémer dans cette sainte maison!

— Oh! pardon, pardon, mon révérend père! répliqua Julien en fondant en larmes; oubliez mes paroles... Si vous saviez ce que je souffre! Je perds tout à fait l'esprit en songeant aux dangers que court ma bien-aimée Denise!

Ce repentir ne pouvait manquer d'apaiser le bon religieux, qui se mit à consoler Forget en essayant de lui prouver combien ses craintes étaient exagérées. Mais ce qui contribua le plus au succès de ses efforts fut qu'il promit de se rendre chaque jour à Senlis, et d'intervenir au besoin, afin de mettre la jeune femme à l'abri de toute espèce de périls. Julien se rassura donc peu à peu; il finit même par envisager sa propre situation sous un aspect moins lugubre, et le reste de la soirée se passa en causeries paisibles.

XIV.

LE VOYAGE

Le lendemain matin de bonne heure, le père Anselme, qui avait voulu lui-même présider au départ de Julien, vint chercher le voyageur dans sa chambre. Les préparatifs furent bientôt faits et ils descendirent dans la cour où le chariot, chargé de sacs de blé, était attelé déjà de deux forts chevaux percherons. Sur le devant, on avait établi une planche, recouverte d'une gaîne de cuir poli par l'usage; c'était là que le voyageur et le conducteur du véhicule devaient s'asseoir. Une bâche en toile bise, maintenue au-dessus du siége par un cerceau, devait les protéger tant bien que mal contre le soleil ou le mauvais temps.

Forget chercha d'abord des yeux le charretier qui devait être son compagnon de route jusqu'à Meaux. C'était un robuste gaillard d'une cinquantaine d'années, dont la figure épanouie prenait parfois une expression de malice naïve. Il s'appelait Pierre Martin et il était chargé au couvent du soin de l'écurie. Habituellement, il portait une longue lévite noire, taillée dans une ancienne robe de moine, et un chapeau rond, ce qui lui donnait l'air d'un sacristain ou d'un cuistre de bas étage. Mais, pour la circonstance, il avait jeté une blouse bleue passementée de rouge sur sa lévite, enveloppé ses jambes de grosses guêtres de cuir; et il ressemblait ainsi à quelqu'un de ces rouliers nomades que l'on rencontrait alors si fréquemment sur les grandes routes.

Pierre, de son côté, observa son voyageur avec curiosité ; mais son examen ne fut pas long et un regard lui suffit. Après avoir salué le père Anselme et l'étranger, il passa son fouet par-dessus ses épaules et se mit à siffloter un air qui pouvait aussi bien être celui d'une chanson à boire que d'un cantique.

Au moment de se séparer, Julien et le père prirent amicalement congé l'un de l'autre. Forget remercia son protecteur pour l'accueil obligeant qu'il avait reçu à l'abbaye de la Victoire, et le pria encore une fois de lui écrire tout ce qui pourrait concerner Denise.

— Que Dieu vous bénisse ! mon enfant, dit le bon religieux, et vous accorde un heureux voyage !... N'oubliez pas vos promesses, je n'oublierai pas les miennes. Vous, Pierre, ajouta-t-il en s'adressant au charretier, n'omettez rien de ce qui vous a été recommandé. Le père abbé et moi, nous nous intéressons vivement à ce jeune homme, et nous nous en prendrons à vous s'il lui arrive du mal.

— Suffit, mon révérend père, répliqua le charretier d'un ton respectueux en conduisant ses chevaux par la bride hors de la cour; je ferai de mon mieux, et l'on ne peut demander davantage.

Comme le fourgon passait sous le porche du couvent, le père Anselme dit tout bas à Julien :

— Peut-être, monsieur Forget, Pierre vous semblera-t-il un peu bizarre et lui entendrez-vous avancer des idées... singulières ! Mais qui s'inquiète de ce que pense ce pauvre Pierre Martin ? C'est un brave homme, et, malgré tout, vous pouvez mettre en lui une confiance absolue !

Julien n'eut pas le temps de répondre ; on était sur la place qui précédait l'abbaye, et il monta dans la voiture à côté de Pierre. Il se contenta donc d'adresser à Anselme un dernier signe affectueux, et le charretier ayant fait claquer son fouet, on partit.

Toutefois il fallut s'arrêter bientôt. Un homme, debout au pied d'un arbre, au bord de la route, s'écria d'une voix à la fois pleurarde et railleuse qui n'était pas nouvelle pour Julien :

— Je vais à Meaux aussi, monsieur Pierre ; ne pouvez-vous me faire un peu de place à côté de vous ? Je savais que vous deviez partir ce matin et j'ai couché sous ces arbres, afin de ne pas vous manquer au passage... vous êtes si charitable ! Vous ne refuserez pas ce que je vous demande au nom du bon Dieu !

Ce solliciteur était encore le mendiant qui avait causé tant de frayeur à Julien aux fourches patibulaires de Senlis. Appuyé sur son bâton, la tête couverte d'un chapeau défoncé et un bissac sur l'épaule, il conservait, malgré ses paroles doucereuses, un air sinistre et menaçant. Pierre n'en parut nullement effrayé :

— Ah ! c'est toi, Cascaret répliqua-t-il ; bien fâché, mon vieux, mais j'ai déjà un voyageur et il n'y a plus de place.

— Un voyageur ! s'écria Cascaret en se haussant sur ses pieds pour regarder dans l'intérieur de la voiture, et qui donc ?... Tiens ! ajouta-t-il aussitôt, le carabin...

l'homme à la valise! Parbleu! il m'a fait assez de tort l'autre soir pour qu'il me permette de m'asseoir à côté de lui! Je dirai un bon chapelet à son intention pendant la route.

Julien, révolté de cette effronterie, se renfonça dans le fourgon, sans répondre. Pierre, curieux comme tous les campagnards, demanda au mendiant :

— Ah çà, pourquoi veux-tu aller à Meaux?

— J'y ai des affaires! répliqua gravement Cascaret.

— Quelles affaires? Je désire savoir si la chose vaut la peine que l'on te fasse une petite place sur les sacs.

— Eh bien donc, voilà : On dit qu'il y a beaucoup de couvents là-bas, et que la soupe y est meilleure que par ici... Ensuite les moines vous donnent souvent de la viande, quelquefois même de l'argent, tandis que chez vous, il n'y a pas de quoi se remplir le ventre... on y est si ladre, si dur pour le pauvre monde!

— Et c'est pour cela que tu veux aller à Meaux? Bah! tu te contenteras encore de la soupe qu'on te donne chez nous le matin, et du pain que l'on distribue le soir à l'abbaye de Chaalis... Tu voyageras une autre fois.

Et Pierre reprit les rênes de ses chevaux.

— Je prierai pour vous! dit le mendiant avec humilité.

— Monsieur et moi, nous ferons mieux de compter sur nos propres prières que sur les tiennes... Ahi! la Grise.

Et le chariot repartit, tandis que Cascaret, furieux, poursuivait les voyageurs de ses injures.

Quand on fut à quelque distance et quand les chevaux eurent pris leur pas de route, Julien dit à son compagnon :

— Vous avez bien fait d'écarter cet homme... Il a un mauvais visage, et je soupçonne qu'il a de mauvais desseins.

— Hum ! je ne répondrais pas de Cascaret, répliqua Pierre en secouant la tête, mais je le crois plutôt braillard que dangereux, quoique les révérends pères de l'abbaye aient un peu peur de lui... Quant à moi, je n'aime pas ces vagabonds qui infestent ainsi les villes et les campagnes. D'abord, ce sont tous des espions, et puis on se demande pourquoi tant de gens pouvant travailler passent leur vie dans la paresse..... Tenez, monsieur, ajouta-t-il en fixant sur Julien ses petits yeux verts, on peut parler franchement avec vous qui êtes un bourgeois : Au lieu de nourrir ces fainéants inutiles, les moines feraient mieux de renoncer aux dîmes qu'ils prélèvent sur leurs tenanciers ; car, en définitive, c'est le pauvre laboureur qui remplit tous ces estomacs gourmands... Aussi ne vais-je jamais, au temps de la moisson, recueillir, dans le chariot où nous sommes, les gerbes de redevance, sans déplorer qu'on donne une si grosse part de la récolte à des gens qui n'ont ni labouré, ni semé, ni coupé le blé.

Julien regarda d'un air surpris son interlocuteur. L'audace de ces idées, alors assez répandues, lui semblait tout à fait inconcevable chez le serviteur d'un monastère.

— Vous devriez, mon cher, lui dit-il d'un ton de reproche, vous exprimer avec plus de réserve sur le compte des excellents religieux que votre devoir est d'aimer et de respecter.

Pierre Martin ne s'offensa nullement de cette réprimande.

— Ce que je vous dis là, répliqua-t-il avec bonhomie, je le leur dis à eux-mêmes dans l'occasion, et ils se contentent d'en rire... Pour ce qui est de les aimer et de les respecter, je ne m'en fais pas faute. Ils sont doux, bienveillants pour leurs inférieurs, et voilà des centaines d'années que ma famille est à leur service. J'ai entendu conter qu'ils avaient été les premiers à nous affranchir autrefois, car nous étions serfs de l'abbaye et par conséquent taillables et corvéables à merci. Non, ce ne sera pas moi qui voudrai jamais du mal à ces dignes religieux, mes maîtres..... Néanmoins, pourquoi ne pas reconnaître qu'en général les dîmes ne sont pas une chose juste, et que ces nuées de mendiants, nourris sans rien faire, sont le fléau du pays?

Il allongea un coup de fouet à ses chevaux et, découragé sans doute par le peu de sympathie que ses opinions trouvaient auprès du Parisien, il garda le silence.

Julien lui-même était trop préoccupé pour reprendre la conversation, et l'on avança pendant plus d'une heure sans qu'une parole fût échangée.

On était sorti de la forêt, et la campagne, plus découverte, permettait à la vue de s'étendre au loin. La route côtoyait une espèce de lande, au centre de laquelle s'élevait une croix de pierre, rongée par la mousse. En passant devant cette croix, le voiturier ôta son chapeau et se signa.

Julien, qui peut-être commençait à s'ennuyer de son long silence, demanda distraitement :

— Je ne vois pas de carrefour ici... Cette croix, qui paraît fort antique, rappellerait-elle quelque accident arrivé à cette place ?

— Oui, oui, monsieur, répliqua Pierre sans aucune apparence de rancune ; il y a sur elle une histoire dont j'ai entendu faire le récit par le père de mon grand-père, qui la tenait lui-même des anciens du pays...

— Enfin à quel propos cette croix a-t-elle été érigée dans ce lieu désert?

— Sachez donc, mon jeune monsieur, qu'en ce temps-là les nobles du Valois étaient si injustes, si insolents, si cruels pour le petit peuple, qu'un beau jour les paysans, n'y tenant plus, se révoltèrent et se répandirent dans la province, tuant, brûlant, pillant tout sur leur passage.

— Ah! vous voulez parler de la Jacquerie! s'écria Julien fier de retrouver dans sa mémoire quelques bribes d'histoire de France; et ceux qui faisaient cette guerre s'appelaient les Jacques.

— C'est possible, répliqua Pierre tranquillement; mais si ces gens n'avaient pas tort de se défendre contre les nobles, ils eurent tort de se montrer encore plus méchants qu'eux. Ils commirent des abominations, et celle que rappelle cette croix n'est pas des plus minces. Quand les paysans ou les *Jacques*, comme vous dites, commencèrent à se lever, il existait dans ce pays un seigneur, honnête homme s'il en fut, et qui n'avait pris aucune part aux vexations dont les vassaux et les serfs du voisinage avaient tant souffert. Au contraire, ce seigneur, qui s'appelait M. de Nanteuil, était pieux, charitable, et rendait tout le monde heureux autour de lui. Or, un jour que M. de Nanteuil chassait au faucon dans cette lande, en compagnie de sa femme, une fort plaisante dame, et de son fils, gentil enfant de dix ans, avec une demi-douzaine de valets et de pages, les Jacques, qui étaient cachés dans le bois, les entourèrent tout à coup et se jetèrent sur eux. M. de Nanteuil, très-brave pourtant, n'essaya pas de se défendre, et aima mieux adresser aux révoltés de bonnes paroles. Il leur remontra donc qu'il n'avait jamais fait de mal ni à eux ni à leurs pareils, et finit par leur proposer une forte rançon s'ils voulaient laisser aller sa femme, son fils et ses serviteurs. Quant à lui, il devait rester entre leurs mains et à leur merci; il demandait seulement qu'on lui accordât le temps de recommander son âme à Dieu avant de mourir. Mais ces gens, rendus féroces par la misère et l'injustice, ne voulurent rien entendre; ils massacrèrent le pauvre seigneur, et sa bonne dame, et son gentil enfant, et les pages, à la place où vous voyez cette croix, qu'on nomme encore la Croix de Nanteuil...

— Aussi, dit Julien avec empressement, ces mécréants furent-ils justement exterminés par un général, qui s'appelait le captal de Buch, tout près de la ville de Meaux, où nous allons.

Julien s'exprimait avec d'autant plus d'assurance que Pierre, en cas d'une erreur historique de sa part, était incapable de la relever.

Satisfait de son érudition, il ajouta :

— C'était là une triste époque, monsieur Pierre, et il faut espérer qu'on n'en reverra pas de semblable.

— Qui sait? répliqua le charretier d'un air pensif.

— Bon! croyez-vous que de pareilles horreurs puissent se renouveler en France?

— Qui peut dire ce qui arrivera, monsieur? Je suis un ignorant; mais, à mon avis, il y a bien des choses dans l'air. On parle beaucoup d'abus qui subsistent depuis un temps immémorial; toutes les charges sont pour les uns, tandis que les autres... ça pourrait bien ne pas durer comme cela, j'imagine.

— Savez-vous, monsieur Pierre, que vous êtes un véritable philosophe? Mais voyons, s'il survenait une révolte comme au temps des Jacques, vous tourneriez-vous, par exemple, contre les moines augustins de l'abbaye de la

Victoire, qui jadis affranchirent vos pères du servage, et qui, depuis, vous ont traité, vous et les vôtres, avec tant de bonté?

— Non, certes, mon gentil monsieur, répliqua le voiturier avec beaucoup de feu; non, sur ma foi! et je me laisserais hacher en morceaux plutôt que de souffrir qu'on touchât au dernier d'entre eux... Seulement, ajouta-t-il avec un sourire malin, si l'on s'en prenait aux chanoines de Chaalis, qui sont si riches, ou à ces grands et beaux couvents de Senlis, peut-être bien que je ne m'y opposerais pas.

Julien était stupéfait d'entendre ce simple paysan, sachant à peine lire, s'exprimer avec tant de hardiesse sur la rénovation sociale et politique dont la France entière, déjà à cette époque, sentait les approches.

— Qui donc a pu vous inspirer de pareilles idées? demanda-t-il.

— Je vous le répète, mon jeune monsieur, elles sont « dans l'air. » Aussi, des religieux et des plus saints, des nobles et des meilleurs, pensent-ils sur certains points absolument comme nous autres du petit peuple... Et puis, s'il faut le dire, ajouta-t-il en baissant la voix, j'ai causé plus d'une fois avec un vieux monsieur qui demeurait... à côté du château que vous voyez là-bas.

Et il montrait du bout de son fouet une magnifique habitation qui s'élevait à quelque distance, au milieu des bois.

— Comment s'appelle ce château? demanda Julien.
— Ermenonville.
— N'est-ce pas là que demeurait Jean-Jacques Rousseau, ce grand philosophe dont on parle tant?
— Il est mort depuis quelques années, répliqua Pierre, et on l'a enterré sous ce bouquet de peupliers, dans l'île

du lac... Les uns ont dit qu'il avait fait beaucoup de bien, les autres beaucoup de mal; pour moi, je n'en sais rien, mais il m'a semblé fort à plaindre. Je le rencontrai un jour qu'il s'était égaré en herborisant dans la forêt. Je ne le connaissais pas, mais en voyant un homme si vieux, si cassé, si malade, je quittai mon travail pour le remettre dans son chemin et je portai un gros bouquet de plantes qu'il ne voulait pas abandonner. Si j'avais été un noble, avec une épée et un habit brodé, peut-être n'eût-il pas consenti à me parler, car il était passablement sauvage avec les grands seigneurs; mais j'étais en sarrau de paysan; il accepta mes services et me remercia d'une voix si triste, si triste... Quand je l'eus laissé à l'entrée du parc d'Ermenonville, il mit la main à sa poche comme pour y chercher une pièce de monnaie; mais je refusai en lui disant que « je donnais mes bons offices et que je ne les vendais pas. » Cette réponse lui plut, et un léger sourire passa sur son pâle visage... Depuis ce temps je le rencontrai plus d'une fois seul dans la forêt, et quoique maintenant je susse son nom il ne dédaignait pas d'échanger avec moi quelques paroles. Je lui entendis parfois dire des choses si étonnantes que je ne saurais les répéter... Ah çà, mon brave petit monsieur, ajouta Pierre d'un ton différent, vous ne parlerez pas, je l'espère, de ce que je vous conte là? Ce M. Rousseau était la bête noire de tout le couvent; les pères faisaient le signe de la croix quand ils le rencontraient; et s'ils venaient à savoir que j'ai jamais causé avec lui..... Voyons! me donnez-vous votre parole de ne rien dire?

— Je vous la donne d'autant plus volontiers que, selon toute apparence, je ne reviendrai plus à Notre-Dame-de-la-Victoire. Ayez l'esprit en repos, monsieur Pierre, je serai aussi muet... tenez, que ces sacs de blé qui sont là derrière nous.

Au même instant, on entendit un éclat de rire très-rapproché et très-distinct, comme s'il fût parti de l'un des sacs dont il s'agissait. Julien fit un soubresaut, et Pierre s'écria :

— Que diable est ceci ?

Le rire avait cessé tout à coup, et le charretier, en se penchant hors de la voiture, ne vit rien. Toutefois, comme ce bruit devait avoir une cause réelle et vivante, il arrêta ses chevaux et, sautant à terre, son fouet à la main, il tourna autour du fourgon. Alors il aperçut un individu qui, couché commodément par-dessus les sacs de blé et la bâche en toile, avait écouté la conversation précédente. On a deviné le mendiant Cascaret.

— Que fais-tu là, vieux coquin ? s'écria Pierre.

— Un peu de charité, mon bon monsieur, répliqua Cascaret de son ton pleurard ; mes jambes ne pourraient me porter jusqu'à Meaux, et je ne vous gêne pas où je suis...

— Comment diable y es-tu parvenu ?

— Quand vous m'avez renvoyé, là-bas sur la place, j'ai pris par le sentier des Buissons qui raccourcit, et je me suis caché derrière une haie. Dès que la voiture a passé, je me suis hissé par derrière comme j'ai pu... et me voilà.

— Eh bien, puisque tu es si leste, tu vas déguerpir au plus vite.

— Oh ! mon chrétien, vous ne serez pas assez méchant... Je dirai pour vous autant de *Pater* et d'*Ave* que vous voudrez.

— Garde tes *Pater* et tes *Ave* pour ton usage ; tu en as plus besoin que personne... Allons, que ça finisse !

Et des coups de fouet furent lancés dans la direction des tibias du vagabond, plutôt avec le désir de l'effrayer que de lui faire du mal. Cascaret se fortifia prudemment entre deux sacs et ne laissa voir que ses yeux railleurs et sinistres; puis il dit en changeant de ton tout à coup :

— Ah! c'est comme ça! Maudit hypocrite, si tu ne me laisses pas tranquille, la première chose que je ferai en retournant à l'abbaye de la Victoire, sera de conter au père Anselme, au père abbé, à tous les pères, que tu étais l'ami de ce vieux damné de Jean-Jacques.

— Quoi! tu oserais...

— Alors ne me dérange pas, et je te garderai le secret. Sinon, l'on saura là-bas d'où te viennent les sottes idées qui te trottent dans la cervelle... Comme s'il ne fallait pas des nobles et des riches pour faire l'aumône aux pauvres!

Pierre eut la tentation de céder aux instances du mendiant ; mais il se ravisa aussitôt.

— Morbleu! dit-il résolûment, je ne crains pas les espions... Tu diras ce qu'il te plaira ; mais, puisque tu ne veux pas descendre de bonne volonté, je vais te faire descendre de force.

Il se mit à escalader la cime du fourgon où s'était installé Cascaret. Celui-ci ne l'attendit pas ; voyant le charretier grimper d'un côté, il dégringola de l'autre en s'écriant :

— Ah! Pierre Martin, tu me le payeras, et le grand dadais qui est là dans ta voiture et qui m'a causé tant de tort, me le payera de même... Je vous jouerai quelque tour avant peu, foi de chrétien!

— En attendant, je vais te frotter les épaules, répliqua Pierre en dégringolant à son tour du haut des sacs.

Mais, si agile qu'il fût, Cascaret se trouva plus agile encore. Quand Pierre toucha le sol, l'autre arpentait déjà la lande avec une célérité dont on ne l'aurait pas cru capable.

Du reste, le voiturier n'alla pas loin; après avoir couru quelques secondes et avoir fait claquer son fouet pour activer la fuite du vagabond, il revint sur ses pas et remonta dans le chariot en maugréant.

— Voilà une fâcheuse rencontre, dit Julien quand on se fut remis en marche; cet homme pourrait, en effet, me susciter de graves embarras!

— Il vous connaît donc?

— Non, sans doute; mais ma situation est fort délicate et le plus humble ennemi est à craindre pour moi.

— En effet, le père Anselme m'a dit quelques mots de vos affaires; il paraît que vous avez les racoleurs à vos trousses... Heureusement Cascaret ne sait rien de cela et ne peut vous dénoncer.

Ils se penchèrent hors du fourgon; le mendiant recommençait à les suivre à une centaine de pas en arrière.

— Parbleu! dit Pierre Martin, nous allons voir s'il luttera de vitesse avec la Grise et le vieux Blond.

Il excita ses chevaux, qui prirent le trot, et bientôt Cascaret disparut dans le nuage de poussière qu'ils soulevaient.

Une partie de la journée se passa sans incident remarquable. Il faisait très-chaud; le voiturier commençait à souhaiter ardemment d'arriver à un village où il s'arrêtait d'habitude, pour donner la provende à l'attelage. Lui-même, quoique très-sobre, n'eût pas été fâché de boire un coup de vin, et Julien n'ayant déjeuné que fort légèrement avant le départ, sentait également le besoin de prendre quelque nourriture. Enfin, à travers les arbres, ils aperçurent d'abord un clocher rustique surmonté du coq traditionnel, puis une vingtaine d'habitations qui se groupaient à l'entour. C'était le village tant désiré, et Pierre poussa un soupir de satisfaction, tandis que les chevaux qui, sans doute, flairaient déjà leur picotin d'avoine, accéléraient d'eux-mêmes leur allure.

Toutefois, plus on approchait, plus il devenait facile de s'assurer que ce village, si paisible d'ordinaire, était troublé en ce moment par un événement imprévu. Il s'en élevait un grand bruit ; une foule d'hommes s'agitaient de chaque côté de la route qui le traversait et sur laquelle stationnaient plusieurs chariots. Martin crut d'abord qu'il s'agissait d'un marché que le calendrier avait négligé de mentionner, mais il ne tarda pas à reconnaître la vérité : un régiment d'infanterie en marche venait de faire halte en cet endroit.

A l'époque où nous sommes, sous le règne de Louis XVI, la discipline militaire s'observait beaucoup mieux que sous les règnes précédents ; néanmoins c'était surtout dans les grandes villes et sous l'œil de l'autorité supérieure qu'elle s'exerçait. En campagne, pendant les marches, les troupes jouissaient d'une liberté qui allait parfois jusqu'à la licence et elles excitaient des plaintes fréquentes sur leur passage. Aussi Pierre éprouva-t-il une certaine appréhension quand il se vit obligé de traverser cette cohue de soldats turbulents ; mais il n'y avait plus moyen de reculer, et il se contenta de ralentir la marche de ses chevaux.

Bientôt tous les détails de cette halte militaire devinrent plus distincts. Les fusils, sur lesquels veillaient plusieurs sentinelles, étaient rangés en faisceaux de chaque côté de la route. Les soldats, l'uniforme ouvert, comme il arrive en voyage, allaient et venaient tumultueusement, pénétrant dans toutes les maisons, où l'on entendait des huées, des éclats de rire, comme aussi des vociférations et des plaintes. La chaussée, fort rétrécie dans le village, était occupée d'abord par deux ou trois fourgons contenant les bagages du régiment, et puis par un chariot, qui était tourné en sens contraire et ne pouvait avancer. Le conducteur de ce chariot criait et se démenait au milieu d'une douzaine de soldats, qui lui adressaient des railleries et des menaces.

— Je crois savoir de quoi il s'agit, dit Pierre Martin à son compagnon. Le bruit s'est répandu, ces derniers temps, que le régiment de la Trémouille, en garnison à Meaux, allait se rendre à Compiègne; c'est donc le régiment de la Trémouille qui est là devant nous.

— La Trémouille! répéta Julien en pâlissant.

Il venait de se souvenir qu'il avait été racolé pour le compte de ce régiment.

— La chose est certaine, poursuivit Pierre, et on assure qu'il est commandé par son propriétaire, le marquis de la Trémouille... un bambin de vingt-deux ans, qui est neveu d'un ministre! N'est-ce pas une honte qu'un régiment français appartienne ainsi à tel ou tel gentilhomme, à telle ou telle famille? Ah! M. Rousseau avait bien raison de dire... Aussi, voyez la belle discipline de ces soldats! Sur mon âme! j'aimerais mieux être partout ailleurs qu'ici... Mais bah! nous en serons quittes sans doute pour quelques quolibets et pour un léger retard.

Cependant le brave homme songea que la situation de son compagnon de voyage exigeait des précautions particulières et il ajouta tout bas :

— Souvenez-vous que vous vous appelez frère Julien, que vous êtes novice à l'abbaye de la Victoire et que vous êtes envoyé par votre abbé aux Augustins de Meaux. Si l'on vous interroge, montrez la lettre dont vous êtes chargé pour le prieur..... Prenez un air bien modeste, tenez les yeux baissés... Je me charge du reste.

Julien terrifié promit de se conformer à cet avis; au même instant la voiture atteignait les habitations et se trouva entourée de soldats.

— Que portes-tu, charretier de malheur? s'écria l'un d'eux; je gage que tu caches sous cette toile de bonnes barriques de vin? Elles seront diablement les bien venues, car il n'y a que de l'eau dans ce trou de village!

— Vous vous trompez, monsieur le soldat, répliqua Pierre d'un ton de bonne humeur; je suis chargé de blé, et c'est du bien d'église, car ce jeune frère et moi, nous appartenons à l'abbaye de la Victoire.

— Voyons cela.

Un coup de baïonnette lancé dans un sac mit au jour quelques grains de blé. La même expérience, répétée sur d'autres sacs, donna le même résultat. Le soldat poussa un juron de désappointement.

— Si encore c'était de la farine, dit un de ses camarades, on pourrait s'en *accommoder*... Je veux dire que l'on pourrait s'en poudrer la tignasse, tresse et queue.

Des éclats de rire accueillirent cette plaisanterie. Mais les maraudeurs, ne trouvant rien à leur convenance dans la charge du chariot, se dirigeaient vers l'autre fourgon, autour duquel s'élevaient des criailleries croissantes, quand un vieux sergent s'approcha de Julien et lui dit, en frisant sa moustache et en prenant son air le plus aimable :

— Tonnerre! voilà un joli garçon! Quelle riche taille! quelle superbe tournure!... Mille bombes! nous n'avons pas beaucoup de gaillards comme ça dans le régiment... Voyons! mon jeune cadet, ne pensez-vous pas que ce bel uniforme-là vous irait à merveille ? Je parie que M. le marquis de la Trémouille, notre colonel, donnerait volontiers dix beaux écus de trois livres pour faire de vous un grenadier... Hein ! mon mignon, qu'en dites-vous ? Parole la plus sacrée, vous serez caporal avant un an.

Julien avait entendu déjà ce langage doucereux du racolage, et il en fut si troublé qu'il ne put prononcer une parole. Pierre Martin répondit pour lui en souriant :

— Vous perdez votre temps, camarade ; frère Julien a la vocation du froc... sans compter qu'il est neveu d'un évêque, et je dois le déposer bel et bien ce soir au couvent des Augustins de Meaux, où nous allons.

— Et moi je vois dans ses yeux qu'il a la vocation de la cocarde et de la giberne... On lui donnera un habit galonné, et il viendra mener avec nous joyeuse vie, faire ripaille du matin au soir... N'est-ce pas, jeune homme ?

— Si vous faites souvent ripaille, sergent, dit le voiturier de son ton jovial, ce n'est toujours pas aujourd'hui, car le régiment de la Trémouille me paraît passablement altéré et affamé pour le quart d'heure.

— Bah ! nous sommes en marche et il n'y a rien dans le pays ; s'il y avait !... Mais ce beau garçon est-il vraiment de la graine de moine ? Je lui trouve bien plutôt la tournure militaire ! Il me semble même que je l'ai déjà vu quelque part.

— Il a quitté pour voyager sa robe de novice, mais il a fait son noviciat à l'abbaye de la Victoire.

— N'en croyez rien, monsieur le sergent, dit tout à coup une voix nouvelle derrière eux ; ce jeune bourgeois n'a jamais été novice, et il n'a pas passé plus de vingt-quatre heures au couvent... Défiez-vous, on vou[s] conte des bourdes.

Celui qui parlait ainsi était le mendiant Cascaret; ha[-]letant, couvert de sueur et de poussière, il arrivait e[n] béquillant et en traînant la jambe.

Julien et Pierre Martin lui-même restèrent stupé[-]faits. Le sous-officier s'aperçut très-bien de leur malaise.

— Hum! de quoi! dit-il en fronçant le sourcil, vou[-]drait-on se gausser d'un sergent de la Trémouille? Fau[t] voir ça; allons! mes petits chérubins d'enfer, descende[z] qu'on vous épluche comme il faut!

Pierre avait déjà recouvré sa présence d'esprit :

— Comment, sergent, reprit-il, ajoutez-vous foi au[x] paroles de ce vieux coquin à moitié fou? Regardez-[le] donc et jugez s'il mérite la moindre confiance.

Véritablement Cascaret, comme nous savons, ne payai[t] pas de mine, et un examen de sa personne ne pouvai[t] être en sa faveur. Le sergent semblait à son tour for[t] embarrassé.

— C'est bon, reprit-il, nous tirerons cela au clai[r] quand j'aurai vu ce qui se passe là-bas.

Et il s'avança vers l'autre chariot, que les soldats ve[-]naient de prendre d'assaut, malgré les protestations du conducteur.

— Je vous le jure, mes bons messieurs, s'écriait l[e] pauvre homme avec désespoir, mon chargement ne con[-]tient ni vin, ni liqueurs... Ne bouleversez rien, ne gas[-]pillez rien, ou je serai ruiné... Je conduis des épiceries à Amiens, des chandelles, du poivre, du savon... rien de plus, je vous l'affirme.

— Ne le croyez pas, camarades, cria un soldat, déjà juché en haut des ballots; il y a du vin et du rogomme... Je les sens.

— Voici un baril d'eau-de-vie ! dit un autre.

— Ce baril contient seulement de la moutarde de Brives, répliqua le charretier en s'arrachant les cheveux.

Malgré ses lamentations, les soldats ouvraient les caisses et les boucauts, sondaient les balles en riant et en vociférant; ils ne prenaient rien, mais ils gâtaient tout.

Jusque-là on n'avait pas vu d'officiers et il semblait que le régiment de la Trémouille fût conduit uniquement par les caporaux et les sergents. En effet, les officiers, qui appartenaient presque tous à la noblesse, ne rejoignaient leur corps habituellement qu'en temps de guerre; et, pendant les marches, ceux qui restaient ne se souciaient pas de suivre à pied la troupe et de partager ses fatigues.

Cependant, un vieux capitaine, à figure martiale et à nez bourgeonné, sortit d'une maison voisine où il avait trouvé sans doute un peu de ce qui manquait à ses hommes. C'était le capitaine Langlois, officier de fortune, qui commandait le régiment de la Trémouille, en l'absence du colonel resté en arrière. Il était brave, loyal et fort aimé de ses gens, mais... un peu ivrogne, comme le prouvera le trait suivant :

Une fois que le régiment sortait d'une ville, au son des tambours et des fifres, pour fournir une assez longue étape, le capitaine-commandant, qui marchait en tête, appela par un signe auprès de lui un soldat qui lui servait de brosseur et de domestique :

— La Grenade, lui demanda-t-il à voix basse, as-tu rempli de vin la peau de bouc?

— Ah ! commandant, excusez-moi... J'ai complétement oublié la chose.

— Imbécile! butor!... Ne pas garnir la peau de bouc

quand nous avons à faire huit bonnes lieues à pied!

Puis, se plaçant sur le front du régiment, il commanda d'une voix retentissante :

— Garde à vous !... régiment !... Halte !

Tout le monde obéit à cet ordre avec la promptitude militaire. Les tambours cessèrent de battre et les soldats s'arrêtèrent, ne comprenant pas quel grave motif pouvait ainsi suspendre leur marche. Alors le commandant dit bas à la Grenade :

— Va remplir la peau de bouc !

Et quinze cents hommes attendirent que la Grenade eût accompli sa mission.

Or, ce jour-là sans doute, le brosseur n'avait pas négligé de remplir la peau de bouc, car le capitaine Langlois avait le teint échauffé et la figure épanouie. Comme il promenait autour de lui un regard tranquille, le charretier accourut et le supplia de faire cesser le désordre.

Avant de répondre, le capitaine questionna brièvement un de ses subordonnés, qui sans doute le mit au courant de la situation.

— Allons! l'homme, répliqua-t-il enfin d'un ton froid, entendons la plaisanterie... on te payera le dégât, s'il y en a. Le régiment de la Trémouille est bon pour payer... Par la sembleu ! si tu t'étais trouvé à la guerre de Sept-Ans, tu en aurais vu bien d'autres !

Et il tourna le dos au réclamant.

Cette plainte ne fut pas la seule qu'on adressa au capitaine. Les soldats s'étant répandus dans toutes les maisons du village, leur sans-façon, leur gaieté tumultueuse avaient excité des doléances qui tombaient dru comme grêle sur le vieux commandant.

— Monsieur l'officier, disait un paysan, ils ont cassé

chez moi les verres et les pots, parce qu'ils prétendent que je leur ai servi du vinaigre pour du vin!

— Ils ont tordu le cou à mes poules! disait un autre.

— Ils ont dévasté mon jardin! s'écriait un troisième.

— Ils ont insulté ma femme! disait un mari exaspéré.

A tout cela, le capitaine répondait avec son flegme imperturbable :

— Allons! que l'on se prête à la plaisanterie... Morbleu! les soldats du régiment de la Trémouille ne sont pas des nonnes; et en marche il convient de ne pas trop serrer la bride de la discipline.

Cependant le bruit augmentait, et tout, dans le village, était trouble et confusion.

Pierre et Julien avaient un ardent désir de poursuivre leur voyage; mais, comme nous l'avons dit, le chemin était obstrué par un embarras de chariots. Forget voulut aussi sauter à bas de la voiture, pour aller attendre son compagnon au delà du village; il fut arrêté par la crainte de compromettre l'honnête Pierre. Cependant il avait tout à craindre d'une investigation un peu sérieuse, et il sentait la nécessité de détourner les soupçons éveillés par la méchanceté de Cascaret. Dans sa perplexité, il aperçut le mendiant, rôdant sournoisement à quelque distance.

— Comment obtenir le silence de ce vaurien? dit-il bas au voiturier. Mon nom doit être connu dans le régiment, et si Cascaret venait à renouveler sa dénonciation...

— Vous avez raison; une pièce blanche ou deux lui fermeront la bouche... Il est bien dur d'être obligé de composer avec un pareil drôle; mais, puisqu'il le faut, laissez-moi faire.

Et Pierre appela le mendiant par un signe.

Cascaret ne paraissait pas se soucier de venir à po[r]tée du redoutable fouet; cependant il finit par s'appro[]cher cauteleusement. Pierre, sans descendre de voitur[e] se pencha vers lui et dit quelques mots à voix basse.

— A la bonne heure! répliqua le mendiant; voilà qu[e] vous commencez à vous montrer civil... On peut écout[er] de cette oreille-là... Où est-il l'écu de six livres que vo[us] devez me donner ?

— Le voici, dit Julien avec empressement. Et si *mon[]sieur* Cascaret devient raisonnable, je lui promets enco[re] une grosse aumône la première fois que je le rencon[]trerai.

Il tira d'une bourse, fort lourde en apparence, u[n] écu de six francs qui tomba dans la main calleuse d[u] mendiant. Celui-ci la referma aussitôt et dit de son to[n] pleurard, sans doute par la force de l'habitude :

— Je prierai Dieu pour vous!

Pierre allait lui faire des recommandations pressantes quand une nouvelle agitation se manifesta tout à cou[p] dans la foule. Une élégante voiture, traînée par quatr[e] chevaux de prix et précédée d'un courrier en livrée venait d'apparaître à l'autre extrémité du village. Le[s] soldats montés sur le fourgon d'épiceries l'aperçuren[t] les premiers; ils se hâtèrent de sauter à terre et de re[]mettre en ordre les caisses et les barils, en criant à leur[s] camarades :

— Alerte ! voilà M. de la Trémouille ! voilà le mestr[e] de-camp.

— A vos rangs ! commanda le capitaine.

On sortit des maisons voisines ; on se poussait, o[n] s'appelait. Toutefois ce n'était évidemment pas la frayeu[r] qui causait cette agitation, et les soldats ne croyaient pa[s] avoir manqué bien gravement à leur devoir. On eût di[t] plutôt des écoliers maraudeurs qui, surpris en flagrant délit par un maître indulgent, sont certains d'être quittes à bon marché de leur escapade. Aussi ne cessaient-ils de rire et de goguenarder, quoique d'une manière moins bruyante.

Dans la voiture signalée se trouvait, en effet, le marquis de la Trémouille, propriétaire et commandant réel du régiment qui portait son nom. Comme la troupe voyageait trop lentement pour qu'il pût la suivre en voiture, il était parti longtemps après elle de la dernière étape et comptait seulement la rejoindre à l'étape suivante; mais le retard survenu dans la marche des soldats faisait qu'il les avait rejoints beaucoup plus tôt. Les chevaux ne pouvant plus avancer, à cause de l'embarras de la route, il descendit de voiture, et se dirigea en souriant vers ses hommes qui s'étaient mis en rangs pour le recevoir, sans cependant reprendre leurs armes.

Le colonel, ou plutôt le mestre-de-camp du régiment de la Trémouille était, comme on l'a dit, extrêmement jeune; à peine si une légère moustache blonde ombrageait sa lèvre supérieure. Mince, frêle, bien serré dans son riche uniforme, en jabot et en manchettes de dentelles, une canne à la main, M. le marquis semblait mieux fait pour papillonner autour des belles dames de Versailles que pour conduire au feu de vieux soldats. Cependant, on le disait plein de courage, et ses qualités, peut-être même aussi ses défauts, le faisaient adorer. Il était gai, bon vivant, et surtout libéral jusqu'à la prodigalité. Quoiqu'il possédât plus de cent mille écus de rente, il s'endettait chaque année d'une somme au moins égale, et son régiment avait une large part dans les poignées d'or qui lui tombaient des mains. Aussi, quand les soldats le virent venir, le saluèrent-ils par de joyeuses acclamations, auxquelles il répondit en ôtant avec grâce so[n] chapeau à cocarde blanche.

Toutefois ces acclamations n'empêchèrent pas d'e[n]tendre le concert de plaintes et de lamentations qui s'él[e]vait en même temps autour du marquis. Les habitan[ts] du village, qui avaient souffert de l'indiscipline de [la] troupe, accouraient pour exposer leurs griefs et en r[é]clamer le redressement. Paysans et cabaretiers, le co[n]ducteur du chariot d'épiceries et le mari offensé parlaie[nt] tous à la fois. Le marquis les écoutait avec distractio[n.] Enfin il se tourna vers une espèce d'intendant, vêtu d[e] noir, qui le suivait à quelques pas en arrière et lui d[it] d'un air ennuyé :

— Bâillonne-moi tous ces braillards... et tâche qu'il[s] soient contents.

Les plaignants comprirent sans doute la portée de c[et] ordre, car ce fut l'intendant qu'ils entourèrent à son tour et celui-ci, ouvrant un gros sac d'argent, se mit en devoi[r] de leur donner satisfaction.

Débarrassé de ces criailleries, le marquis s'avança ver[s] les soldats qui tous avaient les yeux fixés sur lui. I[l] essayait de prendre un air sévère, bien que sa bouche ne cessât de sourire :

— Ah çà, mes faquins, dit-il d'une voix presque enfantine, vous avez donc encore fait les diables à quatre? Que dira-t-on à Versailles si l'on apprend ce[s] nouvelles frasques?... Et comment M. Langlois, le capitaine-commandant, a-t-il pu les souffrir?

— Que voulez-vous, monsieur le marquis, répondi[t] le capitaine non sans une légère nuance d'ironie; vous seul venez à bout de ces sacripants-là.

Ce compliment ne déplut pas au jeune mestre-de-camp, qui visait à la popularité. Cependant il répliqua:

— Tout à l'heure vous me rendrez compte de ce qui s'est passé... Maintenant, que veulent nos hommes ?

— Eh bien, monsieur le marquis, ils meurent de soif.

— Morbleu ! qu'ils boivent..... Pourvu qu'ils ne s'enivrent pas.

— Ils ont de bonnes raisons pour ne pas s'enivrer, monsieur le marquis.

Et le capitaine exposa comment le village étant mal approvisionné de vin, le régiment se trouvait dans l'impossibilité de se rafraîchir, alors qu'on avait encore plusieurs lieues à faire pour achever l'étape. M. de la Trémouille écoutait toujours souriant.

— Mordieu ! s'il n'y a pas de vin, qu'on boive de l'eau... Précisément, ajouta-t-il en désignant un puits qui se trouvait sur le bord de la route, il doit y en avoir là d'excellente.

— Je le crois bien ! dit le paysan à qui appartenait le puits ; de l'eau claire, fraîche qu'on ne trouverait pas sa pareille dans toute la province !

— De l'eau, monsieur le marquis ! s'écrièrent plusieurs soldats avec une indignation comique, plutôt mourir de soif !

— De l'eau ! répétèrent les autres ; ce serait une honte pour le régiment de la Trémouille !

Le jeune mestre-de-camp eut l'air de réfléchir ; puis, faisant signe au conducteur du chariot chargé d'épiceries :

— Ne m'as-tu pas dit, reprit-il, que tu avais plusieurs caisses de citrons et de sucre dans ton chargement ?

— Il est vrai, mon officier ; trois cents livres de sucre environ et peut-être quatre ou cinq cents citrons.

— A merveille ; je t'achète le tout.

— Mais, monsieur l'officier, je ne sais si je dois....

— Ces choses sont destinées à être vendues par leur propriétaire sans doute? Je te les paye le double, le triple de leur valeur.

— En ce cas je crois pouvoir me permettre...

— Qu'on retire donc bien vite du chariot ce sucre et ces citrons, et qu'on les porte près du puits.

Cet ordre fut exécuté rapidement. Les caisses ayant été déposées contre la margelle, on en brisa les couvercles, et les beaux fruits dorés, ainsi que les cônes de cristal blanc, furent étalés au grand jour.

— Maintenant, monsieur le marquis, que faut-il faire? demanda un soldat.

— Ce qu'il faut faire, innocents que vous êtes? répliqua M. de la Trémouille. Parbleu! vous allez couper les citrons en quatre, casser le sucre en morceaux et jeter tout cela dans le puits... Ensuite, puisque vous ne pouvez avoir de vin, vous boirez de la limonade (1).

Un vivat formidable, de bruyants applaudissements accueillirent cette singulière libéralité de M. de la Trémouille. Plusieurs centaines de mains, armées de sabres et de couteaux, se mirent à l'œuvre, et la besogne fut terminée en quelques instants. Alors un seau ayant été descendu dans le puits et retiré plein, M. le marquis but solennellement le premier verre de cette boisson « à la santé du roi, » et déclara la limonade excellente.

Aussitôt commença la distribution de ces rafraîchissements improvisés. Tous les seaux et tous les gobelets du village avaient été mis en réquisition. On s'agitait, on se disputait, on se bousculait; et, si certains vieux soldats paraissaient trouver un peu fade la limonade de M. de la Trémouille, le plus grand nombre se délectait

---

(1) Historique.

de cette liqueur glaciale et parfumée. C'étaient de toutes parts des épisodes comiques, de joyeuses querelles, des quolibets, des lazzis, et on eût pu entendre rire le régiment de la Trémouille de plusieurs lieues à la ronde.

M. le marquis lui-même, debout devant le puits, riait autant que les autres, et disait de sa voix enfantine :

— Palsembleu! on ne m'accusera pas cette fois d'avoir grisé mes hommes!

Pendant cette scène tumultueuse, Julien Forget et Pierre Martin attendaient toujours dans leur chariot et, comme on peut le croire, cette gaieté effrénée n'avait aucun charme pour eux. Malheureusement, il était impossible d'avancer. Les groupes de soldats continuaient de s'agiter sur les bas-côtés de la route, tandis que sur la chaussée la voiture du marquis et d'autres véhicules, qui étaient survenus successivement, formaient un encombrement infranchissable.

Enfin, le vieux sergent, qu'ils avaient déjà vu et qui ne paraissait pas priser très-haut la boisson du colonel, se rapprocha d'eux et dit à Julien, d'un ton moitié railleur, moitié menaçant :

— Ah ça! mon gentil garçon, vous n'êtes pas moine du tout, à ce que soutenait tout à l'heure ce vieux qui a l'air de vous connaître parfaitement, et nous ne pouvons nous séparer ainsi. Vous voyez quelle gaillarde vie on mène au régiment de la Trémouille! C'est tous les jours comme ça... Voici M. le marquis lui-même qui aime fort les beaux hommes, et qui est capable, si vous savez vous y prendre, d'ajouter une pistole ou deux pour vous compter parmi ses braves!

— Mais je ne veux pas être soldat! s'écria Julien.

Pierre Martin vint encore à son secours et dit avec

fermeté que l'on ne faisait pas ainsi les gens soldats malgré eux; que le jeune homme confié à sa garde appartenait à l'abbaye Notre-Dame-de-la-Victoire, et que les révérends pères sauraient défendre leur protégé. Il parla aussi des droits de l'homme, du respect de la liberté individuelle, que sais-je? Le sous-officier ne comprenait pas grand'chose à ce langage et cherchait des yeux Cascaret pour lui demander de nouveaux renseignements. Mais Cascaret, en ce moment même, essayait de prouver à l'intendant de M. de la Trémouille qu'il était un paysan du voisinage, que les soldats avaient dévasté sa maison et qu'il avait droit à une indemnité d'un écu. Tout à coup le sergent attacha sur Forget un regard perçant, et s'écria :

— Mille bombes! je savais bien que je vous avais vu quelque part! N'êtes-vous pas un petit bourgeois que le capitaine Fleur-de-Canon a engagé, il y a quelques jours, à Paris, pendant que je m'y trouvais pour le recrutement?... Oui, je vous reconnais, c'est bien vous!... Tonnerre! mais alors vous êtes un déserteur du régiment de la Trémouille!... En voilà une découverte!

Le pauvre Julien était devenu livide.

Pour comble de malheur, le marquis, voulant continuer sa route, venait de donner l'ordre de dégager sa voiture, et il s'approcha lentement lui-même, suivi d'un petit état-major. Le vieux sous-officier, ôtant son tricorne, lui dit quelques mots à voix basse.

— Un déserteur! répliqua M. de la Trémouille d'un ton de bonne humeur; ah! vieille moustache, tu vois des déserteurs partout... Où est-il ce déserteur qui vient se poser si sottement sur notre chemin?

Le sergent lui désigna Julien qui paraissait plus mort que vif.

— Eh! eh! hum! dit le marquis en le toisant d'un air un peu dédaigneux, ton déserteur ne me revient guère... Eh bien, l'ami, qui êtes-vous? poursuivit-il en s'adressant à Julien; est-il vrai que vous appartenez à mon régiment?

Forget ne put que balbutier des paroles inintelligibles. Pierre s'empressa, comme à l'ordinaire, de répondre pour lui :

— Le sergent commet une erreur, monsieur le marquis; ce jeune homme, élevé à l'abbaye de la Victoire, est si modeste, si timide, si honteux de se voir au milieu de militaires, qu'il ne sait bonnement que dire... Je suis chargé de le conduire au prieur des Augustins de Meaux, pour lequel il a une lettre, et sur ma foi! le froc lui convient mieux que l'uniforme.

— Je serais assez de cet avis, répliqua M. de la Trémouille en prenant une prise de tabac d'Espagne; il figurerait mieux dans une sacristie que dans une caserne.

— Et cependant, s'écria le sergent, je suis prêt à le jurer, c'est bien là le jeune cadet de Paris que le capitaine Fleur-de-Canon a embauché il y a une douzaine de jours et qui, depuis cette époque, a disparu en emportant le prix de son engagement... Je le reconnais fort bien, et il n'est pas plus frocard que moi. Il y avait là tout à l'heure un brave homme du pays qui m'a certifié la chose.

— Pardon... excuse, monsieur le sergent, reprit Cascaret en surgissant tout à coup au milieu des interlocuteurs comme le diable des boîtes à surprise; vous ne m'avez pas compris et j'ai voulu dire tout le contraire. Ce garçon est vraiment novice à l'abbaye de Notre-Dame-de-la-Victoire. On assure qu'il jeûne tous les jours et qu'il ne s'épargne pas les coups de discipline ; voilà pourquoi il vous semble si pâle et si ahuri... Que la bonne Vierge le protége ! Il mourra certainement en odeur de sainteté.

En même temps, le vagabond jetait un regard oblique vers Julien, comme pour lui dire :

— Ne vous en ai-je pas donné pour votre argent ?

Le sergent était révolté de tant d'effronterie.

— Comment ! gredin ! s'écria-t-il, ne m'as-tu pas affirmé là, tout à l'heure...

— Vous aurez mal entendu, répliqua Cascaret en patelinant, je ne sais pas lire et je ne m'explique pas bien... Mais voici M. Pierre Martin, que tout le monde ici connaît comme le messager ordinaire et l'homme de confiance des révérends pères ; vous le croirez peut-être, lui.

Ainsi mis en demeure, Pierre répéta sa version au sujet de Julien. Julien, de son côté, se hâta d'exhiber la lettre dont il était porteur, et qui était scellée du grand sceau de l'abbaye. Le sergent en vint à douter de ce qu'il avait vu et entendu. M. de la Trémouille prit un air imposant, qui contrastait avec sa physionomie juvénile :

— Morbleu ! sergent, dit-il, vous avez bu autre chose que de la limonade aujourd'hui !... Voulez-vous donc me brouiller avec les moines ? Malgré tout le crédit de mon oncle le ministre, ils pourraient se trouver plus forts que nous à Versailles !... Laissez aller ces braves gens, et qu'ils reçoivent mes excuses, les excuses du marquis de la Trémouille, pour le retard que leur a causé cette sotte affaire... Vous, sergent, vous garderez les arrêts pendant trois jours, afin d'apprendre à reconnaître votre monde.

— Mais, monsieur le marquis...

— Hein! on raisonne, je crois?... Allons, pas un mot...
Et je t'enverrai, ajouta-t-il plus bas, quelques bouteilles
de vin pour passer le temps de tes arrêts.

— M. le marquis a d'autant mieux sujet de vous punir, dit le capitaine Langlois, que le déserteur dont vous parlez a dû être arrêté ces jours derniers à Senlis et qu'il va sans doute, à notre passage dans cette ville, être livré à la justice de M. le marquis.

— De par le diable! il tâtera des verges, dit le colonel; le fripon peut y compter!

Julien, à moitié fou de terreur, poussa Pierre du coude, et comme le passage était redevenu libre, le voiturier fouetta son cheval; aussitôt le chariot se remit en mouvement et l'on s'éloigna, sans même songer à saluer le marquis de la Trémouille et son état-major.

Comme on sortait du village, quelqu'un courut derrière eux et les rappela à grands cris.

— Par pitié! dit Julien à son compagnon, ne vous arrêtez pas... Ils se sont ravisés peut-être, et c'est à mo qu'ils en veulent... Fouettez vos chevaux, je vous en prie... encore! encore!... Si l'on venait à me prendre je passerais par les verges!

Pierre jouait énergiquement du fouet, et il n'entendait pas une voix haletante qui criait :

— Attendez! attendez donc! Ça vaut bien encore un petit écu! Je ne peux pas mentir ainsi au rabais... Oh les voleurs! Ils m'emportent mon bien!

C'était le mendiant Cascaret qui, désespérant enfin de les atteindre, s'arrêta furieux au bord de la route.

XV

LA RENCONTRE

Les voyageurs arrivèrent le soir à Meaux, sans autre accident; et, grâce à la lettre d'introduction dont l'avait muni l'abbé de la Victoire, Forget fut parfaitement accueilli au couvent des Augustins. S'il ne trouva pas chez eux la cordialité du père Anselme, du moins fut-il assuré d'une retraite honorable, pendant qu'il habiterait la ville illustrée par l'épiscopat de Bossuet.

Du reste, il n'avait pas l'intention de s'arrêter longtemps à Meaux, où nulle affaire ne le retenait. Il songeait que le sergent de la Trémouille pouvait très-bien, en passant à Senlis, prendre de nouvelles informations à son égard; et dans ce cas on n'aurait pas de peine à découvrir la vérité. Une fois Julien reconnu pour être la recrue de Fleur-de-Canon, on se remettrait aisément sur ses traces, et cette fois il ne pouvait manquer de tomber dans les mains de l'autorité militaire. Aussi s'empressa-t-il de s'enquérir comment il pourrait continuer son voyage jusqu'à Lagny, où l'appelaient les intérêts de son commerce et où d'ailleurs il devait retrouver sa chère Denise.

Par malheur il n'existait aucun service quotidien de messageries entre Meaux et Lagny ; il fallait attendre plusieurs jours le départ d'une mauvaise patache qui, une fois par semaine, servait de trait d'union entre les deux villes. D'ailleurs, le soir de son arrivée, Julien était rendu de fatigue. Il remit donc au lendemain le soin de pourvoir à ces difficultés, et ne tarda pas à s'endormir dans la modeste cellule où ses hôtes l'avaient conduit.

Cependant, le lendemain matin, le problème se présenta de nouveau tout entier. Forget avait la ressource de louer une voiture ou de prendre un bidet de poste pour se rendre à Lagny ; mais il craignait qu'une voiture particulière n'attirât trop l'attention sur lui dans un moment où il avait tant d'intérêt à passer inaperçu. Quant à voyager sur un cheval de poste, ce mode de locomotion, fort en usage alors parmi les jeunes gentilshommes, lui était interdit ; en vrai Parisien, il n'avait de sa vie enfourché un cheval, et certainement il eût été désarçonné au bout de quelques minutes.

Comme il était fort perplexe dans sa cellule, Pierre, qui depuis le matin courait la ville pour les intérêts de ses patrons, entra précipitamment, tenant une lettre à la main.

— Faut croire que c'est quelque chose de bien pressé, mon jeune monsieur, dit-il, voici un papier pour vous... Il m'a été remis tout à l'heure, sur le marché aux grains, par mon compère Marcelot, qui arrive de Compiègne et qui a voyagé toute la nuit avec son fourgon. Marcelot a passé hier au soir à l'abbaye de la Victoire, et le père Anselme...

— Du père Anselme ? dit Julien ; donnez vite.

Et il se hâta d'ouvrir la lettre.

Dès les premiers mots il pâlit, et à mesure qu'il avançait dans sa lecture, il manifestait une vive agitation. Bientôt il ne put contenir des exclamations que lui arrachaient l'étonnement, la colère et la douleur. Enfin le papier lui échappa ; il se laissa tomber sur un siége et donna libre cours à ses sanglots.

Pierre le regardait d'un air ébahi ; mais ne pouvant rester indifférent à cette douleur, il prit la main de Julien dans ses grosses mains calleuses :

— Eh bien ! quoi ! mon jeune monsieur, ça ne va donc pas ? Faut pas s'abandonner ainsi au chagrin ! Courage, morbleu ! Est-ce qu'il serait encore question de vous arrêter ?

— Ah ! dit le pauvre Forget en se tordant les bras avec désespoir, si ce n'était que cela !

Afin d'apprendre au lecteur les motifs de cette désolation, nous allons mettre sous ses yeux la lettre du père Anselme. Elle commençait ainsi :

« Mon très-cher fils en J. C.

« Ceignez vos reins et armez-vous de résignation pour supporter une triste nouvelle. Dites comme le saint homme Job, quand il perdit à la fois sa famille et ses biens : Dieu me les avait donnés, Dieu me les a ôtés, que son nom soit béni !... »

Après ce début qui, nous devons l'avouer, était emprunté à une de ses homélies, le bon père exposait comment Mme Denise Forget avait tout à coup disparu de Senlis.

« Elle venait de quitter la maison de Mme Quentin, poursuivait-il, quand j'y suis arrivé. En exprimant à l'hôtesse son intention de se mettre en route sur-le-champ, elle a payé sa dépense, mais elle n'a pas dit où elle allait et n'a donné aucune explication de son brusque départ. Elle est sortie seule et à pied, son petit paquet sous le bras, et elle a gagné une voiture de poste qui l'attendait dans une rue voisine. Cette voiture contenait déjà une ou plusieurs personnes qui semblaient vouloir se cacher; mais quand Mme Forget a été montée, quelqu'un s'est penché à la portière pour donner les ordres au postillon, et (c'est avec douleur que je vous transmets cette honteuse circonstance!) on a parfaitement reconnu le chevalier de Morandelle, le gentilhomme qui avait déjà excité vos légitimes défiances, et qui, le matin même, avait de son côté quitté l'auberge pour retourner, disait-il, à Chantilly.

« Tels sont les faits que la vérité m'oblige de vous annoncer. Je n'ai même pas la consolation de pouvoir dire que la coupable femme paraissait triste et confuse en partant; au contraire, gaie et souriante, elle ne témoignait par aucun signe qu'elle eût conscience de sa mauvaise action. Ah! mon très-cher fils, pourquoi le ciel n'a-t-il pas permis que j'arrivasse à temps pour l'arrêter au bord de l'abîme où elle s'est jetée?... »

Le reste de la lettre ne renfermait que des réflexions pieuses sur la versatilité et la faiblesse humaines. Toutefois, en finissant, le bon père prévenait Julien que le sergent recruteur Jardin-d'Amour, après avoir passé une nuit à Senlis, en était reparti et semblait avoir renoncé à sa poursuite.

Mais le mari délaissé ne s'occupa guère de cette circonstance favorable. L'enlèvement de Denise par le chevalier de Morandelle l'avait frappé au cœur, et il disait en fondant en larmes :

— Elle! que j'aimais tant, et qui me témoignait tant

de tendresse! Ah! je devinais que cet orgueilleux gentilhomme me serait fatal! Pourquoi l'ai-je secouru le jour où la maison de Billon a sauté en l'air?... Et pourtant, ajouta-t-il dans un transport de rage, ce n'est pas lui encore qui est le plus coupable! Denise m'abandonne... L'ingrate, l'hypocrite Denise!

Pierre Martin écoutait attentivement ces plaintes, et il connaissait assez déjà les affaires de Forget pour être bien vite au courant de la situation.

— Voyez-vous, mon bon monsieur, reprit-il, ne faut pas comme ça croire les choses sans être sûr... Méfiez-vous, il y a du louche là-dedans. Je n'ai pas d'expérience en pareille matière, mais il me semble, à moi, qu'une telle abomination est impossible!

— Ah! mon ami, vous ne savez pas combien ces freluquets de gentilshommes, avec leurs dentelles, leurs grands airs et leur insolence, ont de facilité à tourner la tête aux jeunes bourgeoises coquettes, telles que Denise! Du moment qu'elle a vu ce chevalier de Morandelle dans la forêt, elle s'est mise à minauder avec lui. Que suis-je, moi, à côté du capitaine des chasses d'une altesse!... Je comprends maintenant pourquoi elle était si pressée de me voir partir quand je me suis échappé de l'hôtellerie de Mme Quentin... D'ailleurs comment pourrais-je révoquer en doute un fait que le père Anselme affirme d'une manière si positive?

— Eh bien, avec votre permission, je ne suis pas complétement de votre avis. Voyez-vous, je connais le révérend père Anselme depuis bien des années; c'est un homme pieux, charitable, très-savant en théologie, et s'il s'agissait de saint Ambroise et de saint Athanase, il vous citerait tant de textes en latin et en grec que certainement vous ne seriez pas le plus fort. En revanche, dans les choses de la vie ordinaire, il a la crédulité et la simplicité d'un enfant... On ne m'ôtera pas de la tête qu'il a été trompé ou qu'il s'est trompé lui-même de la meilleure foi du monde.

— Puissiez-vous dire vrai, mon bon Pierre Martin! Mais alors quelle explication donner à ce départ furtif de Denise, en compagnie du chevalier de Morandelle?

— Je n'en sais rien; j'espère pourtant que les faits pourront s'expliquer honorablement pour tout le monde. Prenez patience, vous dis-je, il ne faut jamais juger sur l'apparence... Et tenez, n'êtes-vous pas convenu d'un endroit où, la jeune dame et vous, vous deviez vous rejoindre?

— En effet, il est convenu que nous nous retrouverons demain à l'auberge du Grand-Saint-Antoine, à Lagny; mais elle n'aura garde d'y venir!

— Ne dites pas cela; attendez du moins qu'elle ait manqué au rendez-vous; et encore, si elle y manquait, il ne faudrait peut-être pas en conclure... Ma foi! si j'étais à votre place, j'irais bien vite à Lagny et je ne me désolerais pas avant d'avoir acquis une certitude.

— Oui, vous avez raison, répliqua Julien un peu rassuré par les simples arguments du brave homme; il y a vraiment bien des particularités incompréhensibles dans cette disparition de Denise... Oh! si, comme vous le croyez, les apparences pouvaient être menteuses!... Eh bien! je vais partir pour Lagny; là peut-être je saurai la vérité. Mais comment faire? Les moyens de transport me manquent absolument.

— Il ne faut pas être embarrassé comme ça de tout, mon jeune monsieur, et je m'imaginais qu'un Parisien savait mieux se tirer d'affaire. Si je n'étais obligé de retourner demain à Senlis, je vous aurais conduit avec ma charrette et mes chevaux... Mais Lagny ne se trouve qu'à trois ou quatre lieues d'ici ; pourquoi n'iriez-vous pas à pied? Cette distance doit-elle arrêter un jeune homme bien portant tel que vous?

— C'est vrai, répliqua Julien avec vivacité; je vais partir sur-le-champ... au risque des mauvaises rencontres.

— Les mauvaises rencontres ne sont pas plus à craindre pour le piéton que pour le voyageur à cheval ou en voiture. Au contraire, si vous vous trouviez nez à nez sur le grand chemin avec un racoleur ou un cavalier de la maréchaussée, vous aurez bien plus de facilité à jouer des jambes et à gagner pays... Voyons, du cœur, morbleu! Ne vous abandonnez pas vous-même, et tout tournera bien.

Forget, malgré la mollesse de ses habitudes de citadin, était capable de comprendre ce langage énergique de l'expérience et du bon sens. Il s'occupa donc immédiatement de ses préparatifs de départ. Sur le conseil de Martin, il cacha les boucles d'or de ses jarretières et ses montres à breloques. Il boutonna sa lévite et prit les allures modestes d'un piéton. Tout son bagage consistait dans sa légère valise, qu'il pouvait porter commodément sur l'épaule avec son épée. Ainsi équipé, il avait l'air d'un jeune apprenti des métiers commençant son tour de France.

Après avoir écrit au père Anselme quelques mots de remercîment qu'il confia au serviteur de l'abbaye, il alla prendre congé de ses hôtes et quitta le couvent.

Pierre avait voulu l'accompagner jusqu'à la sortie de la ville pour le mettre dans le bon chemin. Quand ils atteignirent l'endroit où ils devaient se séparer, Julien dit adieu au brave homme avec effusion; il lui rendit grâce pour ses bons services et lui offrit les siens en cas de nécessité. Pierre parut touché de ces offres.

— Ce n'est pas de refus, mon jeune monsieur, dit-il d'un air grave; l'avenir est incertain et l'on ne sait de qui l'on aura besoin plus tard... Certainement, il viendra un temps où l'on n'emploiera plus la ruse et la violence pour faire des soldats français; il viendra un temps où les jeunes gentilshommes ne se croiront plus en droit de s'emparer des jolies bourgeoises qu'ils trouvent à leur gré; où les gens qui ne sèment ni ne récoltent, ne prélèveront plus la dime sur le travail du pauvre laboureur; où enfin l'on ne verra plus les choses monstrueuses que l'on voit aujourd'hui... Jusque-là, *motus*... N'oubliez pas mes recommandations et que Dieu vous assiste dans tout ce que vous allez entreprendre !

Il fit un salut gauche, mais amical, et retourna vers la ville, tandis que Julien poursuivait sa marche.

D'abord le voyageur ne manqua pas d'éprouver ce sentiment de bien-être que ressent tout homme dispos et vigoureux à se trouver libre sur un grand chemin, ayant à discrétion de l'air et de l'espace. La route côtoyait la Marne, dont les eaux jaunâtres formaient de capricieux détours au milieu d'une campagne plantureuse. Les prairies avaient conservé leur verdure, bien que le moindre souffle dans les champs voisins fît onduler les moissons parvenues à leur maturité. Quelques fermes, quelques châteaux montraient leurs toits rouges ou leurs tourelles à pointes aiguës à travers les arbres fruitiers des enclos ou les hautes futaies des parcs. Enfin, le temps était tel qu'on pouvait le souhaiter ; des nuages tempéraient l'ardeur du soleil, et une légère pluie avait abattu récemment la poussière du chemin. Les grillons chantaient dans l'herbe, les oiseaux dans les buissons ; et ce voyage pédestre semblait devoir s'accomplir dans les conditions les plus favorables.

Mais Julien n'était pas en disposition d'esprit convenable pour apprécier les avantages de ce genre. Une crainte vague l'obsédait et la rencontre du plus inoffensif paysan éveillait sa défiance. Il se glissait au bord de la route, « la barbe sur l'épaule, » comme disent les Espagnols, tressaillant au moindre bruit. Cependant la plus grande partie du voyage s'accomplit sans accident. Les cavaliers et les gens en voiture qu'il avait rencontrés ne semblaient pas faire attention à lui ; quant aux piétons, ils lui adressaient en passant un « bon jour » civil, auquel il répondait en baissant les yeux et en doublant le pas.

Le soleil s'inclinait vers l'horizon, et Julien ne croyait pas être à plus d'une lieue du terme de son voyage, lorsqu'il éprouva le besoin de se désaltérer et de prendre un instant de repos. Il marchait depuis plusieurs heures, chargé de sa valise, et se sentait fatigué. A deux cents pas en avant, dans un endroit où une route latérale venait rejoindre la route de Lagny, il aperçut un petit hameau et se dirigea de ce côté.

Il n'en était plus qu'à une courte distance et déjà il pouvait reconnaître que la porte d'une des habitations était surmontée d'un bouquet de gui annonçant une auberge, quand il vit venir à lui un voyageur à pied, de tournure assez singulière. Ce voyageur avait l'apparence d'un ouvrier des villes plutôt que d'un campagnard ; il s'avançait d'un pas résolu, en portant sa veste et son paquet au bout d'une longue canne. Julien, comptant en être quitte avec lui pour le « bonjour » banal qu'il avait échangé avec les autres passants, continuait d'avancer et ne témoignait aucune alarme. L'inconnu, au contraire, parut l'examiner avec une attention soupçonneuse. Tout à coup il s'arrêta au milieu de la route, laissa couler son modeste bagage sur la poussière et élevant sa canne d'un air martial, il cria d'une voix retentissante :

— *Tope, pays!*

Julien, en voyant cet homme se camper ainsi devant lui dans une attitude hostile, fit halte à son tour, sans répondre. L'autre exécuta de formidables moulinets et répéta :

— *Tope, pays!*

— Que me voulez-vous? demanda Forget, et pourquoi me barrez-vous le chemin?

L'inconnu le regarda d'un air d'étonnement et de défiance.

— Ah! tu ne *topes* pas? reprit-il; en ce cas, *tu hurles, coterie?*

— Je ne vous comprends pas, dit Julien stupéfait, je suis un voyageur paisible, laissez-moi passer.

L'homme à la canne frappa du pied.

— Je veux savoir, répliqua-t-il d'un ton rude, à quelle *vocation* tu appartiens... N'es-tu pas compagnon du devoir ?

Julien avait entendu parler de ces vastes associations d'ouvriers dont les membres, sous le nom de *compagnons*, parcouraient la France, alors comme aujourd'hui, et fraternisaient entre eux ou se battaient à outrance, selon qu'ils appartenaient au même *devoir* ou à des *devoirs* différents. Il comprit enfin ce qu'on lui voulait et répondit de son ton le plus doux et le plus poli :

— Je ne fais partie d'aucun corps de métier ; je ne suis ni apprenti, ni compagnon, ni maître dans aucune association ; je suis un simple marchand qui se rend à Lagny pour ses affaires et' je désire n'avoir de querelle avec personne.

L'homme à la canne se tut un moment en ayant l'air de ruminer le cas.

— Tu mens, reprit-il bientôt d'un ton farouche ; tu es sans doute un *gavot* ou un *loup* et tu auras entendu dire que moi, Nantais-Cœur-de-Lion, compagnon forgeron du devoir, j'assomme les Loups et les Gavots partout où je les rencontre... J'ai bien envie de t'assommer aussi à tout hasard.

Et Nantais-Cœur-de-Lion manœuvrait sa canne avec une crânerie des plus inquiétantes.

Le pacifique Julien s'empressa d'affirmer avec chaleur qu'il n'était ni Loup, ni Gavot, ni rien de pareil et protesta de son estime toute particulière pour les compagnons du devoir. Le forgeron parut ébranlé.

— Tu siffles comme un linot en cage, reprit-il ; mais n'importe, je me défie de toi... Avance donc à l'ordre pour que je t'examine un peu... Je reconnaîtrai bien si tu es un Loup, ou un Gavot, ou un Renard !

Forget eût bien voulu être dispensé de cette humiliante inspection ; mais comment s'y soustraire ? Il s'approcha donc de Nantais-Cœur-de-Lion. Celui-ci, sa canne à la main, se tenait sur ses gardes, comme le caporal de patrouille qui reçoit d'une autre patrouille le mot de ralliement, et il considéra Julien avec un soin minutieux. Après avoir passé en revue chaque pièce de son costume, il s'assura que ses mains étaient fines, blanches, et n'annonçaient pas des habitudes de travail. Ses observations terminées, le forgeron se dérida sensiblement, et une légère nuance de mépris remplaça peu à peu l'expression menaçante de ses traits.

Tandis qu'il examinait Julien, celui-ci l'examinait avec non moins de curiosité. Nantais-Cœur-de-Lion était un homme de vingt-cinq ans environ, de très-grande taille et d'une figure plutôt brutale que méchante. Il avait une culotte de drap et des bas à côtes ; son chapeau à cornes était posé à terre avec son bagage, et sa chemise ouverte laissait voir sa poitrine robuste, couverte de tatouages comme ses mains et comme ses bras. Ses cheveux noirs et incultes formaient de nombreuses tresses ou cadenettes qui n'avaient jamais été poudrées même de plâtre ou de farine, et il portait des boucles d'oreilles en laiton, auxquelles étaient suspendus de microscopiques fers à cheval de même matière, emblèmes de sa profession. Somme toute, c'était un terrible champion que les Loups et les Gavots, ses ennemis, devaient craindre de rencontrer seul à seul sur la route du tour de France.

L'hercule semblait pourtant avoir encore quelques doutes, car il marmottait entre ses dents :

— Certainement ces petites pattes blanches ne sont pas celles d'un taillandier, d'un tailleur de pierres, ni d'un menuisier... Avec ça, pas de rubans, pas de canne, pas de tatouages ni de boucles d'oreilles... Il pourrait bien n'être pas compagnon. Il est vrai que les Loups et les Gavots se déguisent si habilement ! J'ai envie, pour l'acquit de ma conscience, de lui donner une bonne raclée... Comme ça, dans tous les cas, l'honneur sera sauf.

Cette idée revenant sans cesse dans la grosse tête de Nantais-Cœur-de-Lion, Julien se remit à soutenir chaleureusement qu'il était bourgeois et très-bourgeois. Le forgeron parut enfin convaincu.

— Au fait, c'est possible, reprit-il en abaissant sa canne ; eh bien, veux-tu que je te dise qui tu es, petit ?

Tu es un apprenti perruquier, car il n'y a plus qu'eux, dans les corps de métiers, qui portent l'épée... Et à propos d'épée, continua-t-il d'un ton bon enfant, veux-tu essayer la tienne contre ma canne? Histoire de rire et de savoir qui s'en sert le mieux !

Cette proposition ne trouva encore aucun encouragement du côté de Julien ; il répondit en affectant un air dégagé :

— Je ne suis pas apprenti perruquier, mais vous devez vous servir de votre canne beaucoup mieux que je ne saurais le faire de mon épée... Aussi, à vous parler franc, n'ai-je aucune envie de tenter l'expérience.

Nantais-Cœur-de-Lion, flatté de voir sa supériorité si bien admise, se rengorgeait avec orgueil. Cependant, comme le compagnon pouvait être encore sous l'influence de son idée dominante, Julien crut devoir employer un dernier argument qu'il supposait irrésistible.

— Ecoutez, reprit-il, au moment où je vous ai rencontré, j'allais boire un pot de vin dans cette auberge que vous voyez là-bas ; si vous voulez en prendre votre part, nous ferons connaissance d'une manière beaucoup plus agréable pour tous les deux.

Contre son attente, on n'accepta pas cette invitation avec empressement.

— Je ne bois pas avec tout le monde, répliqua Nantais avec dignité. Je suis Enfant de Maître-Jacques, et j'ai été premier compagnon à Valenciennes d'où j'arrive... Je ne choque pas ainsi mon verre sans savoir.

Mais la réflexion et la soif ne tardèrent pas à modifier sa décision.

— Tout de même, reprit-il en hésitant, si vous voulez me donner votre parole d'honneur que vous n'êtes ni un Loup, ni un Gavot, ni un ennemi du *devoir* auquel j'appartiens...

— Je ne suis ennemi de personne.

— Touchez donc là, dit Nantais-Cœur-de-Lion en ouvrant une large main, noire et dure comme le fer qu'elle maniait d'habitude.

Julien y laissa tomber la sienne, et le forgeron ayant repris son bagage, ils se dirigèrent côte à côte vers l'auberge.

A partir de ce moment, le compagnon du devoir, si redoutable tout à l'heure, devint doux comme un agneau. Julien avait des manières polies et distinguées qui finirent par lui imposer; et, en apprenant que sa nouvelle connaissance était établie à Paris, où il comptait se rendre plus tard lui-même pour se perfectionner dans son métier, Nantais lui témoigna une déférence presque respectueuse. Aussi, quoique l'auberge ne fût pas éloignée, se trouvaient-ils déjà les meilleurs amis du monde quand ils y arrivèrent.

Au moment d'entrer, ils s'arrêtèrent pour observer une chaise de poste qui se montrait au loin. Elle suivait la route latérale qui, en cet endroit, rejoignait la route de Lagny, et elle ne devait pas tarder à passer devant l'auberge. Mais un événement aussi simple n'était pas de nature à les occuper longtemps, et ils allaient pénétrer dans la maison quand une voix éraillée s'éleva tout près d'eux :

— Eh! c'est le bourgeois de l'abbaye! disait-on; il va enfin me payer l'écu qu'il me redoit.

Julien se retourna brusquement. Sur un banc de pierre, auprès de la porte, était installé Cascaret. Soit qu'on n'eût pas voulu le recevoir dans l'hôtellerie à cause de ses guenilles, soit qu'il eût préféré rester en plein air, le mendiant s'était fait servir là une mesure de vin, et ayant tiré de son bissac un morceau de pain et quelques noix, il dînait avec un grand bruit de mâchoires.

Forget, en le reconnaissant, eut un mouvement de colère. Malgré sa patience, il était poussé à bout par ce vagabond qui se multipliait sur ses pas, toujours avec des exigences nouvelles.

— Que me voulez-vous encore? dit-il rudement. Ne vous ai-je pas bien payé le soi-disant service que vous m'avez rendu?... Allez-vous me persécuter ainsi jusqu'à la fin de mes jours?... Laissez-moi donc en paix et allez au diable!

Il voulut passer outre; mais Cascaret s'était levé et brandissait son bâton d'un air de menace.

— Ah! est-ce ainsi? reprit-il; et n'avez-vous pas de honte?... Un chrétien, comme moi, peut-il damner son âme pour un seul écu?... Si pourtant j'avais dit au sergent que vous êtes un déserteur du régiment de la Trémouille...

— Silence! taisez-vous! interrompit Julien aussi effrayé qu'irrité des paroles du mendiant.

— Et si je ne veux pas me taire! reprit Cascaret avec arrogance; vous ne vous débarrasserez pas ainsi de moi; je m'attache à vous jusqu'à ce que vous m'ayez payé mon dû.

Forget se demandait s'il n'agirait pas avec sagesse en lâchant encore une pièce blanche à l'insolent drôle. Mais Nantais-Cœur-de-Lion, qui avait écouté cette conversation sans trop la comprendre, intervint tout à coup.

— Bourgeois, dit-il à Julien en regardant Cascaret de travers, est-ce que vraiment vous devez de l'argent à ce vieux-là?

— Pas le moins du monde.

— En ce cas, reprit le forgeron résolûment, il va nous laisser tranquilles... Tu entends, vieux papa ? ajouta-t-il en maniant sa canne avec dextérité ; quand on me moleste ou quand on moleste mes amis, je cogne... Je suis Nantais-Cœur-de-Lion, compagnon du devoir ; n'est-tu pas content ? En veux-tu ?... Tu as ta trique, nous en jouerons, si le cœur t'en dit !

Cascaret n'était pas homme à accepter un pareil défi ; il répliqua d'un air intimidé :

— Je ne vous parle pas à vous ; mais ce bourgeois sans cœur...

— Hein ! tu en veux donc ?

Et la canne décrivit autour du mendiant de si formidables moulinets, sans toutefois le toucher, que Cascaret regagna sa place en murmurant :

— C'est bon ! Je n'aurai pas de querelle avec vous... Mais je le retrouverai, soyez en sûr.

Alors enfin les voyageurs entrèrent dans l'auberge et ils allèrent s'asseoir à une table de la salle basse.

Julien, ayant demandé une bouteille du meilleur vin, ils trinquèrent amicalement et un parfait accord continua de régner entre eux. Cependant ils n'en avaient pas fini avec Cascaret. Le vagabond les voyait par la fenêtre de la salle, et, sans cesser de manger, il marmottait par intervalles de sa voix enrouée :

— Le voleur !... Le trompeur !... Faire tort au pauvre monde !

Mais on ne s'inquiétait plus de ces injures et bientôt elles cessèrent. La chaise de poste, que l'on avait signalée, approchait rapidement, et le mendiant songeait à tirer quelque chose des opulents voyageurs qu'elle contenait sans doute. A sa vive satisfaction, la voiture vint s'arrêter devant l'auberge même, ce que le postillon annonça par une bruyante ritournelle de coups de fouet.

Aussitôt toute la maison fut en l'air. L'arrivée d'une chaise de poste était un événement pour ce modeste cabaret; l'hôte, l'hôtesse, les servantes, le valet d'écurie accoururent sur le seuil de la porte. Par malheur, le postillon ne fit pas mine de descendre et de dételer ses chevaux; il demeura en selle et se contenta d'imposer silence à son fouet. Donc évidemment cette halte n'était pas sérieuse, et l'on comptait repartir après une très-courte station.

Cependant une portière de la voiture, qui était vieille et de chétive apparence, s'ouvrit en grinçant, et un voyageur sauta lourdement à terre. Aussitôt il fut entouré par les gens de l'auberge, qui lui offraient leurs services à l'envi l'un de l'autre, tandis que Cascaret demandait l'aumône de son accent le plus lamentable, promettant de prier pour le succès du voyage « des charitables personnes. »

Mais le voyageur reçut tout ce monde assez mal :

— Allons! la paix! répliqua-t-il; j'ai seulement besoin d'un verre d'eau pour une dame... qu'on me donne un verre d'eau!... Je le payerai, s'il le faut, que diable!

Cette demande consterna le personnel de l'auberge. Un verre d'eau! c'était bien la peine de recevoir une chaise de poste! L'hôte énuméra pourtant les rafraîchissements qu'il pouvait offrir : ils se bornaient à du vin et à du cognac. Mais ses offres ne furent pas acceptées, et une femme dit avec impatience du fond de la voiture :

— Non, non, de l'eau! rien que de l'eau!... Je ne veux pas autre chose.

Julien éprouva un saisissement subit. Le son de voix

des voyageurs, homme et femme, l'avait frappé d'étonnement et d'effroi.

On comprendra son émotion, car il croyait avoir reconnu les voix du sergent Jardin-d'Amour et de Denise.

Comme il était assis près de la fenêtre donnant sur la route, il souleva le rideau et jeta un regard furtif au dehors. C'était bien Jardin-d'Amour qui se promenait devant l'auberge; il était en habit bourgeois, mais à sa roideur militaire et surtout à son énorme balafre, on ne pouvait s'y méprendre. Quant à la dame de la chaise de poste, on en voyait seulement un pan de robe et un joli petit pied à haut talon. Ce pied appartenait-il à Denise? Par une réflexion rapide, Julien demeura convaincu de l'impossibilité du fait. L'idée de Denise voyageant en chaise de poste et en apparence de son plein gré avec ce grossier racoleur lui semblait monstrueuse et inacceptable. Selon toute probabilité, si la jeune femme avait suivi volontairement un protecteur, ce ne pouvait être cet épouvantail de sergent, mais bien plutôt le chevalier de Morandelle, si beau et si séduisant dans son riche uniforme de la vénerie de Condé.

Quoique rassuré sur ce point important, Forget n'en éprouvait pas moins une vive appréhension en se trouvant si près de Jardin-d'Amour. Aussi laissa-t-il tomber le rideau et il se tourna vers Nantais Cœur-de-Lion pour s'assurer s'il pourrait compter sur lui en cas de besoin. Le forgeron ne remarquait pas son agitation et buvait à petits coups. Un moment Julien craignit que Jardin-d'Amour impatienté n'entrât lui-même dans la salle; mais la servante, ahurie d'abord par les jurons du racoleur, s'élança enfin pour aller chercher ce qu'il demandait. On n'entendit plus au dehors que la voix du postillon gourmandant ses chevaux, et les nasillements de Cascaret qui importunait la voyageuse de ses sollicitations.

Enhardi par cette tranquillité, Julien souleva encore le rideau. Jardin-d'Amour continuait de se promener devant la porte. Les gens de l'auberge, n'espérant plus rien des voyageurs, venaient de rentrer. Lorsque la servante reparut avec le verre d'eau sur une assiette, le sergent le lui enleva et, prenant l'attitude la plus galante, alla le présenter à la dame de la chaise de poste. Elle le vida d'un trait et rendit le verre en disant affectueusement :

— Merci, mon ami... Me voilà contente... Maintenant, partons au plus vite !

Julien sentit une nouvelle secousse au cœur. La voix si douce et si caressante qui venait de frapper son oreille était bien celle de Denise. Cependant il voulait douter encore et continuait de regarder à travers la vitre, l'œil fixe et la poitrine oppressée.

Déjà Jardin-d'Amour, après avoir glissé une pièce de douze sous à la fille d'auberge, était remonté dans la chaise de poste. La portière s'était refermée à grand bruit, et le postillon assemblait ses rênes pour partir. En ce moment la voyageuse, importunée sans doute par les sollicitations de Cascaret, se pencha hors de la voiture pour jeter quelques sous au mendiant, et se retira aussitôt.

Cette fois Julien ne put retenir un cri. Dans cette femme qu'il venait de voir, il avait parfaitement reconnu les traits toujours si gracieux et si riants de sa chère Denise. La terreur que lui inspirait le sergent n'était plus capable de contenir ses transports, et au risque de ce qu'il pourrait en résulter, il s'écria :

— Denise ! Denise ! attendez-moi... Je suis ici.

Il courut impétueusement vers la porte, bousculant les tables et renversant les bancs sur son passage, à la profonde stupéfaction de Nantais Cœur-de-Lion. Mais, quelle que fût sa célérité, il arriva trop tard ; la voiture venait de partir. Il se mit à sa poursuite en criant : « Arrêtez ! arrêtez ! » Par malheur elle roulait déjà sur le pavé raboteux, et le postillon, pour animer ses chevaux et leur faire regagner le temps perdu, exécutait avec son fouet un concerto qui eût empêché d'entendre le ciel tonner. Les appels énergiques et réitérés de Julien ne produisirent donc aucun effet sur les voyageurs, et la chaise de poste, continuant sa course, ne tarda pas à disparaître dans un nuage de poussière du côté de Lagny.

Le pauvre Julien l'avait suivie de toute sa vitesse ; mais bientôt, sentant l'impossibilité de l'atteindre, il revint vers l'auberge, où il avait laissé son bagage. Tous les gens de la maison et le forgeron lui-même étaient de nouveau sur la porte, cherchant quelle pouvait être la cause de cette fuite précipitée. Quand Julien reparut épuisé, le front baigné de sueur, on lui demanda ce qu'il avait.

— C'est Denise ! répliqua-t-il avec égarement ; il faut que je la rejoigne, que je la délivre… on l'a ensorcelée !

Il prit sa valise et allait partir sans regarder personne. On lui réclama le prix du vin qu'il avait bu ; il jeta machinalement une pièce d'or sur la table et voulut encore s'éloigner sans attendre sa monnaie. En passant devant le compagnon du devoir qui ouvrait de grands yeux, il lui dit tout à coup :

— Vous êtes un brave garçon et un garçon solide ; voulez-vous m'aider à délivrer Denise ? Avec votre canne, dont vous vous servez si bien, vous assommerez le racoleur !

— Assommer... qui? demanda le Nantais.

— Ce scélérat de Jardin-d'Amour; et je vous donnerai tout l'argent que vous voudrez, je vous achèterai une maîtrise... Mais venez, venez vite !

— Où donc? demanda le compagnon du devoir de plus en plus interdit.

Julien ne répondit pas et sortit de la maison d'un pas rapide.

— Je croyais que c'était un bourgeois, dit le forgeron d'un air de pitié, et ce n'est qu'un pauvre fou.

— Oui, oui, il est fou, répétèrent en chœur tous les gens de l'auberge.

— Fou tant que vous voudrez, dit le mendiant Cascaret en hochant la tête, mais il a beaucoup d'argent... Et s'il est fou, les chances seront meilleures !

Puis, reprenant son bâton, il se mit aux trousses de Forget, tandis que Nantais Cœur-de-Lion s'éloignait dans une direction opposée, en réfléchissant aux inconvénients de faire des connaissances sur les grands chemins.

XVI

A LAGNY, COMBIEN VAUT L'ORGE?

A la chute du jour, Forget atteignit enfin la ville de Lagny. S'étant fait indiquer par le premier qu'il rencontra l'auberge du Grand-Saint-Antoine, où il devait retrouver Denise, il s'empressa de s'y rendre. Cette auberge, située dans la basse ville, à quelque distance de la Marne, était d'assez pauvre apparence. Julien ayant demandé si une chaise de poste dans laquelle voyageait une jeune dame n'y était pas arrivée le jour même, il lui fut répondu qu'on n'avait vu ni la voiture ni la jeune et jolie voyageuse qu'il dépeignait. Toutefois il voulut s'installer sur-le-champ au Grand-Saint-Antoine, et se fit donner une chambre où il porta son mince bagage.

— Le rendez-vous n'est que pour demain, disait-il en se rappelant les recommandations de Pierre; pourquoi Denise ne s'y trouverait-elle pas, comme nous en sommes convenus? Demain seulement, si elle ne paraît pas ou ne donne pas de ses nouvelles, je ne pourrai plus douter de mon malheur!

Le lendemain donc, dès les premiers rayons du jour, il était sur pied, et, se postant à la fenêtre, il examinait non-seulement les voyageurs qui entraient à l'auberge ou en sortaient, mais encore les passants qui allaient et venaient pour leurs affaires sur la voie publique. Mais il avait beau regarder, il n'apercevait ni la forme svelte et élégante de sa chère Denise, la coquette Parisienne, ni même la haute stature de cet odieux Jardin-d'Amour, à qui maintenant il voulait demander compte de ses persécutions, dût-il mourir à la peine; et il se désolait, sans songer que jusqu'à la fin du jour il n'y avait pas lieu de perdre l'espérance.

La matinée s'écoula dans cette vaine attente. Julien avait la fièvre, il ne pouvait tenir en place. Après avoir mangé quelques bouchées à la hâte, il résolut d'aller d'auberge en auberge s'informer des voyageurs de la chaise de poste. D'autre part, l'instinct du commerçant n'était pas complétement étouffé en lui par ses chagrins domestiques, et il se souvenait qu'il avait une somme assez forte à toucher chez Trublet, le bimbelotier de la ville. Il oubliait d'autant moins cette circonstance que, par suite du payement fait à Billon et de ses dépenses à Senlis, il se voyait près de manquer d'argent. Or, l'argent allait lui être très-nécessaire, soit qu'il retrouvât Denise, soit qu'il eût à continuer ses recherches, et il importait de réclamer cette somme le plus promptement possible, afin d'être prêt à tout événement. Aussi, après avoir adressé à l'hôte et à l'hôtesse des recommandations minutieuses pour faire attendre dans sa chambre toute personne qui viendrait le demander en son absence, se fit-il indiquer la demeure de son correspondant, et il sortit.

Il n'eut pas de peine à trouver la boutique de Trublet.

Le bimbelotier habitait une des rues les plus fréquentées de Lagny, et son enseigne, *le Mouton couronné*, y paraissait bien connue. Cette boutique, noire et profonde, contenait les objets les plus hétérogènes, comme il arrive aujourd'hui encore dans les petites villes de province. C'était un véritable bazar, où l'on voyait, à côté des bimbeloteries et des quincailleries qui faisaient le fond de ce commerce cosmopolite, des armes, des bijoux, des toiles, des chaussures et jusqu'à des pots de pommade ou des bâtons de pâte de guimauve, ce qui causait force débats avec les autres marchands de la ville, patentés pour la vente exclusive de chacune de ces marchandises. Mais les maîtrises et les corps de métiers n'avaient déjà plus leur autorité jalouse d'autrefois, et la ligne de démarcation entre les diverses professions commençait à n'être plus rigoureusement observée.

Trublet et sa femme se trouvaient en ce moment dans la boutique, avec un apprenti qui époussetait les marchandises au moyen d'un plumeau. Mme Trublet, bourgeoise grave, aux vêtements antiques, à la mine triste, était assise dans un coin obscur du magasin et tricotait avec de grandes aiguilles de bois un gilet de laine à l'intention de son époux. Quant à Trublet lui-même, c'était un gros homme débraillé, à figure malicieuse et réjouie, coiffé en ailes de pigeon, et dont la queue poudrée opérait continuellement des soubresauts convulsifs sur le collet de son habit. Quand Forget entra, le bimbelotier jouait naïvement avec un pantin de forme nouvelle, arrivé depuis peu de Nuremberg, et auquel il faisait prendre toutes sortes de poses burlesques. Il se décida néanmoins à interrompre cette agréable occupation pour venir au-devant du visiteur et lui demanda ce qu'il souhaitait. Julien déclina son nom, et il lui sembla qu'en l'entendant Mme Trublet éprouvait un tressaillement de mauvais augure; mais le bimbelotier conserva son air riant et lui tendit la main :

— Ah! monsieur Forget fils, du Grand-Dunkerque! reprit-il. Ravi de vous voir, monsieur Forget fils... Vous voilà donc dans notre ville? Elle est laide, n'est-ce pas? et vous devez bien vous moquer de nous autres pauvres provinciaux! Cependant ne vous y fiez pas trop, monsieur Forget fils; il y en a parmi nous qui sont malins, allez! J'en connais, moi, qui dameraient le pion et feraient la barbe aux plus madrés Parisiens... On aime les farces ici... Je vous conterai quelques-unes des miennes... Il faut bien passer le temps!

Et maître Trublet ricanait, se frottait les mains, tandis que sa queue sautait de son épaule droite à son épaule gauche, au milieu de tourbillons de poudre blanche.

Julien écoutait d'un air ébahi ce flux de paroles. Mme Trublet, ayant mis son tricot à l'écart, s'approcha à son tour et demanda humblement des nouvelles de « l'excellente » madame Forget, du « bon » monsieur Cadet, et de chacun des commis du Grand-Dunkerque; si elle ne s'informa pas aussi de l'apprenti Alexis, c'est qu'elle n'avait pas eu occasion de le voir lors de son unique voyage à Paris, quelque dix ans auparavant. Julien répondit distraitement à toutes ces questions; il avait hâte de terminer l'affaire qui l'amenait chez les Trublet, pour retourner à son auberge, où Denise l'attendait peut-être. Aussi profita-t-il du premier moment favorable pour parler de la créance dont il avait à opérer le recouvrement et au sujet de laquelle le bimbelotier avait dû recevoir un avis expédié de Paris.

Trublet se mit à rire aux éclats, tandis que sa femme levait les yeux vers le plafond et poussait un soupir à fendre l'âme.

— Ah! oui, d'anciennes factures qui n'ont pas encore été payées, dit le gros bimbelotier; je me souviens de quelque chose de pareil... mais ça regarde Mme Trublet... Il y avait, si j'ai bonne mémoire, de jolies sonnettes dans ces marchandises, et j'en ai attaché plus d'une à la queue des chiens errants, qui ensuite parcouraient la ville au galop; on les prenait pour « le clocheteur des trépassés. » C'était à mourir de rire! Et puis, il y avait des piéges à rats sur lesquels je posais l'argent quand je rendais de la monnaie aux chalands qui ne me plaisaient pas; aussitôt qu'ils voulaient prendre leur monnaie, le traquenard se détendait et pinçait les doigts des imbéciles... En ai-je fait, de ces farces! Je suis farceur, moi, je ne m'en cache pas!... Il y avait encore...

— Monsieur Trublet, interrompit sa moitié avec vivacité, n'as-tu pas de honte? Oses-tu te vanter de ces sottes plaisanteries qui te rendent la peste de la ville?

-- Bah! bah! madame Trublet, laisse-moi donc tranquille, répliqua le mari en cherchant dans un bocal un morceau de réglisse pour se rafraîchir la bouche; crois-tu que M. Forget fils ne connaisse pas tout cela? Tu n'as pas vécu à Paris comme nous, toi. A Paris on passe le temps à jouer des tours aux badauds... Je me souviens qu'étant apprenti chez Galuchard, rue Thibautodé, à l'enseigne de la Poule-d'Or, nous nous amusions à faire rougir de vieux ciseaux que nous placions ensuite devant la porte sur le pavé. Ceux qui voulaient y toucher se brûlaient les mains... et nous riions! Mais une fois il vint un malin...

La bourgeoise ne permit pas à son facétieux époux

d'achever l'histoire commencée, et prenant un ton piteux, elle dit à Julien que les temps étaient durs, que les habitants de la ville exigeaient d'interminables crédits, que l'argent devenait de plus en plus rare; enfin, que la maison Trublet n'était pas en mesure, pour le moment, de solder la somme entière due à la maison du Grand-Dunkerque; et elle finit par proposer de remettre à M. Forget, comme à-compte, quelques centaines de livres qui étaient, ajoutait-elle, tout ce qu'il y avait d'argent au logis.

Julien se montra très-surpris et très-fâché de ce contre-temps. Habitué à la ponctualité commerciale, il ne comprenait pas qu'on ne pût, à terme convenu, faire honneur à ses engagements; d'ailleurs, comme nous l'avons dit, il avait besoin pour lui-même de la somme entière due par les Trublet. Aussi exprima-t-il son désappointement avec un peu d'aigreur. La pauvre femme baissa la tête et répondit d'une voix altérée :

— Je vous le répète, monsieur, la vente ne va guère... Et puis, poursuivit-elle plus bas, je suis seule à veiller aux intérêts de la maison; quand on a un mari occupé sans cesse de frivolités...

Des larmes mouillèrent ses yeux et elle se détourna pour les cacher. La colère de Julien ne tint pas devant ces signes d'un grand chagrin domestique; il s'empressa de déclarer à Mme Trublet qu'il se contenterait de la somme dont elle pouvait disposer, et que l'on s'entendrait pour le payement du reste de la dette. La marchande remercia Julien de sa condescendance et monta chercher, à l'étage supérieur, les fonds qu'elle devait remettre au jeune négociant.

Demeuré seul avec le bimbelotier, Forget, qui n'éprouvait aucune sympathie pour lui, ne semblait pas pressé de reprendre la conversation. Trublet était maintenant en train de picorer des pastilles de menthe, il s'agitait sur son siége et lançait à Julien des regards obliques, comme un gros singe qui médite une malice. Enfin il reprit, en clignant des yeux et en ricanant selon son habitude :

—Hein ! elle n'est guère divertissante, la bourgeoise ! Si l'on ne trouvait moyen de s'égayer un peu...

— Eh ! mon cher, répliqua Julien avec impatience, la vie ne saurait être une fête ou un éclat de rire continuel... Je m'en suis aperçu déjà, malgré ma jeunesse, et il me semble qu'à votre âge vous avez dû vous en apercevoir aussi plus d'une fois.

Trublet demeura interdit, ne sachant s'il devait se fâcher ou rire de cette boutade. Bientôt il prit un air grave, et répliqua en mâchonnant ses pastilles :

— Bon ! vous parlez ainsi parce que nous ne pouvons payer ; et vous vous imaginez que j'emploie tout mon temps à dire des calembredaines ou à faire des farces. Je peux au besoin être sérieux comme un autre... Et tenez, savez-vous pourquoi nous sommes à court d'argent aujourd'hui ? C'est qu'à l'insu de Mme Trublet je spécule sur les grains. Vous n'ignorez pas sans doute que notre ville est un marché important pour toute espèce de céréales, et l'on gagne gros à acheter des blés en baisse pour les revendre en hausse. Ainsi j'ai en ce moment quelque part, toujours à l'insu de la bourgeoise, cent sacs du plus bel orge, que je compte vendre si le cours de cette denrée continue à s'élever, comme je l'espère... Pensez-vous rester longtemps à Lagny ?

Julien répondit que rien encore n'était arrêté quant à son départ ; mais que, selon toute apparence, il ne quitterait pas la ville avant deux ou trois jours.

— Eh bien, ce temps sera suffisant pour que j'aie terminé ma spéculation sur les orges; et alors nous achèverons de solder vos factures, capital et intérêt.

Trublet s'exprimait avec tant de bonhomie que Julien crut s'être trompé sur le caractère du bimbelotier. Peut-être malgré cette apparence frivole y avait-il en lui, comme il arrive souvent, un homme intelligent et doué d'une énergie véritable. Aussi Forget promit-il de repasser avant son départ, annonçant qu'il serait heureux de terminer cette affaire, afin d'épargner aux deux maisons une nouvelle correspondance.

— Allons! tout pourra s'arranger ainsi, reprit Trublet; réellement, les orges sont en hausse, et j'encaisserai bientôt de forts jolis bénéfices... Par malheur, poursuivit-il d'un ton piteux, je ne peux sortir aujourd'hui pour m'informer du prix des grains; il faudrait mettre Mme Trublet dans la confidence de ma spéculation, et je tiens à lui faire une surprise. Quand elle croira être dans l'embarras pour acquitter votre dette, je lui apporterai tant d'argent qu'elle ne saura comment l'employer... C'est une farce que je lui prépare... Il faut bien rire!... Mais pourquoi, vous qui logez au Grand-Saint-Antoine, dans le quartier des meuniers et des marchands de blé, n'auriez-vous pas l'obligeance de vous informer du prix de l'orge?

— Des intérêts de la nature la plus pressante, répliqua Julien, m'occuperont pendant tout le temps de mon séjour à Lagny... Cependant je ne refuse pas de vous rendre le léger service que vous demandez, si j'en ai le loisir.

En ce moment on entendit Mme Trublet descendre l'escalier voisin.

— Chut! pas un mot devant ma femme, dit le marchand en posant un doigt sur ses lèvres, car ma surprise serait manquée.

Et, comme il fallait qu'il occupât toujours à quelque chose ses mains ou sa langue, il se mit à faire évoluer un cheval de bois, ce qui fut une occasion pour son catogan de se livrer à la sarabande la plus effrénée.

Mme Trublet arriva portant, d'un air triste, un sac de toile qu'elle ouvrit après l'avoir déposé sur le comptoir. Elle en tira toutes sortes de monnaies : quelques pièces d'or d'Espagne de vingt-quatre et quarante-huit livres, des écus de six et de trois livres, des pièces de trente et de quinze sous, et jusqu'à des *blancs*, qui étaient encore en usage à cette époque. Evidemment, la pauvre dame avait réuni, comme elle l'avait annoncé, tout l'argent du logis, et elle forma des piles de chaque espèce de monnaie, non sans pousser de temps en temps de gros soupirs. Ce travail achevé, elle pria Julien de compter la somme et alla chercher une plume, de l'encre et du papier, afin qu'il pût écrire la quittance.

Pendant que Forget, avec la dextérité que donne l'habitude, faisait glisser chaque pile entre ses doigts, le bimbelotier cessa de tourmenter son cheval, et se penchant vers le jeune négociant, lui dit à voix basse :

— Ah çà, est-ce que vous allez tout prendre? La bourgeoise n'a rien gardé, et nous resterons comme de petits Saint-Jean.

Julien répondit de même que cette somme était encore bien insuffisante, puisqu'elle représentait à peine la moitié de la dette exigible.

—Ne vous ai-je pas promis de tout payer quand j'aurai vendu mon orge?... Voyons, vous nous laisserez bien une cinquantaine de livres pour empêcher le diable de danser dans la sébile du comptoir?

Julien hésitait à faire la concession réclamée; il y avait encore dans le langage et les manières du bimbelotier quelque chose de faux qui le mettait en défiance. Si Mme Trublet lui eût présenté cette requête, peut-être n'eût-il pas eu le courage de répondre par un refus; mais, quand elle revint avec tout ce qu'il fallait pour écrire, elle dit d'un ton dolent :

— En vérité, monsieur Forget, je suis confuse de vous donner si peu... Mais je vais provoquer des rentrées, et peut-être, dans quelques jours, serai-je en mesure d'opérer de nouveaux versements.

Cette assertion, si contraire à celle du mari, rassura la conscience de Julien. Il empocha la somme entière et en délivra quittance. Puis, après avoir annoncé qu'il reviendrait avant de quitter Lagny, il prit congé des époux Trublet.

Sur le seuil de la porte, le bimbelotier lui dit à l'oreile :

— Eh! monsieur Forget fils, si vous voulez encore nous tirer de l'argent, n'oubliez pas de demander le prix de l'orge.

Julien ne fit qu'un saut de la maison des Trublet à l'auberge de Saint-Antoine. D'abord il était impatient de se débarrasser de la somme lourde et embarrassante qu'il venait de toucher, et puis il lui semblait impossible que Denise n'eût pas donné de ses nouvelles à l'auberge pendant son absence. Néanmoins, lorsqu'il questionna les gens de l'hôtellerie à ce sujet, on lui répondit encore qu'on n'avait vu personne.

Alors les idées les plus noires revinrent l'assaillir. Denise était bien décidément perdue pour lui, puisqu'elle manquait au rendez-vous convenu. Cependant, persuadé qu'elle devait être à Lagny, il résolut de se mettre sur-le-champ à sa recherche. Ayant donc déposé en lieu de sûreté la somme qu'il venait d'apporter, il sortit de nouveau, non sans avoir répété aux gens de l'auberge les recommandations ordinaires.

D'abord il visita les auberges du quartier, s'enquérant si l'on n'avait pas vu, la veille ou le jour même, les voyageurs qu'il dépeignait; partout mêmes réponses négatives et désolantes. Le découragement commençait à s'emparer de lui quand, passant dans une rue fréquentée, il fut heurté par un meunier qui du choc lui couvrit ses vêtements de farine. Le Parisien s'épousseta précipitamment, sans que l'auteur de sa disgrâce parût disposé à s'excuser. Comme cet homme s'éloignait nonchalamment, Julien se souvint tout à coup de la prière de Trublet et s'adressant au meunier il lui dit avec un peu d'humeur :

— Eh! l'ami, vous n'êtes guère civil... Du moins, pour effacer votre impolitesse, pourriez-vous me dire *combien vaut l'orge* à Lagny?

A peine eut-il prononcé ces paroles, dont il ne soupçonnait pas la terrible puissance, qu'un changement merveilleux et subit s'opéra autour de lui. Le rustre, qui s'éloignait déjà d'un pas lourd, se retourna impétueusement; son visage était crispé par la colère, les yeux lui sortaient de la tête. Il s'élança sur Julien, en criant d'une voix retentissante :

— L'orge! l'orge! l'orge!

Julien fit un saut de côté pour éviter cette charge brutale. Puis, voyant que le meunier, de plus en plus irrité, continuait de le presser, il se mit à bondir à droite et à gauche, en disant avec un étonnement mêlé d'effroi :

— Eh bien, qu'y a-t-il donc ? Que me voulez-vous ? Je ne vous ai pas offensé ; je vous ai demandé seulement un renseignement dont j'ai besoin...

— L'orge ! l'orge ! l'orge ! répétait l'homme à la farine.

En même temps, partout dans le voisinage, dans la ue, sur le seuil des portes et aux fenêtres des maisons, éclataient mille voix, les unes claires et argentines, les autres rauques et sauvages, et toutes répétaient sur le ton de la fureur ce cri mystérieux : *L'orge ! l'orge ! l'orge !* Une foule considérable sortait on ne sait d'où. Les passants s'arrêtaient, oubliant leurs affaires les plus pressantes ; des gens de tous rangs et de toutes conditions mêlaient leurs clameurs à cette clameur immense. Il y avait des vieilles femmes qui montraient le poing avec frénésie en hurlant « l'orge ! » comme les autres. Il y avait de petits enfants qui, s'échappant des bras de leurs mères, semblaient partager l'exaspération de la foule. Personne ne restait étranger à ces passions tumultueuses ; la question imprudente de Julien était considérée comme une injure directe et sanglante à l'adresse de chaque habitant de la ville.

Bientôt le malheureux jeune homme, entouré de toutes parts, fut saisi par des mains robustes, au nombre desquelles se trouvaient celles du meunier, son premier adversaire. Julien essayait de résister, mais la résistance, comme la fuite, était impossible ; ses efforts n'eurent d'autre résultat que d'attirer sur lui un redoublement de brutalité. Il put même craindre un moment d'être écrasé au milieu des fluctuations de cette multitude en délire. Enfin, ahuri, brisé de fatigue, il cessa de s'agiter et se contenta de répéter :

— Bon Dieu ! qu'ai-je fait, et que me veut-on ?

Mais les rugissements de la population empêchaient

d'entendre ces paroles auxquelles, du reste, personne n'eût daigné répondre. Julien s'attendait à être massacré sur l'heure, quand une voix domina le tumulte :

— Conduisons-le à la fontaine, selon l'usage, s'écria-t-on.

— Oui, oui, à la fontaine! répéta-t-on de toutes parts.

Ceux qui tenaient Forget l'entraînèrent vers le centre de la ville, en remontant la rue. La foule devenait plus compacte à mesure que l'on avançait, et on entendait retentir sans relâche ce cri terrible : *l'orge! l'orge!* qui semblait être un appel en même temps qu'un signal de vengeance. Julien n'espérait plus émouvoir ses bourreaux. Il se taisait et était porté plutôt que soutenu par les hommes chargés de le conduire. Il promenait autour de lui un regard d'angoisse pour chercher dans cette multitude exaltée jusqu'à la folie un visage compatissant, un signe de pitié. Hélas! il ne rencontrait rien de pareil. Bien que, parmi les passants, il aperçût des femmes appartenant aux classes élevées de la société, des officiers, des magistrats, des ecclésiastiques, qui devaient être supérieurs aux passions de la populace, pas un ne fit mine d'intervenir en sa faveur; loin de là, le cri « l'orge » semblait les mettre en fureur comme les autres, et ils jetaient sur le malheureux jeune homme des regards indignés (1).

On s'engagea bientôt dans une rue que Julien reconnut malgré son émoi ; c'était celle où demeurait le bimbelotier, cause volontaire ou involontaire de sa disgrâce.

---

(1) Nous n'exagérons pas l'exaspération que manifestaient autrefois les habitants de Lagny quand un malveillant ou un étourdi leur avait demandé « le prix de l'orge. » Voyez pour plus de détails l'*Histoire des environs de Paris*, par Dulaure, au chapitre de Lagny.

E. B.

Il ne tarda pas à apercevoir Trublet lui-même qui, debout devant sa boutique, tendait le cou et écarquillait les yeux pour mieux voir. Le pauvre Julien voulut se réfugier chez lui; mais, retenu par ses gardiens, il ne put que tourner vers le marchand son visage pâle et crier d'un ton d'angoisse :

— Trublet! monsieur Trublet! de grâce, secourez-moi !

Fut-il entendu au milieu du brouhaha toujours croissant? Nous ne saurions le dire. Le bimbelotier regarda bien de son côté, mais, au lieu d'intervenir en sa faveur, il se mit à rire à gorge déployée, en criant comme les autres : « L'orge! l'orge! l'orge! » Puis il rentra dans sa boutique et prononça des paroles qu'on ne comprenait pas, mais qui pouvaient être celles-ci : « Quelle bonne farce! Quelle excellente plaisanterie! »

Le jeune négociant perdit donc cette dernière espérance. Quel secours invoquer d'autre part quand le correspondant de sa maison de commerce, la seule personne qu'il connût à Lagny, non-seulement refusait de lui venir en aide, mais encore semblait se réjouir de son malheur? Il était toujours dans une complète ignorance du sort qu'on lui réservait et il le supposait des plus horribles, lorsque l'on déboucha, en redoublant de cris et de gestes désordonnés, sur la place située devant l'abbaye de Saint-Furcy.

Cette place, dont l'église paroissiale occupe tout un côté, est assez exiguë, et en un instant elle se trouva pleine de monde. Au milieu s'élevait une fontaine dont un bassin de pierre recevait les eaux limpides. Le centre de la fontaine était formé par un pilier sur lequel on avait gravé une inscription latine qui eût pu apprendre à Julien quel supplice lui était destiné.

Mais Julien ne savait pas le latin, et l'eût-il su, ses persécuteurs ne lui auraient pas laissé le temps de lire les deux distiques inscrits sur le pilier. Aussi restait-il convaincu qu'on allait le massacrer, et véritablement l'acharnement incroyable des habitants contre lui, les imprécations, les menaces dont on l'accablait, ne permettaient pas de présumer qu'un sort plus doux pût lui être réservé.

Enfin on atteignit la fontaine et on commença de faire faire à Forget le tour du bassin. Les injures et les huées redoublaient. Quelques-uns de ses persécuteurs le poussaient pour l'obliger d'avancer, tandis que d'autres le précédaient afin de lui ouvrir passage à travers les flots pressés de la multitude. A chaque instant, les uns et les autres étaient obligés d'employer la force pour repousser de nouveaux assaillants qui voulaient avoir leur part dans son martyre. Julien cédait machinalement à l'impulsion qu'il recevait, et déjà il recommandait son âme à Dieu, quand levant les yeux par hasard il fut frappé d'une apparition inattendue.

Toutes les fenêtres donnant sur la place s'étaient ouvertes ; une infinité de curieux se montraient aux balcons, criant et gesticulant comme la foule. Or, à l'une de ces fenêtres dépendant d'une auberge assez importante, on voyait une jeune femme qui ne semblait pas partager le sentiment commun et ne paraissait rien comprendre à cet épouvantable tumulte. Cette femme, Julien ne pouvait la méconnaître, malgré la distance : c'était Denise, sa chère Denise, qu'il avait tant cherchée à Lagny et qu'il retrouvait enfin dans ce terrible moment.

Il fit un effort désespéré pour se dégager des mains brutales qui l'étreignaient et s'écria :

— Denise! ma bien-aimée Denise! c'est moi.

Il ne put s'assurer sur-le-champ si son appel avait été entendu. On le poussait toujours afin de lui faire accomplir autour de la fontaine le nombre de tours exigés par ce mystérieux cérémonial, et il n'apercevait plus la fenêtre de Denise. Cependant, il était douteux que sa femme eût pu le reconnaître. Ses vêtements étaient déchirés; il avait perdu son chapeau et ses cheveux tout défrisés retombaient sur son visage meurtri, couvert de sueur, de poussière et de sang. Comment supposer que Denise eût distingué son mari dans le malheureux à demi mort qui servait de jouet à la populace de Lagny?

Il se trompait pourtant. Quand il revint en face d'elle, il s'aperçut qu'elle l'avait reconnu à son tour. Elle élevait les bras avec désespoir, et, penchée au balcon, elle prononçait des paroles animées qui se perdirent dans le bruit. Mais à présent l'attention de Julien n'avait plus seulement Denise pour objet; derrière elle il venait de voir un homme de haute taille, qui promenait aussi un regard rapide sur la place; et cet homme, à en juger par l'affreuse balafre dont sa figure était sillonnée, ne pouvait être que Jardin-d'Amour, le sergent recruteur.

Par suite de quelles circonstances étranges Jardin-d'Amour se trouvait-il encore en compagnie de Denise, et quel secours Julien pouvait-il attendre de lui? C'étaient-là des problèmes que le malheureux Forget ne songeait pas à résoudre en ce moment. Selon toute apparence, Jardin-d'Amour, s'il parvenait à ressaisir son déserteur, se hâterait de le livrer à la justice militaire, et alors le supplice des verges ne pourrait être évité; mais Julien préférait encore ce supplice défini, ordonné par un pouvoir régulier, sous les garanties de la loi, au supplice inconnu qui l'attendait, et qui sans doute surpassait tous les autres en atrocité. Aussi n'hésita-t-il pas à invoquer l'appui de l'homme qu'il avait considéré jusque-là comme un de ses plus mortels ennemis.

— A moi, Jardin-d'Amour! à moi, Denise! s'écriat-il de toute sa force.

On l'entraînait toujours et on ne lui accordait même pas la liberté de retourner la tête; mais, quand son regard put se porter de nouveau vers le balcon, le sergent n'y était plus. Denise continuait d'aller et de venir précipitamment dans l'intérieur de la chambre, comme si, voulant sortir aussi, elle en eût été empêchée par un obstacle imprévu. Enfin, elle se rapprocha de la fenêtre et fit des gestes, prononça des mots dont il était impossible de deviner la signification, mais que Julien interpréta dans un sens encourageant.

Du reste, le danger devenait pour lui de plus en plus imminent. Comme il poursuivait sa promenade forcée autour de la fontaine, un des hommes farouches qui le tenaient dit à ses compagnons :

— Il n'a plus que deux tours à faire... puis, nous en finirons avec lui!

Julien frissonna.

— Ayez pitié de moi, messieurs, dit-il humblement; je vous l'assure, j'ignore en quoi j'ai pu offenser les habitants de cette ville. Je suis arrivé à Lagny hier au soir, et si c'est un si grand crime de demander le prix de l'orge...

Un éclat de rire partit d'un côté, tandis qu'une voix traînante et sinistre disait de l'autre :

— L'entendez-vous? Il répète ces horreurs... Il nous brave tous!

Julien parvint à retourner un peu la tête; la personne qui riait, c'était Trublet qui, appuyé contre le mur de l'église, jouissait de son abominable triomphe; l'autre personne, qui venait de parler et semblait vouloir exciter la foule à la vengeance, était cet odieux mendiant Cascaret qui s'attachait aux pas du malheureux Parisien pour lui créer sans cesse des embarras et des dangers.

La présence de ces deux ennemis acharnés faisait croire à Forget qu'il était perdu sans ressources, quand quelqu'un cria derrière lui avec autorité :

— Place, place !... Au nom du roi !

Nous savons quel effet magique ces mots « au nom du roi ! » produisaient alors sur tout le monde, bien qu'on en abusât fréquemment. Aussi la foule devint-elle attentive, les regards se tournèrent vers l'endroit d'où partaient les cris. Un individu, qui dominait les autres de toute la tête, fendait les rangs pressés des spectateurs avec une vigueur et une assurance merveilleuses. On se rangeait sur son passage, et son air déterminé, son apparence militaire imposaient à la populace comme le cri qu'il répétait de temps en temps.

Jardin-d'Amour marcha droit à Julien. Fronçant le sourcil et donnant à sa physionomie l'expression la plus formidable, il écarta les persécuteurs de Forget, puis il le prit par le bras et dit d'un ton ferme :

— Laissez ce jeune homme... Je le réclame au nom du roi.

Les assistants, malgré l'acharnement qu'ils avaient montré jusque-là contre leur victime, ne songèrent pas d'abord à résister et obéirent à cette sommation. Jardin-d'Amour profita du premier moment de stupeur pour entraîner Julien à quelque distance de la fontaine. Mais, à peine eurent-ils fait quelques pas dans la direction de l'auberge où se trouvait Denise, que les habitants de

Lagny se ravisèrent. Ils se mirent à la poursuite du racoleur et de son compagnon, en s'animant les uns les autres.

— Le roi n'a rien à voir ici! s'écriait l'un d'eux; et quand on insulte les bourgeois de Lagny, rien ne peut les empêcher d'imposer au coupable la punition d'usage.

— C'est vrai, dit un autre avec chaleur; défendons notre droit... L'orge! l'orge! l'orge! Reprenons notre prisonnier... Il subira le châtiment qu'il a mérité.

— Maintenons nos priviléges, s'écria Trublet en riant toujours.

— Maintenons nos priviléges! répéta le vagabond Cascaret qui ne savait même pas de quoi il s'agissait.

On se précipita de nouveau sur Jardin-d'Amour et sur Forget pour les séparer. Mais le racoleur ne se laissait pas facilement intimider par des clameurs et des démonstrations menaçantes. Presque sans efforts apparents, il terrassa deux hommes qui le pressaient plus que les autres. Julien lui-même ne s'abandonna pas; Cascaret s'étant trouvé sur son passage, il le renversa du plus terrible coup de poing qu'il eût donné de sa vie.

Ils firent ainsi une espèce de trouée dans les rangs ennemis et purent encore s'avancer un peu vers l'auberge où ils comptaient trouver une retraite. Jardin-d'Amour ne cessait de crier :

— Je suis sergent du roi... Je réclame au nom du roi ce jeune homme qui est soldat lui-même... Quiconque nous touche se met en rébellion contre l'autorité royale!

— Oui, oui, je suis soldat! répétait le pauvre Julien qui voyait maintenant un moyen de salut dans son engagement abusif.

Néanmoins ces protestations se perdaient au milieu

du brouhaha, et les gens qu'on venait d'abattre se relevaient impatients de venger leur affront. Le racoleur et Julien sentirent la nécessité d'exécuter une nouvelle charge pour se dégager; mais comment repousser plusieurs milliers de personnes qui se ruaient sur eux toutes à la fois?

Alors Jardin-d'Amour, chez qui la vigueur et le courage n'excluaient pas la prudence, chercha des yeux quelque allié dans cette masse tumultueuse. Un gendarme ou, comme on disait alors, un cavalier de la maréchaussée était non loin de là, regardant froidement cet affreux désordre, et le racoleur lui fit signe de venir l'aider. Mais le gendarme était de Lagny ; il existait une telle solidarité entre les habitants de la ville de tous rangs et de toutes conditions en pareille circonstance, que le cavalier de la maréchaussée n'eut pas l'air de comprendre cet appel désespéré et détourna la tête. En revanche, Jardin-d'Amour aperçut deux soldats du régiment de Quercy, alors en garnison à Meaux. Par bonheur, ces deux soldats n'étaient pas de Lagny, et par bonheur plus grand encore, le racoleur avait eu déjà des rapports avec eux. Aussi n'hésita-t-il pas à invoquer leur secours :

— A moi, camarades! s'écria-t-il; laisserez-vous malmener des soldats du roi?... Franc-Cœur! La Tulipe! par ici.

Ainsi interpellés, et poussés par l'antagonisme traditionnel des militaires contre les bourgeois, les deux soldats n'hésitèrent pas ; ils s'élancèrent en avant, bousculant tout sur leur passage, et se trouvèrent bientôt aux côtés de Jardin-d'Amour et de Julien. Après avoir échangé rapidement une poignée de main avec le sergent, ils refoulèrent la populace, à laquelle leur uniforme imposait du respect, et tous ensemble atteignirent la porte de l'auberge. Cette porte était ouverte, et les assaillants, toujours hurlant et furieux, voulaient se précipiter à leur suite dans la cour; mais on les repoussa. Puis Jardin-d'Amour et les soldats, unissant leurs forces, refermèrent les lourds battants, qu'ils s'empressèrent d'assujettir au moyen de barres et de verrous.

XVII

LE BLOCUS.

En arrivant dans la cour qui lui offrait un asile temporaire, Julien tomba épuisé sur un banc. Il avait le vertige, il semblait incapable d'entendre et de parler. On le laissa reprendre ses sens ; pendant ce temps Jardin-d'Amour remerciait avec chaleur les deux soldats de Quercy, et il ne tint pas à lui qu'on ne célébrât sur-le-champ, le verre en main, la victoire que l'on venait de remporter sur les habitants de la ville.

Cette victoire cependant était encore très-douteuse. La foule, au dehors, ne renonçait pas à son prisonnier, et manifestait énergiquement l'intention de le reprendre. On frappait avec constance contre la porte pour l'enfoncer ; on attaquait les volets du rez-de-chaussée que les gens de la maison s'étaient empressés de barricader. Enfin on continuait de crier sur la place :

— L'orge ! l'orge ! l'orge !... Maintenons notre privilége ! Faisons justice !

Evidemment toute la ville était sur pied et l'amour-propre local, porté à son paroxysme, ne devait reculer devant aucun excès.

Jardin-d'Amour et les soldats de Quercy prenaient plaisir à cette lutte, et ils étayaient avec de vieilles solives, qui se trouvaient là par hasard, les battants de la porte déjà fortement ébranlés. Quant à Forget, il demeurait comme anéanti, lorsque Denise sortit de la maison et vint se jeter à son col en disant :

— Ah ! mon cher mari, je vous retrouve donc enfin !

— Denise ! Denise ! s'écria Julien subitement ranimé.

Ils s'embrassèrent avec effusion. En ce moment, Julien oubliait ses griefs et ses terribles soupçons contre sa jeune épouse. Tout à la joie de la revoir, il ne songeait pas à s'informer des événements qui l'avaient amenée à Lagny, il ne s'inquiétait même pas des périls auxquels ils pouvaient encore être exposés l'un et l'autre.

Pendant qu'ils s'abandonnaient aux élans de leur affection réciproque, une femme, enveloppée d'une mante noire à capuchon, s'approcha d'eux. Cette femme était la seule personne du dehors qui eût pu pénétrer dans la cour de l'auberge, et comme elle paraissait tout à fait inoffensive, on ne s'était pas inquiété d'elle. Tirant Julien par la manche, elle lui dit, d'un ton où la douleur s'alliait à une profonde confusion :

— Monsieur Forget, pourrez-vous jamais pardonner à l'homme inconsidéré qui est cause de votre disgrâce? Tout à l'heure, en vous voyant passer devant notre maison, entouré de cette canaille, je me suis hâtée de renvoyer notre apprenti et de fermer la boutique, afin de vous suivre et de réparer autant qu'il est en moi... Mais vous ne devez pas rester ici... Si vous saviez combien les habitants de Lagny sont opiniâtres en pareil cas! Ils vont enfoncer les portes, démolir les murailles, que sais-je? Il faut donc vous échapper, tandis qu'il en est temps encore.

Julien en reconnaissant Mme Trublet, la bimbelotière, lui dit d'une voix effarée :

— Ah! madame, votre mari m'a jeté dans de mortels embarras... Mais, au nom du ciel! qu'ai-je fait? et que veut-on de moi?

— Le temps me manque pour vous expliquer... L'important est de partir au plus vite. Cette maison doit avoir une porte dérobée; hâtez-vous de sortir, avant que ces furieux vous aient fermé toutes les issues.

— Mais il n'y a plus de danger à présent! s'écria Denise; ces gens n'oseront pénétrer ici... N'est-ce pas, mon ami, dit-elle à Jardin-d'Amour qui se rapprocha d'eux en ce moment, que Julien n'a plus rien à craindre?

— Ma foi, je n'en sais rien, répliqua Jardin-d'Amour en caressant sa moustache; jamais je n'ai vu de pareils enragés! Les camarades et moi nous en avons bien assommé une douzaine, et ils n'ont pas encore l'air d'être contents... Eh bien! mille canons! qu'ils y reviennent, et nous les assommerons derechef... Si seulement j'avais mon sabre!

— Vous êtes si brave, mon ami! dit Denise d'un ton caressant; quand vous avez couru, cédant à mes vives instances, au secours de M. Forget, vous renversiez ces hommes les uns sur les autres comme des capucins de carte.

— Petite flatteuse! répliqua Jardin-d'Amour en riant d'un gros rire.

Qui pourrait peindre la stupéfaction, la fureur, la jalousie de Julien en entendant cette conversation amicale entre sa femme et le sergent racoleur? Les yeux lui sortaient de la tête, et il ne trouvait pas la force de prononcer un mot. Il avait cru que Jardin-d'Amour, en se dévouant pour le dégager de la foule, voulait seulement le livrer à la justice militaire ; et voilà que Denise, en récompense de ce douteux service, prodiguait à cet homme effroyable des témoignages d'affection ! Les sentiments qu'il était incapable d'exprimer se peignaient si bien sur ses traits et dans son attitude que Denise s'en aperçut. Elle rougit et reprit d'un air de confusion :

— Ah ! monsieur Forget, vous ne savez pas encore... Il ne m'a pas été permis de vous écrire...

— Chut ! dit Jardin-d'Amour en clignant des yeux et en posant un doigt sur sa bouche.

L'indignation rendit la parole à Julien.

— M'expliquerez-vous, madame, demanda-t-il impétueusement, votre conduite... inconvenante, pour ne rien dire de plus ? Comment avez-vous quitté Senlis en compagnie d'officiers et de militaires, sans prendre conseil de personne ? Comment vous trouvé-je dans les termes d'une sorte d'intimité avec quelqu'un que je dois considérer comme un de mes plus mortels ennemis ?... Parle, ingrate et effrontée créature ; je veux savoir...

Jardin-d'Amour l'interrompit par un bruyant éclat de rire, tandis que Denise demeurait interdite et consternée. Comme Julien, parvenu au comble de la colère, allait se jeter sur le sergent, le maître de la maison accourut, suivi de sa famille et de ses servantes.

— Messieurs, s'écria-t-il, nous ne pouvons plus résister aux gens du pays ; ils sont en train de briser les volets de la salle, et s'ils entrent, ils vont dévaster ma maison. Que ce jeune homme consente donc à se remettre entre leurs mains pour éviter de plus grands malheurs... Quant à moi, je suis décidé à ouvrir ma porte.

— Si tu l'ouvres, je t'échinerai, répliqua Jardin-d'Amour brutalement ; les camarades et moi, nous saurons faire respecter les ordres du roi.

— Nous ne nous laisserons pas molester, dit un des soldats de Quercy.

— Mais ils entreront malgré nous, s'écria l'aubergiste avec désespoir. Je suis perdu... ruiné de fond en comble... sans compter que j'aurai désormais toute la ville contre moi.

Cette discussion, aussi bien que le vacarme extérieur, avait distrait Julien de sa jalousie et lui avait rendu ses alarmes.

— Ne m'abandonnez pas, messieurs ! dit-il en paraissant s'adresser seulement à Franc-Cœur et à la Tulipe, bien qu'il s'adressât à Jardin-d'Amour lui-même.

Le sergent sourit.

— N'ayez pas peur, mon garçon, répliqua-t-il sans apparence de rancune.

— Oui, mon ami, protégez-le, dit Denise à Jardin-d'Amour d'un ton suppliant ; ne vous offensez pas de ces paroles malsonnantes qu'il regrettera plus tard...

Mme Trublet intervint de nouveau :

— Mes bons messieurs, reprit-elle précipitamment, ces gens exaltés ne peuvent manquer de pénétrer dans l'auberge d'un moment à l'autre, et alors, fussiez-vous dix fois plus nombreux, vous ne les empêcherez pas de s'emparer de M. Forget... Ne vaudrait-il pas mieux le faire évader, pendant que la chose est possible encore ? Je serais désolée que cette aventure tournât mal pour lui... Voyons, monsieur Bonnard, dit-elle à l'aubergiste, votre maison n'a-t-elle pas une porte dérobée sur la petite rue Grivoise ?

L'aubergiste répondit que la porte existait en effet et qu'il ne serait pas impossible de fuir par là.

— Toute réflexion faite, reprit Jardin d'Amour, c'est le meilleur parti à prendre. Tandis que Forget se sauvera, nous nous chargerons de donner de l'occupation aux autres.

— Mais, s'écria Bonnard, s'ils entrent ici et s'ils trouvent que j'ai laissé échapper leur offenseur, ils se vengeront sur les miens et sur moi !

— Allons ! marche, vieux poltron, s'écria Jardin-d'Amour d'un ton impérieux ; montre-nous cette porte.

— Avant tout, messieurs, reprit la bimbelotière, songez que M. Forget ne peut traverser la ville dans l'état où vous le voyez. Au bout de vingt pas, il sera reconnu et saisi de nouveau par ces furieux. Il faut donc lui procurer un déguisement.

— C'est juste, répliqua Denise. Et puis, où se réfugiera-t-il quand il aura quitté la maison ?

— Il serait imprudent pour lui, dit Mme Trublet, de retourner à son auberge ; car l'on irait sans doute l'y relancer... Vous n'avez pas idée de la ténacité des gens de Lagny en pareille affaire... Mais pourquoi ne viendrait-il pas chez nous ? Je l'y conduirai moi-même, et c'est la dernière maison de la ville où on le soupçonnera d'avoir cherché une retraite, car mon mari...

La pauvre dame se mordit les lèvres et baissa les yeux en rougissant.

— Vos conseils sont pleins de sagesse, chère madame, s'écria Denise enthousiasmée ; eh bien, quel est le meilleur déguisement pour notre pauvre Julien ?

L'aubergiste, voulant montrer du zèle à Jardin-d'Amour, parla de tirer de son armoire un habillement complet ; seulement il fit remarquer qu'il était deux fois gros comme le jeune homme, et que, d'ailleurs, toutes ses vestes et toutes ses culottes étaient si bien connues des habitants de Lagny, qu'on devinerait tout d'abord des vêtements d'emprunt. Mme Trublet, qui avait pris décidément la direction de l'entreprise, n'accepta pas cette proposition.

— Un costume d'homme, dit-elle, serait suspect aux gens qui, sans doute, observent la maison... M. Forget doit se résigner à prendre des vêtements de femme pour plus de sûreté.

— De femme! répéta Denise en souriant; vous avez peut-être raison; mais jamais Julien ne pourra mettre une de mes robes... sans compter que je n'en ai guère!

— Je lui donnerai mon mantelet, reprit Mme Trublet, et il se cachera le visage avec le capuchon. Puis, si l'on pouvait se procurer une jupe et un casaquin...

Une servante qui assistait à cette scène, et dont la bonne mine de Julien avait éveillé la sympathie, annonça qu'elle était disposée à risquer les objets nécessaires si l'on promettait de les ménager et de les restituer promptement. On lui promit tout ce qu'elle voulut, et la bonne fille, sans remarquer les yeux furibonds de son maître, alla chercher ses vêtements.

Au bout de quelques minutes elle fut de retour, et on procéda, dans la cour même, à la toilette de Forget. On lui passa la jupe à grandes fleurs, puis le corsage aux mille basques par-dessus ses habits masculins. Enfin, on jeta sur ses épaules l'ample mantelet, dont on releva le capuchon, de manière à cacher sa frisure et une partie de ses traits. Ainsi arrangé, il avait vraiment l'air d'une belle fille, et le léger désordre qu'on pouvait remarquer dans son extérieur devait sans peine être mis sur le compte de l'émeute.

Cependant ce déguisement, quand il fut complet, produisit un effet inattendu. Tous les assistants et, nous avons regret de le dire, Denise elle-même, partirent d'un immense éclat de rire. Denise avait toujours été un peu frivole, et puis elle était si jeune ! Quant à Jardin-d'Amour, il donnait carrière à un rire formidable qui couvrait même le grondement de la foule sur la place voisine. Les soldats riaient, l'aubergiste riait ; il n'était pas jusqu'à Mme Trublet qui n'eut laissé voir une légère contraction sur son visage mélancolique.

Cette gaieté intempestive causa une violente irritation à celui qui en était l'objet. Il jeta surtout à sa femme des regards flamboyants, dont le résultat fut de provoquer une nouvelle et plus bruyante explosion d'hilarité. Julien furieux voulait à tous risques déchirer les ridicules vêtements dont on venait de l'affubler; mais une circonstance nouvelle changea encore sa résolution. On entendit un grand craquement, puis un cliquetis de verres brisés, puis enfin de bruyantes clameurs dans l'intérieur de l'auberge. Les habitants de la ville, ayant forcé une fenêtre, envahissaient la maison.

Jardin-d'Amour recouvra toute son ardeur.

— Camarades, dit-il aux deux soldats de Quercy, allez mettre à la raison ces insolents bourgeois qui entrent ainsi sans congé... Tapez dessus, ne craignez rien !... Les bourgeois sont faits pour être rossés !... Je vous rejoindrai dans cinq minutes... Et vous, ma jolie demoiselle, continua-t-il en saisissant la main de Forget, venez par ici... La servante nous montrera la porte de la ruelle.

Julien se laissa conduire et l'on se dirigea vers l'autre extrémité de la cour. La servante les précédait, ils étaient suivis de Denise et de la bimbelotière. Mais la petite folle de Denise, en voyant son mari marcher avec embarras et retrousser gauchement ses jupes, ne put retenir de nouveaux éclats de rire, qui portèrent au comble l'exaspération de Julien.

On traversa ainsi une espèce de hangar, au fond duquel se trouvait la porte annoncée. Elle donnait sur une ruelle fort étroite, noire, sordide, comme on en trouvait alors dans toutes les villes de France. Cette ruelle, formée par les derrières des maisons qui la bordaient, avait fort peu de fenêtres et encore moins de portes. Aussi était-elle à peu près déserte, sauf quelques enfants qui jouaient dans une encoignure.

Cette solitude rassura un peu Mme Trublet.

— Nous réussirons, je l'espère, dit-elle, pourvu que nous nous éloignions au plus vite de la place de l'Abbaye.

Elle glissa son bras sous celui de Julien et voulut l'entraîner. Mais Julien résistait et semblait avoir encore quelque chose à dire. Denise était redevenue sérieuse.

— Ah! mon cher Julien, reprit-elle, faut-il nous séparer de nouveau? Du moins où pourrons-nous nous retrouver?

— Chez nous, dit la bimbelotière; chez Trublet, le correspondant à Lagny de la maison du Grand-Dunkerque.

— Denise va venir avec moi, s'écria Julien d'un ton péremptoire; je ne veux plus la quitter. J'attends d'elle des explications auxquelles je tiens plus qu'à ma propre existence. D'ailleurs je ne peux la laisser dans cette maison qui est envahie déjà par une populace exaspérée et capable des plus grand excès... Denise, vous allez m'accompagner.

Denise interrogea des yeux le sergent racoleur.

— Rien à craindre, répliqua Jardin-d'Amour froidement ; je reste et je réponds de tout.

— Je prétends ne laisser à personne le soin de veiller à la sûreté de ma femme, reprit Julien avec beaucoup de véhémence, les sergents et même les officiers du roi n'ont rien à voir ici... Denise, je vous le répète, je ne veux plus vous quitter.

— Mais, mon ami, puisque M. Jardin-d'Amour répond... Si vous saviez, s'il m'était permis de vous apprendre...

— Peut-être allons-nous être poursuivis, répliqua Mme Trublet ; la jeune dame n'aura rien à craindre dans cette maison, dès que nous n'y serons plus... Mais partons... partons sans retard !

— Je ne pars pas sans elle, s'écria Julien en frappant du pied.

Le vacarme redoublait du côté de la maison, et l'on pouvait craindre que les envahisseurs n'eussent l'avantage sur les défenseurs trop peu nombreux de l'auberge.

— Mille bombes ! dit Jardin-d'Amour brusquement, ça chauffe là-bas... Je ne laisserai pourtant pas écharper les camarades du régiment de Quercy ! Allons ! levez le camp, mon jeune monsieur ; encore une fois, je réponds de Denise... Nous causerons plus tard.

— Mais je ne veux pas vous la confier, moi ! s'écria Forget avec un accent terrible qui contrastait avec son ridicule costume féminin, et j'exige...

Il ne put achever. Sans lui donner le temps de se reconnaître, on le lança jusqu'au milieu de la ruelle, puis la porte se referma derrière lui, et il se trouva seul avec Mme Trublet sur la voie publique.

Il poussa d'abord des cris de colère et des imprécations ; mais sa compagne lui remontra que ce bruit pouvait attirer ses persécuteurs et augmenter ses dangers. La vue de quelques groupes animés, qui apparaissaient au loin, acheva de le determiner à la résignation, et, cessant ses clameurs inutiles, il suivit docilement la bimbelotière.

On descendit la ruelle dans la direction opposée à la place. Mme Trublet avait recommandé à Julien de marcher lentement, afin qu'on ne pût croire qu'il fuyait et de cacher avec soin son visage sous le capuchon du mantelet. De son côté, elle avait drapé en marmotte sur sa tête un fichu que lui avait prêté l'obligeante fille d'auberge et elle s'était rendue à peu près méconnaissable. On pouvait les prendre ainsi pour deux femmes qui, alarmées par l'émeute, pressaient le pas afin de regagner leur demeure.

Tout alla donc bien pendant quelques instants. On rencontrait très-peu de passants et aucun d'eux ne prenait garde à ce qu'il y avait d'excentrique dans les deux promeneuses. Mme Trublet, qui servait de guide, évitait le plus possible les rues fréquentées. Cependant il fallait absolument se rapprocher du centre de la ville où elle demeurait : or, de ce côté, la population stationnait, attentive et défiante, et l'on avait tout à craindre de ses observations.

En effet, en traversant un carrefour, on retomba tout à coup au milieu de la foule et les propos qui s'y échangeaient à haute voix n'étaient pas de nature à relever le courage du malencontreux Julien.

— On assure qu'*il* s'est échappé de l'auberge à Bonnard, disait un des assistants qui semblait revenir de la place; mais il est facile à reconnaître; c'est un jeune homme en culotte verte et on le retrouvera.

— Ce serait une honte pour la ville si on ne le retrouvait pas! s'écria un autre; il faut que le vieil usage soit respecté; sans cela, bon Dieu! qui pourrait vivre à Lagny? Aussi que votre monsieur « Culotte-Verte » ne me tombe pas sous la main!

— Ne craignez rien, voisin, répliqua une voix moqueuse dans laquelle Mme Trublet reconnut avec indignation la voix de son mari; « Culotte-Verte, » comme vous appelez ce galant, ne nous fera pas la figue. J'en sais plus long que je n'en ai l'air sur ce mauvais plaisant et j'ai indiqué aux autres l'auberge où il demeure, là-bas près de la rivière; s'il s'y présente, maître Culotte-Verte ne perdra rien pour avoir attendu.

Et le bimbelotier se mit à rire aux éclats selon son habitude.

Mme Trublet eût voulu l'accabler de reproches; mais comment se faire reconnaître sans risquer en même temps de dénoncer son protégé à la foule ennemie? Elle continua donc d'avancer, indifférente en apparence aux propos que l'on tenait autour d'elle.

Julien, de son côté, éprouvait de violents transports de colère contre son indigne correspondant; mais la frayeur l'emportait encore sur la colère, et d'ailleurs le dévouement de la femme le disposait à l'indulgence pour le mari. Aussi passa-t-il devant les interlocuteurs sans sourciller et en prenant grand soin de cacher son visage sous le capuchon de sa mante.

Malheureusement, on ne pense pas à tout. Les rues sont boueuses à Lagny, à raison du sol marneux sur lequel la ville est assise. La fausse dame était donc obligée de retrousser ses longues jupes, et de sa main crispée par la frayeur, elle les retroussait beaucoup plus qu'il n'était raisonnable, sans s'en apercevoir. Aussi,

18

quand on eut traversé le carrefour et quand on se fut engagé dans la rue où l'on devait trouver asile, laissa-t-elle voir sans vergogne, non-seulement des souliers masculins à boucles et des bas chinés, mais encore partie notable d'une culotte couleur vert-pomme, dont l'exhibition avait bien des dangers en ce moment.

Julien et sa compagne étaient déjà assez avant dans la rue, quand ce détail attira l'attention. La première personne qui le remarqua fut Trublet lui-même ; il s'interrompit au milieu d'une phrase, et désignant du doigt la promeneuse si peu modeste, il s'écria :

— Alerte ! bonnes gens ! Qu'aperçois-je donc là-bas ? Serait-ce par hasard...

— C'est un homme déguisé en femme, s'écria-t-on tout d'une voix.

Ces terrifiantes paroles arrivèrent distinctement jusqu'à Forget.

— Avançons ! avançons ! dit la bimbelotière en accélérant sa marche ; nous ne sommes qu'à deux pas du logis.

Mais le pauvre Julien n'eut pas le même sang-froid. Obéissant à un mouvement de frayeur, il se retourna pour juger de la distance où se trouvaient ses adversaires, et montra son visage à découvert.

— C'est lui ! s'écria Trublet ; il veut donc aussi se mêler de faire des farces ?... Mais il n'est pas de force... Rattrapons-le ! Sus à Culotte-Verte... L'orge ! l'orge ! l'orge !

— Donnons-lui la chasse ! Sus à Culotte-Verte ! répéta-t-on de toutes parts.

Et la foule se mit en hurlant à sa poursuite.

Julien voulut rejoindre la bimbelotière, qui avait pris de l'avance sur lui, mais toujours ces maudites jupes entravaient son agilité naturelle. Alors il n'hésita pas ; relevant outre mesure ses vêtements féminins, il fit des enjambées prodigieuses, et en quelques bonds il eut atteint Mme Trublet. Elle venait précisément d'ouvrir avec un passe-partout la porte du logement qu'elle occupait avec son mari, à côté de la boutique. Julien se précipita dans la maison après elle, et aussitôt la porte fut refermée avec fracas sur le nez des assaillants, parmi lesquels se trouvait Trublet lui-même.

Nous n'essayerons pas de peindre l'étonnement et la consternation du facétieux bimbelotier à cette péripétie tout à fait imprévue. Comme il demeurait immobile et muet, quelques-uns des gens qu'il animait tout à l'heure et qui ne le connaissaient pas, attaquèrent la porte à coups de pied et les fenêtres à coups de pierres. Ce bruit réveilla Trublet de sa torpeur, et se jetant au-devant des émeutiers, il s'écria d'un ton qui contrastait avec sa jovialité ordinaire :

— Mes bons amis, pas de violence, je vous en conjure ! Cette maison m'appartient, et je suis un des plus anciens bourgeois de la ville. Je ne sais comment ce satané Culotte-Verte a pu se réfugier chez moi ; je ne l'y ai pas autorisé, je vous l'affirme.

— Alors ouvrez-nous, répliqua un des plus exaspérés.

— J'ai oublié de prendre ma clef.

— Faites-vous du moins reconnaître pour le maître du logis et donnez l'ordre qu'on nous laisse entrer... Sinon, nous allons tout casser, car il faut que ce mauvais plaisant reçoive sa punition !

— Oui, oui, je vais vous le livrer sur-le-champ, si vous ne commettez aucun dégât.

Mais ce fut en vain qu'il frappa, qu'il appela, qu'il

se nomma tout haut; personne ne répondit; la maison resta obtinément close.

— Sans doute le sacripant est seul, dit-il enfin avec embarras, et il ne veut pas répondre.

— Mais pas du tout, voisin Trublet, dit l'épicier d'en face d'un ton moqueur; ce godelureau déguisé en femme a été introduit chez vous par Mme Trublet, que j'ai parfaitement reconnue, malgré le mouchoir dont elle se couvrait la figure.

— Est-il possible? En ce cas, il aura employé la menace pour obliger ma pauvre femme à lui donner asile.

— Nullement, voisin Trublet, répliqua l'épicier qui, sans doute, avait quelque rancune contre le farceur du quartier; Mme Trublet et le jeune gaillard paraissaient être au mieux ensemble... Votre femme a mis beaucoup de bonne volonté à le faire entrer chez vous, je vous le répète.

Trublet, habituellement si impitoyable dans ses bouffonneries, faisait fort piteuse mine en ce moment.

— Paix! voisin, répliqua-t-il; je ne suis pas en humeur de rire.

— Hum! pourvu que ça dure.

La foule s'impatientait.

— On veut se moquer de nous! s'écria enfin l'un des assistants; on nous amuse avec des balivernes et on songe encore sans doute à faire évader ce maudit Culotte-Verte.

— Ne craignez rien de pareil, répliqua Trublet; la maison n'a pas d'autre issue que celle que vous voyez... Ainsi ce larron... ce brigand... ce scélérat ne vous échappera pas.

— Alors, enfonçons la porte... brisons les fenêtres... L'orge! l'orge!

Heureusement, les voisins de Trublet, bien qu'ils eussent sur le cœur certaines plaisanteries un peu trop fortes du bimbelotier, s'interposèrent pour qu'on n'exerçât aucune dévastation nouvelle et finirent par obtenir que le siége serait converti en blocus. On s'établit donc devant la maison et l'on attendit avec constance qu'il plût aux assiégés de venir à composition. Trublet, confondu dans la foule, regardait tout penaud les fenêtres hermétiquement closes, et, ne sachant que répondre aux quolibets dont on l'accablait, semblait méditer sur les vers si connus du fabuliste :

> Et souvent la perfidie
> Retombe sur son auteur.

Pendant ce temps, Julien et la bimbelotière étaient assis tranquillement dans une pièce du premier étage. Les coups furieux frappés à la porte, le fracas des vitres brisées ne les avaient pas beaucoup émus.

— Ne craignez rien, dit Mme Trublet; nul ne peut entrer chez nous sans ma permission, car j'ai les clefs, et mon mari saura bien s'arranger pour qu'on ne nous moleste pas trop. Que Dieu ait pitié de nous!

Elle alla chercher une bouteille de vin vieux, et improvisa une petite collation à l'intention de Forget, qui avala, sans se faire prier, deux verres de la généreuse liqueur. Un peu réconforté, il songea enfin à remercier son hôtesse pour l'assistance qu'elle lui avait prêtée.

— Je n'ai fait que mon devoir, répliqua-t-elle; n'est-ce pas mon mari qui, par son impardonnable légèreté, vous a mis dans cette situation, vous, son correspondant à Paris, vous, le fils de cette excellente Mme Forget, dont je reçus autrefois si bon accueil? Si vous saviez quels embarras, quels chagrins il me cause avec son humeur bouffonne! J'ai passé bien des jours et des nuits à pleurer, allez ! Aujourd'hui, quand il m'a dit que votre mésaventure était son ouvrage, j'ai été sur le point de le battre, de devenir folle... Oh ! n'est-ce pas, monsieur Forget, poursuivit-elle d'un ton suppliant, que vous ne nous garderez pas rancune pour le tour indigne que ce grand enfant vous a joué... et que vous n'en tirerez pas vengeance ?

La marchande venait de montrer le bout d'oreille. Julien se souvint alors que les Trublet lui étaient encore redevables d'une forte somme, immédiatement exigible, et qu'il lui serait facile de prendre sa revanche contre le trop joyeux bimbelotier. Telle était sans doute la cause du zèle et du dévouement de Mme Trublet à son égard. Cependant, touché du chagrin de cette pauvre femme, il s'empressa d'affirmer qu'il n'agirait pas de rigueur contre son mari.

— Seulement, madame, poursuivit-il, je vous en conjure, apprenez-moi quel si grand crime j'ai commis en demandant le prix de l'orge. Comment une question aussi simple a-t-elle produit dans la ville une pareille tempête ? Je suis encore terrifié quand je me représente ces fronts crispés, ces regards farouches, ces bouches écumantes, des gens de tout âge et de toute condition qui m'entouraient ce matin !

— Réellement, monsieur Forget, vous ne pouviez leur faire une plus mortelle injure que de leur adresser cette question. L'histoire est bien connue dans le pays, quoique l'on ne se soucie guère de la raconter ; et moi-même qui suis née à Lagny, de parents habitant la ville depuis longtemps, j'éprouve une extrême répugnance à rappeler ces horreurs... Mais je ne peux refuser de satisfaire votre curiosité dans les circonstances actuelles.

« Apprenez donc qu'il y a deux cents ou deux cent-cinquante ans, je ne sais au juste, il existait une grande querelle entre l'abbé de Lagny et les moines de son couvent. Cette querelle s'envenima; les religieux se mirent en révolte ouverte contre leur supérieur, et les habitants de la ville prirent parti pour eux, si bien que l'abbé obtint du roi la permission de faire marcher des troupes contre les révoltés. Ces troupes étaient commandées par deux hommes de guerre de ce temps-là; l'un s'appelait M. de Lorges (1) et l'autre M. de Montrevrain. Leurs noms sont également exécrés encore aujourd'hui parmi nous.

« Ces deux capitaines vinrent mettre le siége devant Lagny; mais les habitants se défendirent avec beaucoup de courage, il fallut donner assaut sur assaut pour les réduire. Les assiégés en voulaient surtout au capitaine Lorges, et, pour le braver, ils jetaient du haut des murs des sacs pleins d'orge, en criant que c'était la seule nourriture qui lui convînt, ainsi qu'à son monde. Cette plaisanterie l'offensa profondément; aussi, quand Montrevrain et lui eurent emporté Lagny dans un dernier assaut, leur vengeance fut-elle épouvantable.

« Ils pénétrèrent dans l'abbaye, pillèrent l'église, s'emparèrent de plus de quarante châsses en orfévrerie et brûlèrent sur la place les reliques de saints qu'elles contenaient. La ville entière fut saccagée; les soldats massacrèrent sans exception tous les hommes capables de porter les armes... Quant aux femmes, poursuivit l'honnête bourgeoise en baissant les yeux et en rougissant, leur sort fut encore plus horrible... »

(1) Jacques de Montgommery, seigneur de Lorges, père du comte Gabriel de Montgommery qui eut le malheur de tuer Henri II au tournoi de la rue Saint-Antoine.   E. B.

— C'est abominable! interrompit Julien. Quelle odieuse époque!... Et ceux qui avaient commandé ces crimes révoltants ne furent-ils ni poursuivis, ni punis?

— On fit des plaintes au roi; l'abbé, cause première de ce désastre, fut privé de ses revenus; Montrevrain fut décapité à Paris, en place de Grève, et sa tête portée à Lagny fut exposée sur la place publique. Quant au capitaine Lorges, le plus coupable des deux, il avait à la cour des amis puissants; on ne put obtenir sa punition, et le roi lui accorda des lettres patentes qui le mettaient à l'abri de toutes poursuites... C'est donc, poursuivit Mme Trublet, le souvenir des excès commis par les soldats qui rend les habitants de la ville si furieux, encore aujourd'hui, quand on demande devant eux le prix de « *l'orge...* » Aussi, monsieur, n'est-il pas cruel de rappeler sans cesse à une honnête population cette ancienne et outrageante histoire? Tenez, je l'avoue, si ce n'était par ignorance que vous avez fait cette question outrageante, si surtout vous n'y aviez pas été poussé par cet impitoyable railleur de Trublet, je ne vous serais jamais venue en aide, et même je vous aurais vu avec plaisir recevoir le châtiment de votre mauvaise action!

La bonne dame avait relevé la tête peu à peu et ses yeux verts avaient pris une expression de haine. Julien ne put s'empêcher de sourire.

— Voilà, madame, reprit-il, que vous ressemblez à tous les gens qui ce matin me malmenaient si cruellement.

— Excusez-moi, monsieur Forget. Que voulez-vous? Tout le monde ici, grands et petits, perd la tête aussitôt que retentit le cri de « l'orge. » On a vainement essayé d'empêcher ces manifestations populaires : des ordonnances ont été rendues pour défendre à qui que ce fût de demander à Lagny le prix de l'orge, sous peine de trente livres d'amende, et une peine semblable est prononcée contre ceux qui auraient maltraité le questionneur; on parle même d'en rendre de plus sévères encore. Rien n'y a fait jusqu'ici et rien n'y fera sans doute. Les habitants deviennent intraitables quand ils croient qu'il y va de leur honneur, et ils tiennent énergiquement à ce que l'insulteur reçoive le châtiment d'usage.

— Et quel est ce châtiment, madame Trublet? Vous ne me l'avez pas dit encore... A en juger par la violence des passions de vos compatriotes, ce ne peut être que la mort.

— La mort en résulte quelquefois, à cause des mauvais traitements dont on accable le coupable. Néanmoins, on se contente habituellement de conduire l'insulteur sur la place de l'abbaye; là, on lui fait faire sept fois le tour de la fontaine, puis on le plonge dans le bassin, et, à vrai dire, il en est plus d'un qu'on a retiré aux trois quarts noyé.

Julien, en apprenant à quelle espèce de supplice il était destiné, dans le cas où il serait repris, se demandait si la mort immédiate n'était pas préférable à cette humiliante vengeance des habitants de Lagny.

— Enfin, madame Trublet, dit-il avec tristesse, comment tout ceci finira-t-il? Puis-je espérer que les gens qui m'assiégent se lasseront de stationner dans la rue, et me laisseront regagner mon auberge?

— Il n'y faut pas compter; ils sont capables de monter la garde devant la maison pendant trois jours et trois nuits, comme cela est arrivé déjà.

— Mais alors il est impossible que l'autorité locale, sachant à quels dangers je suis exposé, n'envoie pas la force publique pour me délivrer. Vous m'avez dit tout à l'heure qu'une ordonnance royale défendait ces actes de violence; n'y a-t-il personne ici pour faire respecter les ordres du roi?

— Voilà encore sur quoi vous ne devez pas compter; la plupart de nos magistrats sont de Lagny et ils partagent les rancunes populaires. En semblable circonstance, l'autorité et la force publiques ne donnent aucun signe de vie.

— En ce cas, qu'attendons-nous, et comment pourrai-je me dégager de cet infernal traquenard? s'écria Julien.

— Quand la nuit sera venue, je vous chercherai un nouveau déguisement, et je tâcherai de vous faire sortir par la fenêtre de la cuisine.

— Ne me parlez pas de déguisements! interrompit Forget; je n'en veux plus, dussé-je n'avoir d'autre vêtement que cette malheureuse culotte verte qui excite tant la colère des bourgeois de la ville... Eh bien! sacrebleu! me voilà dans un beau gâchis! continua-t-il en prenant sa tête dans ses mains avec désespoir. Peste soit de Lagny et de ceux qui l'habitent! Que suis-je venu faire dans cet odieux pays?

Mme Trublet n'eut pas l'air d'avoir entendu certaines paroles malsonnantes pour son patriotisme, et se mit à vaquer aux soins du ménage. Julien resta sur son siége, en proie aux plus tristes rêveries. Il éprouvait de cruelles inquiétudes au sujet de sa femme, qu'il adorait et maudissait tour à tour; il se demandait ce qu'il devait penser de Jardin-d'Amour qu'il avait toujours regardé comme un de ses persécuteurs les plus acharnés, et qui, tout à l'heure, n'avait pas hésité à risquer sa vie pour le soustraire aux fureurs de la populace. Ces idées se heurtaient dans sa cervelle et, jointes aux réflexions que lui inspiraient ses propres périls, elles l'entretenaient dans un état de fièvre et d'anxiété.

Cependant le blocus se maintenait rigoureusement au dehors. Mme Trublet s'étant hasardée à entr'ouvrir le volet d'une fenêtre, avait pu s'assurer qu'un grand nombre de personnes, hommes, femmes et enfants, au milieu desquels le bimbelotier tout déconfit avait l'air d'une âme en peine, continuaient de stationner devant la maison, les uns assis, les autres debout, mais tous causant avec une chaleur qui témoignait que les haines populaires étaient loin d'être apaisées. Aucune tentative d'évasion ne semblait donc possible pour le moment, et il fallait attendre la nuit, comme l'avait dit Mme Trublet, pour essayer de soustraire Julien aux gens qui le guettaient.

Toutefois, cette aventure eut un dénoûment beaucoup plus prompt, sinon plus favorable, qu'on ne l'avait espéré.

Julien restait absorbé dans ses noires méditations, quand son hôtesse, toujours en alerte, accourut précipitamment :

— Voilà du nouveau, monsieur Forget, lui dit-elle ; contre mes prévisions, la force publique intervient en votre faveur... C'est à n'y pas croire !

Julien s'empressa de se lever, et tous deux, ayant entr'ouvert de nouveau le volet de la fenêtre, regardèrent avidement au-dessous d'eux.

XVIII

L'ARRESTATION

C'était en effet la force publique de Lagny qui venait au secours du pauvre Parisien. Elle se composait de deux valets de ville, armés de hallebardes, de cinq cavaliers de la maréchaussée, le sabre à la main, et d'un commissaire en robe noire, auxquels s'étaient adjoints bénévolement les deux soldats du régiment de Quercy, et enfin l'inévitable Jardin-d'Amour, qui, malgré son costume bourgeois, semblait jouer un rôle important dans l'affaire. Cette troupe était bien peu nombreuse pour tenir tête à une population exaspérée, et elle fut accueillie par de violents murmures. Mais les hallebardiers et les gendarmes parlèrent bas à ceux des assistants qu'ils connaissaient ; et sans doute leurs explications étaient satisfaisantes, car les révoltés commencèrent à se consulter entre eux. Quelques-uns des plus exaltés tentèrent bien d'élever la voix pour défendre ce qu'ils appelaient « le privilége de la ville, » mais leurs protestations ne trouvèrent aucun écho, et l'on ne parut pas disposé à en tenir compte.

Le commissaire s'approcha de la porte et frappa en disant à voix haute :

— Ouvrez, au nom du roi !

Le silence était tel en ce moment que ces paroles furent entendues d'une manière distincte. Mme Trublet se tourna vers Julien.

— Que dois-je faire? demanda-t-elle.

Julien ne répondit pas. Ces nouveaux venus étaient-ils des libérateurs ou des adversaires non moins redoutables que les premiers? Pendant qu'il hésitait, le commissaire répéta sa sommation; en même temps, le bimbelotier s'écria d'en bas en s'adressant à sa femme :

— Ouvre, madame Trublet, ouvre bien vite. Cette fois, c'est le roi qui commande; ton obstination aurait pour nous de graves conséquences, sans compter qu'elle nuirait peut-être à ta bonne renommée... D'ailleurs, je suis épuisé de fatigue et je ne serais pas fâché de manger un morceau.

Ces arguments parurent toucher la ménagère.

— Que ferai-je? demanda-t-elle encore à Forget.

— Ma foi, ouvrez, répliqua brusquement Julien; advienne que pourra! Il faut en finir.

Mme Trublet ne demandait pas mieux; aussi se hâta-t-elle de descendre l'escalier et de déverrouiller la porte de l'allée. Aussitôt deux sentinelles, le sabre au poing, s'emparèrent de cette porte, tant pour empêcher de sortir les habitants de la maison que pour interdire l'entrée aux gens du dehors. Puis le commissaire, suivi de Jardin-d'Amour, de Trublet et des cavaliers de la maréchaussée, monta au premier étage. Julien, en les voyant entrer, se leva et, quoique un peu pâle, fit bonne contenance.

— Vous êtes, dit le commissaire, après avoir regardé

un papier qu'il tenait à la main, le nommé Julien Forget, un déserteur du régiment de la Trémouille?

— Je ne nie pas que je m'appelle Julien Forget; quant à être déserteur, je repousse de toutes mes forces cette accusation...

— Ce n'est pas devant moi que vous avez à vous en justifier, répliqua le commissaire séchement. Monsieur l'exempt, poursuivit-il en s'adressant à Jardin-d'Amour, reconnaissez-vous ce jeune homme pour la personne dont le nom est porté sur votre mandat?

— Parfaitement.

— Alors, Julien Forget, je vous arrête au nom du roi, et M. l'exempt est chargé de vous remettre entre les mains de la justice militaire... Cependant, ajouta-t-il en élevant la voix, je fais toutes réserves au sujet de l'amende que ce soldat déserteur a encourue pour avoir demandé à Lagny « le prix de l'orge, » les ordonnances royales n'admettant aucune exception en faveur des nobles, des ecclésiastiques ou des militaires, et tous étant passibles des mêmes peines...

— Bon! répliqua Jardin-d'Amour, il n'y aura pas conflit pour si peu entre nous et l'autorité civile... C'est, m'a-t-on dit, trente livres d'amende auxquels peut être condamné le soldat Forget pour son impertinente question; les voilà, et qu'on n'en parle plus... Je sais où je me ferai rembourser mes avances.

En même temps il tira quelques écus de sa bourse, qui paraissait bien garnie, et les aligna sur la table. Le commissaire les prit, en donna reçu; puis, s'adressant de nouveau à Jardin-d'Amour :

— Le prisonnier vous appartient, ajouta-t-il; où voulez-vous qu'on le conduise?

— Oh! seulement jusqu'à une voiture de poste que

j'ai fait préparer et qui se trouve dans la rue voisine. J'ai hâte de l'amener quelque part où il est attendu avec impatience... Mais d'abord, poursuivit-il d'un ton railleur, j'ai certaines précautions à prendre avec lui.

Il montra des menottes de fer, auxquelles pendait une longue chaîne, et voulut les passer à Julien.

Le jeune homme, d'abord interdit, tressaillit au premier contact du métal et voulut résister.

— C'est abominable, monsieur le sergent ! s'écria-t-il ; que vous ai-je donc fait pour que vous me traitiez ainsi ? Je ne suis pas un malfaiteur ; vous n'avez pas besoin de m'enchaîner... Je vous donne ma parole de ne pas chercher à m'enfuir... Mais épargnez-moi cette humiliation !

— Bah ! répliqua Jardin-d'Amour, voilà bien des simagrées pour porter un peu le *chapelet de Saint-François !*... Ce n'est qu'une gentillesse ! Messieurs de la maréchaussée, aidez-moi donc à faire la toilette de ce mutin-là... Il faut bien qu'il tâte de la chaîne, en attendant qu'il tâte... d'autre chose !

La plaisanterie parut du meilleur goût à quelques-uns des assistants. Bientôt les poignets de Julien furent emprisonnés dans les bracelets de fer et un des plus robustes gendarmes s'empara de la chaîne. Le pauvre garçon n'essayait plus de résister, mais des larmes coulaient sur ses joues et le rouge de la honte couvrait son visage.

— Maintenant, en route ! reprit Jardin-d'Amour ; surtout, messieurs, prenez garde qu'on ne nous enlève notre prisonnier d'ici à la rue où la voiture attend.

— Nous vous accompagnerons tous, reprit le commissaire d'un air soucieux ; car je ne sais comment les gens de la ville vont prendre l'affaire. Ils n'entendent pas raison sur certain chapitre !

Julien fut placé au milieu de quatre cavaliers de la maréchaussée, qui avaient toujours le sabre à la main. Comme l'on sortait de la chambre, on passa devant les maîtres du logis, qui observaient cette arrestation d'un œil bien différent : le bimbelotier riait et se frottait les mains, selon son habitude; Mme Trublet, au contraire, était profondément affligée.

— Vous le voyez, chère madame, lui dit le prisonnier avec douceur, les choses ont tourné encore plus mal qu'on ne pouvait l'imaginer... Je ne vous remercie pas moins de votre dévouement.

La pauvre femme balbutia d'une voix étouffée :

— Que Dieu vous bénisse, monsieur Forget... qu'il vous bénisse et vous délivre !

Tandis que le mari répétait avec sa jovialité habituelle :

— Bah ! une farce !... une excellente farce !... Il faut bien rire !

Il reçut dans les côtes un coup de coude qui changea sa gaieté en colère; mais Julien n'eut pas le temps d'observer le conflit survenu entre les deux époux, et sortit avec son escorte.

La foule était plus nombreuse que jamais dans la rue; toutefois, elle s'ouvrit respectueusement devant le commissaire, tandis que les valets de ville faisaient résonner contre le pavé les hampes de leurs hallebardes; et, quand Julien parut, la curiosité et l'intérêt ne tardèrent pas à remplacer l'exaspération.

Le pauvre jeune homme, en effet, était dans le plus déplorable état. Il avait la tête nue, les cheveux et les vêtements en désordre; son visage était couvert de contusions. Enfin son air abattu, ces menottes qui contenaient ses mains, cette chaîne dont un cavalier de la maréchaussée tenait un bout et qui cliquetait avec un bruit sinistre, tout cela était de nature à produire une vive impression sur les spectateurs, si mal disposés qu'ils fussent.

Aussi, pour la première fois, les habitants de la ville éprouvèrent-ils quelque chose qui ressemblait à un sentiment de pitié, et l'on se disait à voix basse en regardant le prisonnier :

— C'est un jeune soldat déserteur qui certainement sera passé aux verges en rejoignant son régiment... Et puis, on assure qu'il a payé les trente livres d'amende auxquelles l'ordonnance royale condamne ceux qui demandent « l'orge ». Maintenant qu'il a reçu son châtiment, il n'y a plus à s'occuper de lui.

Aucune manifestation hostile n'eut donc lieu sur le passage de l'escorte. Quelques furieux ayant voulu faire entendre des cris, on leur imposa silence. Julien et ceux qui le gardaient purent gagner sans encombre la rue où stationnait une voiture, attelée de deux chevaux, le postillon en selle.

Une certaine partie de la foule les avait suivis jusque-là, mais évidemment elle n'obéissait plus qu'à ce désir de voir, si puissant dans les petites villes de province. Au moment où Jardin-d'Amour saisissait le bouton de la portière, le commissaire lui dit :

— Voulez-vous, monsieur l'exempt, que je vous donne quelques-uns de mes hommes pour conduire votre prisonnier à destination ?

— Inutile, monsieur le commissaire ; seulement, envoyez-les en avant pour éclairer la route de Paris que nous allons prendre, car je n'aurai pas de tranquillité que nous ne soyons tout à fait hors de Lagny... Quant à garder le déserteur, j'ai là un de mes estafiers, et à nous deux, nous en viendrons facilement à bout.

En même temps il ouvrit la portière; on vit au fond de la voiture un individu enveloppé d'un manteau qui lui cachait une partie du visage, et coiffé d'un chapeau à cornes. Le sergent prit la chaîne et invita Julien, d'une voix rude, à monter dans la voiture; mais alors le malheureux Parisien éprouva un nouvel accès de désespoir.

— Monsieur le sergent, dit-il, ne pouvez-vous du moins me rassurer au sujet de Denise, de ma femme? Est-elle en sûreté?... Quelqu'un n'aurait-il pas la charité de la prévenir de la position où je me trouve et de lui dire...

— Allons! allons! montez! interrompit Jardin-d'Amour brutalement, votre femme est prévenue; ne vous occupez-pas d'elle... Dépêchez-vous. Voulez-vous donc que nous couchions ici? Il n'y fait bon pour personne, je vous l'assure.

Et il secouait la chaîne avec impatience. Julien, quoique révolté de tant d'inhumanité, ne pouvait qu'obéir, et il se laissa tomber à côté de l'homme au manteau, qui éprouva un tressaillement aussitôt réprimé.

Jardin-d'Amour lui-même, après avoir remercié brièvement le commissaire et la force publique de Lagny de leur concours, entra dans la voiture, et s'assit de telle sorte que le prisonnier se trouvait entre lui et l'autre garde. Aussitôt il cria au postillon :

— Tu connais mes ordres?... Route de Paris, par Chelles... et triples guides si je suis content.

Aussitôt la voiture partit à fond de train, au risque d'écraser les nombreux curieux qui l'entouraient encore.

A peine avait-on atteint le bout de la rue, que l'homme au manteau prononça quelques paroles inarticulées et voulut prendre les pauvres mains de Julien meurtries par les menottes. Le prisonnier ne vit dans ce mouvement que le désir de prévenir une tentative d'évasion; mais Jardin-d'Amour, qui semblait attentif aux moindres détails, dit précipitamment :

— Patience! Le danger n'est pas passé et l'on nous observe... Voici encore un de ces cavaliers de la maréchaussée... Patience! je vous en prie.

L'homme au manteau demeura immobile, retenant son haleine. Le racoleur saluait successivement par la portière les gendarmes qu'on avait échelonnés sur la route. Enfin le dernier tricorne disparut, les maisons firent place à des champs et à des vignes, les passants devinrent rares; on était en rase campagne. Jardin-d'Amour se retourna en souriant.

Aussitôt s'opéra un changement merveilleux. Le manteau du soi-disant estafier fut brusquement écarté, le chapeau tomba, et au lieu d'un garde rébarbatif, Julien vit à côté de lui sa chère Denise, dont le joli visage était baigné de larmes. Elle se jeta dans ses bras :

— Ah! mon pauvre Julien, s'écria-t-elle, comme vous avez souffert!... Espérons du moins que ces cruelles épreuves sont les dernières, et que rien ne nous séparera plus!... Quelles mortelles inquiétudes vous m'avez causées!

Et elle essayait, sans pouvoir y parvenir, de dégager les mains de son mari.

— Doucement... ne nous pressons pas! reprit Jardin-d'Amour en jetant à droite et à gauche de la voiture des regards de défiance; on ne sait qui peut nous épier... Et puis il y a ce maudit postillon qui serait capable... Au fait, ajouta-t-il en se ravisant, qui ne risque rien n'a rien! Je ne laisserai pas ce brave garçon traîner plus longtemps ce *chapelet de Saint-François,* qui nous a été si utile.

Et il enleva lestement chaînes et menottes.

Rien ne saurait exprimer la stupéfaction de Julien à cette transformation inattendue. Il demeurait comme hébété, ne pouvant ni parler, ni penser, n'osant croire qu'il n'était pas le jouet d'un songe. Denise voulait tout lui expliquer à la fois; aussi était-elle inintelligible et ne faisait-elle qu'augmenter l'ahurissement de Forget. Elle lui apprit pourtant que Jardin-d'Amour et elle étaient arrivés la veille à Lagny, dans la chaise de poste où l'on se trouvait en ce moment; elle lui fit remarquer que le manteau et le chapeau dont elle venait de se servir pour se déguiser étaient précisément les siens, et elle lui montra tous ses bagages qu'on était allé chercher à l'auberge du Grand-Saint-Antoine. Enfin elle l'assura qu'il était parfaitement libre, du moins pour le moment, et elle termina par un nouveau déluge de larmes et une nouvelle bordée de caresses.

Tout cela ne faisait qu'augmenter le chaos dans la cervelle de Forget. Il se laissait embrasser, mais son air effaré, ses yeux démesurément ouverts prouvaient qu'il n'en était pas plus avancé quant à la solution des nombreux problèmes qui se présentaient à son esprit.

— Enfin, Denise, s'écria-t-il, comment tout cela est-il possible? Pourquoi ne vous êtes-vous pas trouvée au rendez-vous convenu? Pourquoi avez-vous quitté Senlis?... Ce M. Jardin-d'Amour, qui m'a tiré des mains des habitants de Lagny et à qui vous témoignez tant de confiance, ne me veut donc pas de mal? Il n'est donc pas chargé de m'arrêter, de me livrer à la justice militaire?... Par pitié! donnez-moi l'explication de ces énigmes, car je deviens fou.

Avant de répondre, Denise regarda Jardin-d'Amour. Le racoleur frisa sa moustache, cligna des yeux et répondit enfin d'un ton de bonne humeur :

— Bah ! je crois qu'à présent vous pouvez tout lui dire.

— En ce cas, répliqua la jeune femme avec empressement, un seul mot suffira pour expliquer bien des choses... Julien, poursuivit-elle en désignant le sergent balafré, embrassez votre oncle !

— Mon... oncle ? répéta Julien tout ébahi.

— Oui, votre oncle, puisqu'il est le mien... C'est Joseph Cornillon, le propre frère de ma mère.

— Lui ! Jardin-d'Amour ?

— Les soldats, vous le savez, ont l'habitude de prendre ainsi un nom de guerre, de sorte qu'on ignore souvent leur véritable nom... Mais c'est bien Joseph Cornillon qui s'est fait reconnaître en nous rendant de signalés services.

Comme Julien cherchait à s'expliquer cette parenté passablement inattendue, le sergent reprit d'un ton goguenard :

— Mil-zieux ! si j'étais une jolie femme, le vaurien m'aurait sans doute embrassé déjà... Démontrez-lui la chose de la bonne façon, ma chère ; je ne veux pas qu'il me prenne pour un oncle de mauvais aloi, un parent d'occasion qui entortille son monde.

— Et moi je veux qu'il vous prenne pour ce que vous êtes en réalité, c'est-à-dire le meilleur et le plus dévoué des hommes... A la vérité, Julien n'a pu entendre parler de vous par mon père et ma mère, car on vous croyait mort depuis longtemps...

— Sans compter qu'il n'y avait pas de quoi se vanter du parentage.

— Eh bien donc, Julien, poursuivit Denise, ma mère avait un frère qui, à la mort de leur père commun, recueillit la plus belle part de l'héritage. Ma mère l'aimait beaucoup, malgré ses défauts, et essaya souvent de lui donner de sages conseils...

— Dites, interrompit de nouveau Jardin-d'Amour, que j'étais le plus mauvais sujet du monde; je mangeai mon bien et, loin d'écouter les conseils de ma digne sœur, je lui jouai des tours pendables, à elle et à son brave homme de mari.

— Il est vrai, reprit Denise en baissant les yeux, que l'oncle Cornillon fit quelques sottises; aussi devint-il nécessaire pour lui de quitter Paris et la France au plus vite. Mon père et ma mère, sur ses instantes prières, consentirent à lui acheter une *pacotille*, et il fut convenu qu'il partirait pour les îles. L'oncle Cornillon s'embarqua, mais il paraît qu'avant de monter dans le navire il se rendit encore coupable de quelques fredaines, à la suite desquelles sa sœur et son beau-frère ne voulurent plus entendre parler de lui. Aussi ne donna-t-il pas de ses nouvelles, et pendant de longues années on ne sut ce qu'il était devenu. On crut d'abord qu'il avait fait fortune et qu'il jouissait heureusement de sa richesse dans ces pays lointains; puis, on supposa qu'il avait péri dans quelque coin ignoré du globe, et ma mère, en secret, faisait dire souvent des messes pour le repos de son âme.

— Et pendant que cette chère Victorine, interrompit Cornillon, s'occupait du salut de mon âme, je passais deux fois par jour en chair et en os devant sa boutique. Réellement, mon neveu, je n'avais pas réussi, là-bas, aux Antilles; tout tourna mal, je me ruinai, et c'est miracle que je ne sois pas mort de faim dans ce pays où j'avais compté m'enrichir. Comment je pus revenir en France, je ne saurais le dire ; mais débarqué à Dieppe, je me trouvai un certain jour sur le port, la bourse et le ventre vides, sans ressources et sans espoir de m'en procurer. Je n'eus donc rien de mieux à faire que de prêter l'oreille aux hâbleries d'un racoleur qui me fit entrer dans un cabaret où je bus et mangeai tout mon soûl, et d'où je ne sortis que pour porter la giberne dans le régiment de Royal-Normandie.

« Je menai pendant plusieurs années l'ennuyeuse vie de garnison, et j'aurais eu grand désir de revenir à Paris si je n'avais craint d'y être reconnu. Enfin, ayant reçu dans un duel l'estafilade que vous voyez, je pensai que je pouvais reparaître sans inconvénient sur le théâtre de mes anciennes folies, et j'acceptai le poste de sergent recruteur sous les ordres de ce gros pince-sans-rire, le capitaine Fleur-de-Canon. Je n'aurais voulu pour rien au monde me présenter à ma famille, à laquelle j'avais causé tant d'humiliations, tant de chagrins, et qui peut-être eût rougi de ma situation présente ; mais que de fois, le soir, je me suis arrêté devant la boutique de Raymondot pour regarder à travers la vitre ma bonne sœur Victorine et ma charmante nièce !

— Ah ! cher oncle, interrompit Denise, si ma mère et moi nous avions pu soupçonner...

— Quoique vous ne me connussiez pas, poursuivit le sergent, je n'étais pas pour cela indifférent à ce qui vous arrivait. J'étais tenu au courant de vos affaires par une ancienne servante qui avait encore accès dans votre maison, et j'appris ainsi votre mariage projeté avec M. Forget. Aussi, jugez de mon chagrin, le jour où je reconnus votre futur mari dans un jeune homme que Fleur-de-Canon avait embauché par surprise et par trahison !

— En ce cas, interrompit Julien, pourquoi ne me laissâtes-vous pas aller, après le départ du capitaine? Pourquoi, du moins, ne témoignâtes-vous pas de l'abominable supercherie dont j'avais été victime?....

— Doucement! mon garçon; Fleur-de-Canon est mon chef, et un chef qui n'est pas tendre, je vous le jure. Si je vous avais laissé échapper, on vous eût repincé avant vingt-quatre heures, et moi, on m'eût fourré dans une prison pour avoir favorisé votre évasion, ce qui n'eût pas beaucoup amélioré l'affaire. Je m'avisai d'un autre moyen : ce fut d'écrire à mon beau-frère Raymondot, pour le prévenir du piége dans lequel vous veniez de tomber. Vous savez quel heureux résultat eut ma démarche.

— Ainsi, oncle Cornillon, interrompit de nouveau Julien avec vivacité, c'est à vous que je dois d'avoir pu me tirer des griffes de Fleur-de-Canon?... Merci pour ce service dont je comprends toute l'importance.

Et cette fois il embrassa le soldat avec cordialité.

— A la bonne heure! reprit Jardin-d'Amour quelque peu ému par ce témoignage d'affection; mais nous ne sommes pas au bout, neveu Forget, vous allez voir.

« Après votre départ, je n'eus pas moins les yeux ouverts, car j'étais sûr que votre affaire ne s'arrangerait pas si vite. A la vérité, le capitaine, qui avait reçu six pouces de lame dans la poitrine, ne paraissait pas bien à craindre; mais il fallait surveiller l'autre chenapan, le marquis de la Roche-Cardière, à qui vous aviez eu le bonheur d'échapper dans la forêt de Chantilly. Il était revenu furieux à Paris, et, il avertit l'autorité militaire du lieu de votre retraite. Aussi fus-je désespéré le jour où l'ordre nous arriva d'envoyer un exempt à Senlis, par la voie la plus prompte, afin d'arrêter à l'hôtel des

Armes-de-Montmorency le déserteur Julien Forget et de le conduire à son régiment.

« Que faire en pareil cas? L'ordre, clair et précis, devait être exécuté sur-le-champ. Pendant la maladie de Fleur-de-Canon, j'étais chargé du service du capitaine, et la moindre négligence de ma part eût été sévèrement punie. En désespoir de cause, je courus chez ma sœur Victorine Raymondot afin de lui révéler le danger auquel vous étiez exposé. Je me croyais assez changé pour que ni elle, ni son mari ne pût me reconnaître après une si longue absence, et je me promettais de ne pas me trahir; mais la *voix du sang* n'est pas une frime, voyez-vous... Quand je me trouvai face à face avec ma pauvre sœur, qui m'avait toujours tant aimé, et avec sa bonne pâte de mari, les paroles s'arrêtèrent dans mon gosier, la langue s'embarrassa, les yeux se mouillèrent et toutes les belles résolutions s'en allèrent au diable. De fil en aiguille, on en vint aux : « C'est toi! C'est moi! C'est lui! » Fin finale, on se reconnaît, on s'embrasse, on se pardonne les anciennes histoires et on se retrouve comme les deux doigts de la main.

« En définitive, on convint que votre vieux commis M. Cadet vous écrirait sur-le-champ pour vous donner avis de déguerpir au plus vite. De mon côté, je choisis le plus lourd, le plus maladroit, le plus bête de nos exempts pour l'envoyer à Senlis; comme je l'avais prévu, il arriva trop tard et eut un pied de nez.

« Mais ce n'était pas tout. Ce maudit Laroche-Cardière, en faisant enlever le mari par l'autorité militaire, voulait s'emparer de la femme, qu'il supposait être restée seule et sans défense à Senlis. Aussi expédia-t-il son valet Picard pour manigancer la chose, et je suis surpris que ce vieux coquin ne nous ait pas donné jusqu'ici de ses nouvelles. Heureusement Raymondot fut encore averti par ses amis de la police, et nous nous concertâmes pour soustraire Denise à ces machinations. Il devenait urgent d'aller au secours de ma gentille nièce. Or, Raymondot manquait d'habitude pour prévoir et pour déjouer certaines intrigues ; d'ailleurs on le connaissait et l'on pouvait aussi lui tendre des piéges. Il fut donc convenu que ce serait moi, dont personne ne se défiait et dont on ignorait les liens de parenté avec Denise, qui serais chargé de la ramener à la maison paternelle.

« Pour cela, je me rendis chez le capitaine Fleur-de-Canon qui, étendu sur son lit, ne cesse de jurer et de sacrer contre sa blessure et contre celui qui la lui a faite. Je lui dis que je n'avais aucune confiance dans l'exempt envoyé pour vous prendre ; que cet imbécile, selon toute apparence, ne réussirait pas ; enfin, je lui proposai de partir moi-même sans retard, en promettant un succès certain. Fleur-de-Canon, qui vous exècre autant qu'il exècre Laroche-Cardière, entra dans mes vues et me fit donner les pouvoirs nécessaires pour remplir ma mission.

« Je partis donc à cheval pour Senlis, où je trouvai en effet ma nièce aux Armes-de-Montmorency. La difficulté fut de me mettre en rapport avec elle et de la décider à m'écouter ; elle semblait avoir pour moi une véritable horreur ; mais je m'étais précautionné de certaines lettres de son père, de sa mère et même de Mme Forget, qui ne tardèrent pas à l'adoucir... »

— Pardonnez-moi cette défiance, cher oncle, interrompit Denise avec un peu de confusion ; ma position était si embarrassante, si singulière !

Julien avait écouté très-attentivement les explications de Jardin d'Amour.

— Je comprends, oncle Cornillon, reprit-il, que vous ayez dû agir avec beaucoup de réserve et de mystère, au mílieu de toutes ces difficultés; mais, enfin, pourquoi Denise a-t-elle eu l'air de quitter furtivement Senlis avec ce chevalier de Morandelle, au risque de compromettre sa réputation?

— Hum! je vois où le soulier vous blesse, mon neveu, répliqua Cornillon en souriant, et il y a bien quelque chose à redire sur cette affaire; mais, les bourgeois et arquebusiers de Senlis, par suite de l'alarme que leur avait causée le crime de l'horloger Billon, gardaient, comme vous savez, toutes les portes de la ville et ne laissaient sortir ou entrer personne sans d'interminables pourparlers. Or, je ne pouvais, moi sergent aux gardes, me mettre en voyage avec la femme du déserteur que j'étais chargé d'arrêter. Partout l'autorité militaire nous surveille d'un œil jaloux, et je savais que le régiment de la Trémouille devait passer le lendemain à Senlis. Enfin le valet du marquis pouvait être caché dans le voisinage et il était de la plus haute importance qu'on ignorât mon entente avec Denise.

« Dans ma perplexité, je pris le parti de tout conter à M. de Morandelle qui, je dois l'avouer, se conduisit en vrai gentilhomme. Il me dit que, voulant retourner à Chantilly, auprès du prince, il avait déjà fait demander une chaise de poste dans la ville. Il me proposa de l'accompagner avec ma nièce jusqu'à Chantilly, qui est à une courte distance de Senlis, après quoi nous serions libres de profiter de la voiture pour continuer notre voyage. J'acceptai avec empressement, car la protection du capitaine des chasses de Condé assurait notre sécurité; toutefois, comme je ne pouvais me montrer publiquement en compagnie de M. de Morandelle et de Denise, sans donner lieu à des suppositions dangereuses, il fut convenu que je sortirais seul et à pied de la ville, et que je retrouverais la chaise de poste à un endroit déterminé, non loin des remparts. Tout cela fut ponctuellement exécuté et je ne fus pas séparé de ma nièce pendant plus de dix minutes... Voyons, vilain jaloux, y avait-il là de quoi se mettre les sens à l'envers?

— Ah! monsieur Forget, avez-vous pu si mal penser de moi? dit Denise avec une petite moue; ne vous ai-je pas donné assez de preuves de ma tendresse et de mon dévouement?

— Allons! pardonnez-moi, ma chère, dit Julien, j'ai eu tort; mais ce maudit chevalier de Morandelle... Enfin, oncle Cornillon, ajouta-t-il en se tournant vers le racoleur, pourquoi, en quittant Chantilly, n'avez-vous pas conduit Denise à Paris, dans sa famille, comme vous vous y étiez engagé?

— Eh! morbleu! je l'aurais fait volontiers si cette petite folle eût consenti à me suivre... Mais, ingrat que vous êtes, elle vous avait promis de vous rejoindre à Lagny, et quoique j'essayasse de lui faire comprendre le danger de ces voyages continuels, elle n'a voulu rien écouter. Nous nous sommes donc rendus en poste à Lagny...

— Chère Denise! s'écria Julien, et cette fois avec une vive émotion, j'ai été bien injuste envers vous, mais si vous saviez ce que j'ai souffert!

En ce moment, Jardin-d'Amour, qui déjà plusieurs fois s'était penché hors de la voiture pour regarder en arrière, appliqua son œil au petit vasistas de la chaise de poste, et après un court examen, reprit sa place d'un air soucieux.

— Qu'y a-t-il donc? demanda Denise avec inquiétude.

— Bah! rien, répliqua le sergent; un homme à cheval

nous suit depuis quelques instants... Nous avons pu être vus par bien du monde là-bas... Et puis, voilà notre postillon qui se retourne un peu trop souvent sur sa selle pour nous examiner !... Le drôle s'aperçoit que nous n'avons plus l'air de deux exempts qui conduisent un déserteur en prison.

— Nous ne sommes donc pas à l'abri de tout danger? demanda Julien.

— Hum! nous avons encore besoin d'une extrême prudence.

— Ah! oncle Cornillon, pourquoi Denise et vous n'êtes-vous pas venus ce matin à l'auberge où je vous attendais? L'événement qui m'a été si fatal n'eût pas eu lieu sans doute.

— L'heure indiquée par vous-même n'était pas encore arrivée; cependant, nous nous disposions à nous rendre au Grand-Saint-Antoine, quand nous vous vîmes aux mains de cette populace enragée. Vous savez comment une première fois je parvins à vous délivrer; mais, en apprenant que vous étiez assiégé de nouveau dans une maison de la ville, j'ai pris une résolution passablement audacieuse.

« Je suis allé trouver le commissaire de Lagny, je lui ai exhibé l'ordre d'arrestation dont j'étais porteur; j'ai parlé haut, j'ai menacé, si bien que, malgré sa répugnance, il a été obligé de se mettre à ma disposition avec toute la force publique. Pendant ce temps, Denise avait fait atteler la chaise de poste et était allée réclamer vos effets à l'auberge du Grand-Saint-Antoine. Tout a réussi merveilleusement, et ceux qui vous bloquaient n'ont pas osé résister. J'attribue surtout ce résultat à ces bienheureuses menottes dont j'ai eu la bonne idée de vous affubler. Je les enverrai par la première occasion au brave officier de la maréchaussée qui a bien voulu me les prêter.... et nous boirons ensemble, quand nous nous retrouverons.

La gaieté qu'affectait Jardin-d'Amour ne se communiqua pas à son neveu.

— Ah ça! demanda Julien, vous avez donc réellement un ordre en règle de m'arrêter?

— Comment, si je l'ai! Voulez-vous le voir?... Les signatures, les visa, les timbres, rien n'y manque... Mon devoir serait de vous conduire par la plus courte voie dans une prison militaire.

— Mais vous ne le ferez pas, n'est-il pas vrai, mon oncle? s'écria Denise.

— Suis-je donc si méchant? répliqua Jardin-d'Amour d'un ton de reproche; vous êtes libres comme l'air, mes enfants, d'autant plus libres que nous allons nous séparer au plus prochain relai; je prendrai un bidet de poste et je poursuivrai seul mon voyage vers Paris.

— Mais, oncle Cornillon, reprit Julien avec beaucoup de feu, vous pouvez être compromis à cause de moi, et je ne dois pas le souffrir; j'aimerais mieux subir toutes les conséquences de ma triste position.

Denise regarda le sergent d'un air plein d'anxiété.

— Vous n'avez pas besoin de vous alarmer, petite, dit le balafré avec bonhomie; advienne que pourra! Je ne conduirai pas en prison le mari de ma nièce... Nom d'une giberne! ajouta-t-il avec un accent de sensibilité, je n'ai pas valu grand'chose pour ma famille quand j'étais jeune, il est bien temps que je prenne ma revanche... et ensuite l'on fera ce que l'on voudra de ma vieille peau tannée, dont je ne me soucie guère.

Denise remercia Jardin-d'Amour avec effusion; mais Julien s'écria :

— Je n'accepterai pas un pareil sacrifice, cher oncle; je sens, je devine qu'en me laissant aller vous encourrez la plus grave responsabilité... Voyons, parlez avec franchise : Qu'espérez-vous et comment tout ceci finira-t-il?

— Ce que j'espère? répliqua le sergent d'un ton dont la légèreté apparente ne pouvait cacher entièrement la tristesse; pas grand'chose de bon, je l'avoue. Comment cela finira? Je vous le dirai, mon garçon, quand je le saurai. Pour le moment, il s'agit de tirer votre épingle du jeu, et de me laisser me dépêtrer pour le reste... Je tâcherai d'en venir à bout, n'ayez pas peur.

Cette lutte de générosité ne semblait pas près de finir, quand Jardin-d'Amour, dans l'intention peut-être de couper court à la discussion, se mit à regarder de nouveau hors de la voiture. L'homme à cheval, qui avait déjà attiré son attention, les suivait toujours à quelque distance. D'autre part, on approchait d'un centre de population assez important, que dominait un majestueux édifice, et on voyait sur la route un grand nombre de personnes aller et venir, comme si une fête ou un événement quelconque eût réuni en cet endroit les habitants du voisinage.

— Oh! postillon, quel est ce pays? demanda le sergent à voix haute.

— C'est Chelles, monsieur; vous pouvez apercevoir l'abbaye royale, là, au milieu du bourg... Il va falloir retenir les chevaux, car il y a foire aujourd'hui. Cependant, si vous voulez, je passerai sur le ventre à tous ces vilains, en criant : « Service du roi! »

— Garde-t'en bien; le service du roi est fini.... Va lentement, au contraire; ton pourboire n'y perdra rien, je te le promets.

— Tiens! tiens! nous ne voyageons plus pour le roi à présent? Comme tout change!

Jardin-d'Amour n'eut pas l'air d'avoir entendu cette observation railleuse; il poursuivit en s'adressant à son neveu et à sa nièce:

— C'est ici, mes enfants, que je dois vous quitter. Je vais, comme je vous l'ai dit, prendre un cheval pour rentrer à Paris par Vincennes. Vous pouvez vous arrêter à Chelles, car vous devez être fatigués; mais, demain sans plus tarder, vous gagnerez Bondy par la traverse et vous irez vous loger à l'hôtel de la Poste. Là, vous attendrez deux ou trois jours de mes nouvelles; si, au bout de ce temps, vous n'avez pas reçu un avis de moi vous annonçant que tout danger est passé, vous pousserez plus loin et chercherez une retraite sûre en indiquant par lettres, soit à Raymondot, soit à Mme Forget, où l'on pourra vous trouver. Surtout ne revenez pas à Paris sans avoir la certitude que ce retour sera sans inconvénient pour vous... Voyons, m'avez-vous bien compris!

— Parfaitement, oncle Cornillon, répliqua Denise; et si je pouvais espérer que vous serez vous-même à l'abri de tout péril...

Au lieu de répondre, le sergent se pencha encore au vasistas. Depuis que la chaise de poste avait ralenti sa marche, le cavalier avait beaucoup gagné sur elle, si bien que l'on pouvait maintenant distinguer son costume et ses traits. Tout à coup Jardin-d'Amour s'écria:

— Que l'enfer le confonde! C'est Picard, l'agent de Laroche-Cardière!... Ce coquin nous a épiés sans doute, et il se rend aussi à Paris; s'il y arrive avant moi, il gâtera tout, et Dieu sait à quoi je devrai m'attendre.

— Eh bien! oncle, reprit Denise, renfonçons-nous dans la voiture... Peut-être ne nous reconnaîtra-t-il pas.

— C'est inutile, le voici... Et sans doute il en sait déjà sur notre compte plus long que nous ne voudrions.

En effet, le valet de Laroche-Cardière venait de les rejoindre. Lorsqu'il fut près d'eux, il leur jeta un regard narquois et menaçant ; mais il ne s'arrêta pas et passa au galop.

— Il désire arriver à la poste le premier, dit Jardin-d'Amour avec colère, afin de profiter des chevaux disponibles et de gagner de l'avance sur nous. Peste soit de ce maudit laquais! Il va nous créer peut-être de nouveaux ennuis!

Il eût bien voulu donner au postillon l'ordre de hâter le pas; mais, comme nous l'avons dit, on entrait en ce moment dans le village de Chelles; une foule nombreuse d'hommes et de femmes, sans compter des chariots et des bestiaux, encombraient la voie publique. Force était donc à la voiture d'avancer avec lenteur pour ne pas causer d'accident, tandis que Picard, qui ne paraissait pas avoir les mêmes scrupules, ne cessait de fouetter son cheval. Le sergent était désolé de se voir ainsi devancé, quand survint un incident qui changea la face des choses.

XIX

LE PILORI.

Chelles avait alors une importance considérable, non par le nombre de ses habitants, mais par l'abbaye de Bénédictines dont ce bourg dépendait et qui était une des plus célèbres abbayes du royaume. Aux premiers temps de la monarchie, Chelles possédait une maison royale où l'abominable Frédégonde avait fait assassiner son mari, le roi Chilpéric, et où résidèrent plusieurs souverains de la première et de la seconde race. Plus tard le monastère, fondé à côté du palais par Bathilde, femme de Clovis II, avait eu pour abbesses des reines et des princesses; et, bien que l'abbaye eût éprouvé, pendant le moyen âge, des fortunes diverses, bien que ses religieuses n'eussent pas toujours été citées pour leur piété, elle conserva jusqu'à la révolution le privilége d'être dirigée par des femmes portant des noms illustres.

Du reste, elle jouissait d'énormes revenus, et l'abbesse de Chelles était, en dépit de ses vœux monastiques, une des plus riches et des plus puissantes dames de France.

A l'époque où se passent les événements de ce récit, Chelles avait pour abbesse une prinesse de C*** qui, pour n'être pas de sang royal, comme sa devancière, Mlle de Chartres, fille du régent, n'en portait pas son titre avec moins de fierté. La popularité était à la mode, depuis que Louis XVI occupait le trône ; aussi Mme l'abbesse, au moment où la chaise de poste pénétrait dans le bourg, essayait-elle de se rendre populaire en se montrant à « ses bons paysans » et en paraissant prendre intérêt à leurs affaires ainsi qu'à leurs plaisirs. Elle se promenait à pied, avec sa suite, dans les rues, gratifiant d'un léger sourire et même d'un mot amical ceux des passants qu'elle connaissait, recevant des placets, accordant des faveurs ou des aumônes, accueillie partout avec des démonstrations de profond respect.

La princesse était de petite taille ; sa figure, aux joues creuses, marquée de variole, n'avait aucune majesté naturelle. En revanche, elle se redressait sous son costume noir et blanc de bénédictine, et ses yeux bruns ne manquaient pas d'énergie. Elle avait au cou la croix d'or, insigne de sa dignité, et portait au doigt, comme les évêques, une grosse bague d'améthyste qu'elle donnait à baiser aux petits enfants. En guise de crosse abbatiale, elle s'appuyait sur un jonc dont la pomme en diamants représentait les armes de sa famille. Un peu derrière elle, venaient deux religieuses de rang inférieur à qui elle donnait de temps en temps des ordres et remettait les placets ; puis deux personnages, vêtus de noir et à petit collet, qui étaient l'un son bailli, l'autre son collecteur d'impôts. Plusieurs domestiques, armés de cannes, marchaient en avant pour faire ranger la foule et l'empêcher de gêner la noble dame.

Dans la rue principale du bourg s'élevait une espèce

de pilori appelé *échelle*, qui témoignait que l'abbesse avait droit de basse, moyenne et haute justice sur les terres de sa juridiction. Cette échelle consistait en une tourelle en bois, munie d'un escalier extérieur et terminée par un lanternon à jour, où les coupables de certains délits, les pieds et les mains entravés dans des rainures de planche, étaient exposés à la risée publique. Or, madame l'abbesse, en passant devant cet appareil de justice féodale, venait de s'assurer qu'il était vide et semblait même n'avoir pas servi depuis longtemps. Elle s'arrêta.

— Pourquoi donc, monsieur le bailli, dit-elle d'un ton riant à l'un des hommes vêtus de noir qui la suivaient, n'avoir pas donné aux gens du marché le spectacle de quelque malfaiteur condamné au pilori ? Il est toujours bon de montrer au peuple que l'autorité a les yeux ouverts sur les plus humbles délits... N'aviez-vous donc pas dans votre prison quelque volereau ou quelque vagabond à exposer pour le divertissement de nos bien-aimés vassaux ?

— Mon Dieu ! non, madame l'abbesse, répliqua le bailli un peu confus en s'inclinant ; que voulez-vous ? on ne trouve plus ni vagabonds ni maraudeurs sur les terres de cette sainte maison...

— Voyez-vous ça ! répliqua l'abbesse avec gaieté ; on dit néanmoins que les temps sont fort corrompus... Ce résultat serait-il dû uniquement à votre vigilance, bailli ?

Comme le magistrat allait répondre à cette observation, une grande rumeur s'éleva à l'extrémité de la rue. Un homme à cheval venait de se lancer au milieu de la foule qui encombrait la voie publique, et, sans égard pour les réclamations, continuait de galoper en faisant claquer son fouet. Déjà il avait renversé un vieux paysan qui, tenant son cochon en laisse, n'avait pu se garer assez vite, et il s'avançait du même train furieux vers l'endroit où se trouvaient l'abbesse et son cortége.

On a deviné Picard, qui, selon les prévisions de Jardin-d'Amour, avait hâte d'arriver à la poste pour s'emparer des chevaux disponibles et continuer son voyage.

L'abbesse et les personnes de sa suite, averties par les clameurs de la foule, s'empressèrent de chercher un refuge dans l'encoignure d'une porte. Mme de C*** avait froncé le sourcil et paraissait fort irritée.

— D'où vient, dit-elle, cet insolent qui ose courir de ce train furieux dans les rues de Chelles, un jour de marché? Arrêtez-le et sachez qui il est.

Mais la chose était plus facile à commander qu'à exécuter. Le cheval poursuivait sa course, menaçant d'écraser tout ce qui lui ferait obstacle. Cependant les valets, désireux d'accomplir l'ordre de leur maîtresse, se placèrent à droite et à gauche de la rue, et quand Picard passa, l'un d'eux saisit la bride du cheval en criant :

— Halte! au nom de Mme l'abbesse de Chelles!

Mais cette injonction n'eut aucun effet.

— Au diable les béguines! répliqua Picard arrogamment; place, coquin! ou je t'assomme.

Et il cingla d'un coup de fouet la figure du valet. Celui-ci, quoique à demi aveuglé, ne lâcha pas la bride, mais un coup de tête du cheval le jeta sanglant et presque inanimé sur la voie publique.

Picard voulut profiter de cette circonstance pour s'enfuir; il n'en eut pas le temps. Les autres valets, auxquels se joignirent les passants, se ruèrent sur lui tous à la fois et l'arrachèrent de sa selle, puis on le conduisit devant l'abbesse.

Appuyée sur sa canne, elle était frémissante de frayeur et de colère.

— Que l'on prenne soin de ce pauvre Nicolas, dit-elle en désignant le blessé ; c'est un bon serviteur et je le récompenserai... Sœur Catherine, ma mie, faites-lui respirer de l'eau de mélisse... Voici mon flacon... Eh bien ! et toi, drôle, poursuivit-elle en jetant sur le prisonnier un regard irrité, qui es-tu, et comment t'appelles-tu ?

— On m'appelle Picard, répliqua le cavalier effrontément ; j'appartiens à M. le marquis de Laroche-Cardière, et je remplis pour lui une mission pressée... Ainsi donc, qu'on me rende mon cheval et qu'on me laisse aller à mes affaires, sinon, mon maître fera punir ceux qui auront interrompu mon voyage.

L'abbesse frappa du pied :

— A-t-on jamais entendu pareille insolence ? s'écria-t-elle ; me menacer, moi, l'abbesse de Chelles, de la colère de son maître ! L'entendez-vous, mes sœurs ? ajouta-t-elle avec ironie en se tournant vers les religieuses qui l'accompagnaient ; nous avons tout à craindre de M. de Laroche-Cardière, parce que nous ne voulons pas permettre à son domestique de tuer les gens de l'abbaye et de nous insulter en face !

Alors seulement Picard apprit qu'il avait affaire à l'abbesse en personne; mais, habitué à se considérer comme inviolable, grâce au crédit de son maître, il ne s'en montra pas beaucoup plus humble.

— Eh bien ! voyons, que veut-on faire de moi? reprit-il; voilà bien du bruit parce que j'ai tenté d'écarter un manant qui portait la main à la bride de mon cheval !

— Ce n'est pas seulement monsieur Nicolas que vous

avez failli tuer, voleur, brigand, face de singe! s'écria une grande paysanne, à figure enluminée, qui venait d'apparaître, les poings sur les hanches. Justice! madame l'abbesse, notre bonne maîtresse, justice!... Cet affronteur a renversé mon père, là-bas devant la maison du serrurier, et on le rapporte tout couvert de sang.

— Votre père, le vieux Duclos? demanda l'abbesse; un des plus honnêtes habitants du bourg?... Où donc est-il, Marguerite?

— Dans cette voiture, madame, répliqua la paysanne en désignant la chaise de poste qui s'avançait au pas; il y a là une jeune dame qui, émue de pitié, a voulu le ramener chez nous... et Dieu la récompensera de cette charité!

En effet, Denise, à la vue du vieux paysan si fort maltraité par Picard, n'avait écouté que les suggestions de son cœur. Sur ses instances, son mari et son oncle étaient descendus de voiture; et, ayant appris de la fille du blessé qu'il demeurait à l'autre extrémité du village, ils l'avaient installé auprès de Denise qui s'était mise à panser la plaie du vieillard.

L'abbesse plongea un regard curieux dans la voiture, et ce coup d'œil lui suffit pour reconnaître que les charitables voyageurs n'étaient pas des gens de qualité. Malgré son dédain pour les bourgeois, elle s'approcha de la chaise de poste qui s'arrêta et elle dit gracieusement à Denise:

— Je suis l'abbesse de Chelles, madame, et je vous remercie pour votre humanité à l'égard d'un vassal de cette abbaye... Eh bien! père Duclos, continua-t-elle en s'adressant au blessé, vous sentez-vous mieux?

Denise, en apprenant la haute dignité de la religieuse qui lui parlait, rougit et balbutia quelques paroles inintelligibles. Cette modestie ne paraissait pas déplaire à Mme de C***, quand Marguerite s'écria :

— Voyez, madame l'abbesse, le père rouvre les yeux... La bonne jeune dame l'a ressuscité... Mais, vous, accordez-nous justice contre ce mécréant qui malmène ainsi le pauvre monde !

— Et vous l'aurez, ma chère, répliqua Mme de C*** d'un ton digne ; aussi bien rien ne me prouve que ce cavalier si brutal et si insolent soit au service d'un gentilhomme.:.

— Si vous en doutez, reprit Picard d'un ton de raillerie, vous n'avez qu'à interroger ces voyageurs. Ils me connaissent assez pour pouvoir affirmer que je suis bien le valet de confiance du marquis de Laroche-Cardière...

— Nous vous connaissons pour un méchant homme ! répliqua Denise en détournant les yeux.

— Pour un bandit au service d'un autre bandit ! ajouta Jardin-d'Amour ; et on en a pendu haut et court qui l'avaient moins mérité que toi !

Comme Picard allait répliquer, l'abbesse reprit péremptoirement :

— C'est assez... Monsieur le bailli, n'avez-vous rien à dire quand un aventurier outrage votre maîtresse, renverse, blesse et foule aux pieds ses serviteurs et ses vassaux ?

— Si, si, madame, s'écria le bailli en redressant sa perruque un peu dérangée par les luttes précédentes, j'ai beaucoup à dire au contraire. Il s'agit d'un flagrant délit, d'un crime commis en ma présence, *in presentia judicis*, ce qui constitue un cas prévôtal, et je peux en pareil cas prononcer ma sentence hors de mon tribunal, sans assistance d'assesseurs et de greffier. En conséquence, je déclare le nommé Picard, ici présent, soi-disant valet du marquis de Laroche-Cardière, coupable d'avoir manqué au respect dû à haute et puissante dame, Mme l'abbesse de Chelles, ma dame et maîtresse; je le déclare, en outre, coupable d'avoir, par imprudence ou malignité, attenté à la vie de Nicolas Marcel, serviteur de ladite haute et puissante dame, et à celle de Pierre Duclos, vassal et homme lige de cette abbaye. En conséquence, je condamne ledit Picard à être attaché pendant deux heures au pilori de la justice de Chelles; après quoi, il sera conduit dans la prison du bourg pour y être retenu « jusqu'à plus ample informé. »

Pendant que le magistrat seigneurial prononçait ce jugement, l'abbesse approuvait par signes, et enfin elle confirma la sentence par un « bien! » très-nettement accentué. De leur côté, les gens du marché applaudirent avec enthousiasme à la condamnation de Picard.

— Vivat! criait-on de toutes parts; vive madame l'abbesse! vive M. le bailli!... Au pilori, le coquin!

— Ma sentence, ajouta le bailli en enflant sa voix, est exécutoire à l'instant même, et je requiers tous les assistants de prêter main-forte à la justice.

Aussitôt on saisit le condamné pour l'entraîner vers l'échelle dont les enfants avaient déjà envahi les basses marches. Vainement voulut-il résister; on maîtrisa ses mouvements.

— C'est abominable! s'écriait-il en se débattant; que le diable étrangle les vieilles nonnes et les juges de village!... Mon maître demandera compte...

Sa voix fut couverte par le tumulte, et tous les habitants du bourg se firent à l'envi aides de l'exécuteur. Cinq minutes n'étaient pas écoulées que Picard, les mains et les pieds passés dans des entraves, figurait sur l'échelle infamante, au milieu des huées de la foule. Il essayait encore d'injurier l'abbesse, le juge, les spectateurs, quand certains projectiles, à l'usage de la populace, rebondirent sur le toit du pilori, et déterminèrent le malencontreux valet à retenir sa langue.

Déjà l'abbesse s'était éloignée et se dirigeait vers le monastère d'un pas majestueux, suivie de son cortége. Le blessé, ayant repris ses sens, avait voulu rentrer à pied, appuyé sur sa fille ; cependant Denise, par respect pour l'abbesse, n'était pas remontée en voiture, et s'était jointe à l'escorte, tandis que Julien et le sergent marchaient un peu en arrière. Mme de Chelles ayant remarqué ces témoignages de déférence, retournait souvent la tête pour adresser un sourire à la gentille bourgeoise. Celle-ci finit par se rapprocher, et lui dit modestement :

— Ah ! madame, quel service vous nous avez rendu, en nous débarrassant de cet odieux valet ! Si son voyage n'eût été interrompu, il en fût résulté peut-être de grands malheurs pour nous.

— Vraiment, ma mie, répliqua l'abbesse d'un air de bonté ; contez-moi cela, je vous prie.

Denise, les yeux baissés, lui expliqua sommairement à quelles persécutions son mari et elle étaient exposés, et finit par invoquer son appui pendant les quelques heures qu'ils comptaient passer à Chelles.

— Vous me plaisez beaucoup, mon enfant, répliqua l'abbesse, et les choses étant telles que vous le dites, je vous accorde volontiers ma protection. Je ne peux pas grand'chose contre les gens du roi, mais je peux du moins vous défendre contre les entreprises de ce M. de Laroche-Cardière et j'aurai soin qu'on ne relâche pas trop tôt son indigne agent... Vous allez sans doute loger à l'auberge de Sainte-Bathilde ; dites à maître Clochard, l'hôtelier, que je le rends responsable de tout ce qui pourra vous arriver de fâcheux, à vous et aux vôtres, tant que vous demeurerez chez lui.

Denise remercia la religieuse avec effusion et Julien lui-même balbutia quelques mots de reconnaissance. L'abbesse, après avoir parlé bas au bailli, sans doute pour lui donner ses instructions au sujet des deux jeunes gens, regagna le couvent, tandis que les clameurs et les risées de la foule continuaient autour du pilori.

On arriva bientôt à l'auberge où le postillon avait déjà conduit la voiture et le cheval de Picard. L'hôtelier auquel Denise transmit le message de l'abbesse, témoigna aux voyageurs les plus grands égards, et le postillon lui-même, qui du reste avait reçu un généreux pourboire, promit de ne pas souffler mot à Lagny de ce qu'il avait remarqué pendant le voyage.

Quant à Jardin-d'Amour, il ne voulut pas s'arrêter à l'auberge et il s'empressa de demander un cheval de selle, afin de continuer son voyage jusqu'à Paris.

— Tout va bien pour vous, mes enfants, dit-il d'un air joyeux, et cette abbesse est une bonne diablesse de femme. Quelle épine elle vient de nous retirer du pied ! Je ne savais véritablement de quelle manière me débarrasser de ce maudit Picard, et si elle n'avait pas eu l'idée de l'envoyer au pilori, où il fait si piteuse mine... Allons ! ce soir même, je donnerai de vos nouvelles à vos parents et à vos amis.

— Quoi ! mon oncle, reprit Denise avec chagrin, êtes-vous toujours déterminé à nous quitter ? Il me semble pourtant que rien ne presse à cette heure.

— Il n'y a pas une minute à perdre, au contraire, pour prévenir les conséquences fâcheuses des évènements de la journée... Et tenez, ajouta Jardin-d'Amour en désignant un valet d'écurie qui conduisait un cheval tout harnaché devant la porte, voilà déjà les recommandations de cette excellente vieille béguine qui portent leurs fruits... Adieu donc, mes enfants, et souvenez-vous de ce qui a été convenu; vous pouvez passer la nuit ici; mais demain, dans la journée, vous vous ferez conduire par la traverse au village de Bondy, et le soir je vous y enverrai un message, afin de vous annoncer si vous pouvez rentrer à Paris en toute sûreté. Dans le cas où vous ne recevriez aucun avis de ma part, quittez cet endroit au plus vite, car ce sera mauvais signe.

Tout en parlant, il était sorti de l'auberge et se disposait à enfourcher sa monture. Julien et Denise le suivaient avec tristesse : le dévouement un peu grossier mais profond de leur parent avait touché leur cœur. Comme le sergent mettait le pied à l'étrier, Julien lui demanda :

— Enfin, oncle Cornillon, qu'espérez-vous apprendre à Paris et quelle bonne nouvelle attendez-vous?

— Est-ce que je sais? Peut-être l'argent et les prières de votre famille auront-ils fait annuler votre acte d'engagement; peut-être encore le prince de Condé, sur les instances de ce brave gentilhomme, le capitaine des chasses, aura-t-il obtenu un ordre du roi pour qu'on vous laisse en paix...

— Ce sont là des éventualités sur lesquelles il ne serait peut-être pas sage de compter, répliqua Julien dont le visage se rembrunit; et si vos espérances ne se réalisaient pas?

— En ce cas, répliqua le recruteur en s'installant sur la selle, les affaires iraient mal, et c'est pour cela que vous devez être sur vos gardes.

— Mais alors, mon oncle, reprit Denise les larmes aux yeux, ne serez-vous pas en danger vous-même ? Qu'arrivera-t-il si l'on apprend que vous avez rendu la liberté à mon mari après l'avoir eu pour prisonnier ?

— Ce qu'il arrivera, mignonne ? répliqua le sergent en souriant et en disposant les rênes de son cheval ; vous tenez donc absolument à le savoir ?... Eh bien, l'on me jettera dans un cul-de-basse-fosse pour y passer le reste de mes jours... Maintenant, bonne chance et adieu !

Il talonna sa monture et partit bon train.

— Revenez, oncle Cornillon, revenez, je vous en conjure ! s'écria Denise avec désespoir.

— Revenez, mon oncle ! répéta Julien.

Mais Jardin-d'Amour se contenta de leur envoyer un signe amical, et cinq minutes après il avait disparu.

XX

LA FORÊT DE BONDY.

Le lendemain, dans l'après-midi, la vieille chaise de poste que nous connaissons déjà, suivait en cahotant un chemin de traverse encaissé, tortueux, plein d'ornières dans un pays boisé et peu pittoresque. Elle était traînée par deux chevaux aux bruyantes sonnettes, et le postillon en grosse perruque poudrée qui montait l'un d'eux, ne leur épargnait pas les excitations de la voix et du fouet; mais les pauvres animaux, malgré leur bonne volonté, ne pouvaient avancer qu'au très-petit trot; encore la voiture éprouvait-elle de tels soubresauts qu'elle semblait devoir se disjoindre à chaque instant.

Dans cette voiture, on l'a deviné sans doute, se trouvaient Julien et Denise, qui allaient attendre à Bondy le message dont dépendait leur sort. Ils étaient partis assez tard de Chelles, la distance à parcourir n'étant pas considérable, et ils espéraient atteindre le terme du voyage longtemps avant la nuit; mais ils avaient compté sans cet effroyable chemin, et il semblait douteux que leur espérance pût se réaliser.

Ils étaient pensifs l'un et l'autre; une secrète inquiétude refoulait la joie qu'ils devaient ressentir de leur réunion après tant d'épreuves. A peine échangeaient-ils de temps en temps un sourire ou une parole affectueuse; et ils étaient à peu près constamment occupés de maintenir sur la banquette de devant leurs minces bagages, dérangés par les cahots.

Une couche uniforme de nuages couvrait le ciel et donnait à la campagne des teintes crépusculaires longtemps avant que le crépuscule fût proche. Cette teinte devint encore plus sombre et plus mélancolique, lorsque l'on entra dans un bois de haute futaie, dont les vieux chênes entrelaçaient leur feuillage à cent pieds au-dessus du sol. Sous ces majestueuses voûtes, les sons s'amortissaient en éveillant de faibles et plaintifs échos. Cependant, la route ne s'améliorait pas; à chaque instant, la voiture s'enfonçait dans des abîmes de bourbe dont l'attelage avait peine à la tirer, et, en cas d'accident, on ne pouvait compter sur aucun secours, car depuis une demi-heure on n'avait rencontré ni une habitation ni une créature humaine.

Aussi Denise ne tarda-t-elle pas à donner des signes d'inquiétude. Elle se penchait fréquemment à la portière et semblait fort alarmée du silence et de la solitude qui régnaient autour d'elle. Julien s'en aperçut.

— Qu'y a-t-il donc, ma chère? demanda-t-il; on croirait vraiment que vous avez peur!

— Eh bien! je ne m'en cache pas, monsieur Forget, je voudrais que nous fussions partout ailleurs, je voudrais...

— Mais pour Dieu! chère Denise, d'où viennent ces craintes? Nous sommes encore ici sur les terres de cette digne abbesse de Chelles, qui nous a témoigné tant de bienveillance, et des racoleurs n'auraient garde de s'engager dans ces chemins de traverse. Quant à Picard, dont nous pouvions redouter les intrigues, vous savez comme moi qu'il est retenu dans la prison de l'abbaye sous triple serrure et que M. le bailli n'est nullement disposé à le lâcher de sitôt.

— C'est vrai, mon ami; mais il peut exister d'autres dangers... Ne vous semble-t-il pas, par exemple, que cette forêt est bien grande, bien noire et bien solitaire?

— Raison de plus pour que nous n'ayons aucune chance d'y faire de mauvaises rencontres.

— Et puis, n'avez-vous pas entendu dire tout à l'heure au postillon que c'était la forêt de Bondy?

— Sans doute; mais, puisque nous allons à Bondy, ce nom prouve que nous sommes près d'arriver.

— Ignorez-vous donc, Julien, reprit la jeune femme en baissant la voix, quels terribles souvenirs éveille le nom de cette forêt? Ignorez-vous que, de temps immémorial, elle est le repaire de scélérats nombreux et pleins d'audace, qui narguent la justice, volent et assassinent les voyageurs sans défense comme nous? Quand j'étais enfant, on m'a conté sur ces brigands des histoires qui me faisaient dresser les cheveux sur la tête.

Peut-être Julien lui-même connaissait-il quelques-unes de ces histoires, car les crimes dont cette forêt était le théâtre l'avaient rendue célèbre, et le danger de la traverser était passé en proverbe. Cependant, il répondit en affectant beaucoup d'assurance :

— Bah! cette mauvaise réputation a pris naissance à une époque où il n'y avait ni lieutenant de police, ni prévôts, ni maréchaussée ; mais, depuis que nous avons tout cela, les choses ont bien changé de face, ici comme ailleurs.

— Alors pourquoi les arbres d'ici portent-ils des fruits pareils? murmura Denise en désignant un arbre mort qui s'élevait au bord du chemin.

Forget regarda dans la direction indiquée et aperçut plusieurs corps nus et à moitié putréfiés qui se balançaient aux branches desséchées de l'arbre. Evidemment, ces corps avaient été suspendus là par sentence de juge, afin d'intimider les malfaiteurs du voisinage.

Julien détourna les yeux avec horreur, tandis que Denise faisait un signe de croix.

— Tout cela ne prouve rien, reprit enfin Forget en toussant pour s'éclaircir la voix; un crime isolé a pu être commis à cette place comme partout ailleurs... Mais ayez l'esprit en repos, ma chère; le jour est encore haut et nous arriverons au village bien avant la nuit.

— En êtes-vous sûr? Voyez de quel train nous allons... Et ce postillon semble faire exprès de passer dans les endroits les plus déserts!

— Ah çà, Denise, vous défieriez-vous de cet homme? demanda Julien en baissant la voix à son tour; songez donc qu'il est de Chelles; il sait la protection dont nous honore Mme l'abbesse et il est en quelque sorte responsable de nos personnes...

— C'est possible et pourtant... N'avez-vous pas entendu dire, mon ami, que ces postillons étaient souvent de connivence avec les voleurs et qu'ils conduisaient les voyageurs dans une embuscade pour avoir part à leurs dépouilles?

— Fi donc! ma chère, c'est de l'enfantillage. Cet homme a une bonne figure et il ne mérite certainement pas de tels soupçons.

Toutefois, au bout d'un moment, Forget se mit à la portière et demanda au postillon pourquoi il les conduisait par cette effroyable route. On répondit assez brusquement qu'il n'y en avait pas d'autre.

— Mais ce n'est rien encore, ajouta le postillon du même ton bourru ; tout à l'heure, quand nous passerons au Coupe-Gorge, vous verrez bien pis.

— Le Coupe-Gorge ! répéta Denise à qui ce nom sinistre arracha un gémissement.

On continua d'avancer, malgré les soubresauts et les cahots. Julien essayait bien encore de prouver à Denise l'inanité de ses craintes ; mais évidemment il n'avait pas lui-même entière confiance dans ses paroles, et parfois le cri d'un geai qui s'élançait d'un arbre en battant des ailes, l'agitation causée dans les buissons par le passage d'un chevreuil, lui causaient un tressaillement involontaire. Enfin on atteignit l'endroit que le postillon avait désigné comme particulièrement dangereux et qui justifiait en effet de sérieuses appréhensions.

C'était une espèce de ravin où s'engouffrait la route et dont la pente était effrayante. A droite et à gauche s'élevaient des taillis impénétrables ; au fond coulait un ruisseau que le chemin traversait sur un ponceau d'une seule arche. Ce ponceau était dans le plus déplorable état ; à moitié effondré de vétusté, il paraissait avoir encore souffert d'une inondation récente. Partout de grosses pierres se dressaient pour obstruer le passage. Il semblait qu'une voiture fût dans l'impossibilité de franchir cet abîme rocailleux.

En arrivant sur le bord, les voyageurs ne purent retenir un cri de détresse et se cramponnèrent aux courroies intérieures de la voiture. Le postillon, de son côté, retint ses chevaux et les mit au pas, afin qu'ils ne pussent être entraînés malgré eux sur cette pente redoutable. Les pauvres animaux, en roidissant leurs jambes à les briser, réussirent d'abord à modérer le mouvement du pesant véhicule; mais à mesure qu'on avançait, la tâche devenait plus difficile. Enfin, cédant à l'impulsion qu'ils recevaient, ils semblèrent ne plus songer qu'à la diriger, et descendirent le ravin avec une rapidité vertigineuse.

Si le fond eût été plan et uni, cette rapidité peut-être n'aurait pas eu de mauvais résultat; mais, quand la voiture avec la vitesse acquise atteignit les ruines du petit pont, une des roues rencontra une pierre, on entendit un craquement, et la chaise de poste, après avoir oscillé quelques secondes, tomba sur le sol. L'essieu venait de se rompre.

Avant de songer aux voyageurs, le postillon s'occupa de calmer ses chevaux, échauffés par la course. Puis, ayant sauté à bas de sa monture, il vint ouvrir la portière; le mari et la femme, un peu froissés de cette chute, mais sains et saufs, purent sortir du malencontreux véhicule.

— Quel malheur! s'écriait Julien; comment à présent continuer notre voyage? Infernale route! abominable pays!

— Quand je vous disais! reprit le postillon; le Coupe-Gorge n'en fait jamais d'autres! Bien des gens ont péri là, dans l'ancien temps, les uns croient par la faute des voleurs, et moi j'imagine par la faute de ce chemin maudit... Un vrai casse-cou!... Enfin, en voilà de la besogne et de la vilaine! Que faire maintenant?

— Eh bien, monsieur, demanda Denise avec timidité, ne pourriez-vous raccommoder la voiture du mieux possible et la conduire tout doucement jusqu'au plus prochain village?

Le postillon, gros homme rougeaud, à mine fûtée, parut

flatté de s'entendre appeler « monsieur » par une jeune et jolie bouche. Cependant il répliqua de son ton brusque :

— Raccommoder! et comment diable voulez-vous, ma petite dame, qu'on raccommode un essieu brisé? Seul, un charron pourrait en venir à bout. Quant à faire avancer une voiture en cet état, ne fût-ce que l'espace de cinquante pas, six chevaux comme les miens n'y pourraient suffire.

— Quel parti prendre alors? dit tristement Julien.

Le postillon se mit à jurer de manière à faire trembler la forêt. Comme cela ne remédiait à rien, Forget répéta sa question.

— Je ne vois qu'un moyen, répondit enfin le postillon; vous allez attendre ici; pour moi, je détellerai les chevaux et j'irai chercher un charron à Montfermeil, le village le plus proche.

— Et pendant ce temps, s'écria Denise, nous resterons seuls dans cet endroit désert? Avec cela, voici la nuit qui approche.... Non, non, voyons autre chose.

— En ce cas, votre mari montera sur le second cheval, et vous, ma jolie dame, vous vous assiérez derrière lui ou derrière moi... Une lieue est bien vite faite! De cette manière, nous ne nous quitterons pas et nous enverrons du monde pour ramener la chaise de poste.

Julien, à son tour, fit des objections à l'arrangement proposé.

— Ma femme, répliqua-t-il, est trop délicate pour accomplir un pareil trajet à cheval; et moi-même je suis si mauvais cavalier... D'ailleurs nous ne pouvons abandonner ainsi la voiture et les bagages.

— Les bagages ne sont pas volumineux, et il est facile de prendre avec nous ces deux minces valises.... Quant à la voiture, qui diable voudrait la voler dans l'état où elle est? Du reste, il ne passe personne dans ce damné chemin.

Mais les deux époux refusèrent d'adopter cette combinaison ; et, comme l'on n'avait pas un grand choix de moyens, voici ce qui fut convenu : Le postillon devait charger les bagages sur l'un des chevaux, tandis qu'il monterait l'autre, et se rendre sur-le-champ à Bondy pour y chercher des secours. De leur côté, les voyageurs, laissant la chaise de poste où elle était, gagneraient le village à pied par un sentier qui était beaucoup plus praticable que l'horrible route réservée aux voitures. Cet arrangement présentait encore bien des inconvénients, des dangers peut-être ; mais Denise n'en voulut pas accepter d'autre.

En un instant on eut pris les dispositions nécessaires ; puis, le postillon, après avoir répété au mari et à la femme les indications qu'il leur avait données déjà afin qu'ils ne pussent s'égarer, s'éloigna en sifflant et en faisant claquer son fouet.

Dès qu'il eut disparu derrière les arbres, Denise, qui était restée près de la voiture brisée, retenant son mari par la main, dit toute frémissante :

— Partons maintenant, quittons ce terrible lieu... Mais gardons-nous de suivre le chemin que nous a indiqué cet homme, ou nous sommes perdus.

— Qu'avez-vous donc, ma chère? Est-ce que décidément vous soupçonneriez le postillon...

— Il s'entend avec les malfaiteurs de la forêt; on dit que c'est l'usage, et il nous a conduits à cet endroit, si bien appelé le Coupe-Gorge, pour nous livrer à ses complices !... Je connais vingt histoires où les choses se sont passées ainsi... Mais hâtons-nous, car déjà on nous guette peut-être... Venez, venez vite.

Et Denise fit prendre à son mari un autre sentier qui

pénétrait dans la profondeur des bois. Julien se laissait conduire, car il voyait l'inutilité de lutter contre une pareille terreur, cependant il dit avec regret :

— Il me semble, ma chère, que ce chemin suit une direction contraire à celle du village de Bondy.

— Qu'importe ! il conduit quelque part sans doute... Nous nous arrêterons à la première habitation, à la première ferme que nous rencontrerons... Mais, si nous restons ici, nous serons assassinés.

Vainement Julien essayait-il de lui faire comprendre que l'accident arrivé à la chaise de poste était tout fortuit, qu'une complicité du postillon avec les malfaiteurs semblait impossible ; Denise, sans l'écouter, le précédait toujours à grands pas et entrait de plus en plus avant dans la forêt.

Cependant le calme profond de ces solitudes, l'obscurité croissante et qui était due maintenant aux approches de la nuit, enfin la fatigue de cette course précipitée, ne tardèrent pas à diminuer la fiévreuse exaltation de Denise. Peu à peu les pas de la jeune femme se ralentirent, et convaincue qu'elle avait dépisté ses ennemis inconnus, elle parut plus disposée à écouter la voix de la raison.

On se trouvait alors en plein bois ; aussi loin que la vue pouvait s'étendre, des arbres et des buissons touffus confondaient leurs branches et leur feuillage. De larges avenues étaient percées pour les besoins de la chasse à courre dans cette forêt royale ; mais Denise les évitait avec soin et suivait les laies tortueuses qui serpentaient en tous sens à travers les massifs. Impossible de s'orienter dans ce dédale de sentiers. On avait bien rencontré, à certains carrefours, des poteaux destinés à indiquer au voyageur égaré où conduisait telle ou telle avenue ; mais les inscriptions de ces poteaux étaient à moitié effacées, comme il arrive d'ordinaire, et d'ailleurs la faible clarté du crépuscule ne permettait plus de les lire.

C'était l'heure où les objets prennent dans la demi-teinte des formes fantastiques et effrayantes. Parfois un vieux tronc renversé avait, à distance, l'apparence d'un homme en embuscade ; plus loin le feuillage bougeait, comme si quelqu'un se fût caché dans les halliers pour épier les voyageurs. Mille bruits vagues s'élevaient çà et là. Tantôt c'étaient comme des appels lointains, répétés par l'écho, tantôt des plaintes et des gémissements. Julien, qui avait déjà été en proie à des hallucinations de ce genre, ne s'en étonnait plus guère ; il savait que ces êtres mystérieux qui semblaient les guetter étaient de simples illusions des sens, que ces mouvements du feuillage avaient pour origine la brise du soir, que ces plaintes étaient poussées par des oiseaux qui cherchaient dans les arbres un asile pour la nuit. Mais la pauvre Denise éprouvait à chaque instant des transes nouvelles et s'arrêtait. C'était seulement lorsque Julien parvenait à lui faire toucher du doigt la cause tout inoffensive de ces appréhensions, qu'elle osait se remettre en marche d'un pas chancelant.

Ils erraient ainsi depuis une heure dans la forêt, ignorant s'ils se rapprochaient du village de Bondy ou s'ils lui tournaient le dos, quand une voix humaine, bien réelle cette fois, s'éleva tout près d'eux. Celui qui parlait était caché par un buisson, mais il semblait s'adresser à un compagnon invisible comme lui, et criait d'un ton de colère :

— Prends garde ! je viens de les entendre dans ces halliers... Ne les laissons pas s'échapper, car ils nous font courir depuis assez longtemps... Tire ton épée, et s'ils regimbent, larde-les un peu avec la pointe pour les mettre à la raison... Que l'enfer les confonde ! je suis tout en nage.

Le lecteur comprendra sans peine la terreur nouvelle que cette voix irritée et menaçante excita chez Denise et même chez Julien. Ils demeurèrent immobiles ; mais, convaincus qu'on les avait suivis et que c'était à eux qu'on en voulait, ils allaient prendre la fuite du côté opposé, quand de ce côté même on répliqua sur le même ton :

— Ne crains rien ; ils seront bien fins s'ils ne sont pas pris... Avançons donc ; je n'ai pas besoin d'épée pour en venir à bout, ma trique me suffira.

Le mari et la femme ne savaient plus par où ils devaient fuir ; il leur sembla que le bois était plein d'ennemis, et ils regardaient autour d'eux avec épouvante. Pendant ce moment d'hésitation, deux hommes apparurent à chaque extrémité du sentier. Les teintes rembrunies du soir ne permettaient pas de les voir avec netteté ; cependant on put reconnaître qu'ils étaient uniformément vêtus de rouge ; l'un tenait une épée nue et l'autre un bâton.

La pauvre Denise tomba sur ses genoux, à moitié évanouie, et s'écria d'une voix gémissante :

— Ah ! messieurs les voleurs, par pitié ne nous tuez pas !

Julien, de sa part, éprouva une velléité de se défendre, mais il était sans armes et il sentit que sa résistance aurait pour unique résultat d'augmenter les dangers de Denise. Il se contenta donc de se placer devant elle et dit à son tour d'un ton suppliant :

— Messieurs, prenez tout ce que nous possédons... Mais, je vous en conjure, épargnez ma femme.

Les deux Habits-Rouges parurent d'abord un peu

interdits à la vue du jeune couple et s'arrêtèrent. Puis, l'un d'eux fit un signe rapide à son compagnon et répondit en s'adressant à Denise :

— Voleurs! Qu'appelez-vous voleurs, la belle enfant? Savez-vous que vous n'êtes pas polie? Quand même la chose serait vraie, toutes les vérités ne sont pas bonnes à dire, que diable!

Peut-être y avait-il autant de gaieté que d'indignation dans cette apostrophe; mais Denise n'était pas en état de remarquer cette nuance.

— Je vous appellerai comme vous voudrez, mon bon monsieur, répliqua-t-elle humblement; je n'ai pas eu l'intention de vous offenser, je vous assure... Nous sommes à votre merci... Seulement, par grâce, ne nous tuez pas !

Les deux hommes rouges se regardèrent encore et échangèrent quelques mots tout bas. L'un d'eux ricanait; celui qui avait parlé déjà reprit d'un ton où dominait maintenant l'effronterie :

— Rassurez-vous, ma belle; on ne vous tuera pas, vous êtes trop jolie pour ça... Mais, puisque l'on peut prendre tout ce qu'on veut, moi je prends ceci :

Et se penchant vivement vers Denise, il lui déroba un baiser qui marqua en pourpre sur la joue pâle de la gentille bourgeoise. Julien eut un mouvement de rage et voulut se jeter à tous risques sur l'insolent; mais celui-ci se rejeta en arrière et dit avec raillerie :

— Eh bien! quoi! on m'a appelé voleur... Je vole, morbleu!

Forget se contint, car aussi bien Denise s'était suspendue à son bras et s'y cramponnait d'une manière convulsive. Comme les Habits-Rouges continuaient de causer bas, elle reprit :

21.

— Ayez pitié de nos souffrances, mes bons messieurs; que voulez-vous de nous?

La discussion cessa tout à coup entre les deux inconnus.

— Vous allez me suivre, reprit d'un air majestueux celui qui portait la parole; vous nous avez gravement offensés, et je vais vous conduire devant notre chef qui décidera de votre sort... Pour toi, Balthasart, poursuivit-il en se tournant vers son camarade, continue les recherches et reviens bien vite nous joindre au carrefour où toute la troupe nous attend.

L'autre lui glissa encore quelques mots à l'oreille en ricanant, jeta au mari et à la femme un regard qui leur parut sinistrement railleur, et entra dans le taillis.

— Partons maintenant, reprit l'Habit-Rouge, il se fait tard.

— Où voulez-vous nous conduire? demanda Denise éperdue.

— Je vous l'ai dit, devant notre chef. Marchez donc, et songez que toute tentative d'évasion sera sur-le-champ punie de mort.

Et il agitait son épée nue, que l'on voyait flamboyer dans l'ombre.

— Ma pauvre femme peut à peine se soutenir! dit Julien avec désespoir.

— Voulez-vous que nous la portions?

— Je la porterai bien tout seul.

— Non, non, interrompit Denise avec un effort de courage; me voici... Je peux marcher, je marcherai.

Elle s'appuya sur son mari, et ils suivirent l'homme rouge, qui semblait surveiller d'un œil jaloux tous leurs mouvements.

Bientôt on sortit du fourré et on atteignit un endroit

découvert où les lueurs mourantes du jour pénétraient encore. Alors les époux Forget observèrent plus en détail l'individu qui les tenait en sa puissance. C'était un jeune homme, dont la figure presque imberbe n'avait rien de bien formidable. Son costume, entièrement rouge, comme nous l'avons dit, se composait d'un habit de drap, à boutons d'argent, avec la veste et la culotte de même étoffe; un chapeau à cornes était posé d'un air tapageur sur ses cheveux poudrés. Cet équipement ne manquait pas d'élégance et ne trahissait nullement le laisser-aller d'un homme dont la vie sans doute se passait dans les bois. L'inconnu, en se voyant l'objet de cet examen attentif, fronça le sourcil et demanda brusquement:

— Ah çà, qui êtes-vous et où alliez-vous quand je vous ai rencontrés?

Julien voulait répondre, mais Denise se hâta de prendre la parole. Elle exposa qu'elle et son mari voyageaient pour leur commerce et que leur voiture s'étant brisée dans les environs, ils se trouvaient dans la nécessité de se rendre à pied au village de Bondy. Elle ne manqua pas de mentionner qu'ils revenaient du marché de Chelles où l'abbesse, qui était dame de tout le pays, les avait pris sous sa protection spéciale.

— Si vous avez vu notre postillon, comme je le suppose, ajouta-t-elle, il a dû vous parler de cette circonstance.

— Certainement, certainement! répliqua l'Habit-Rouge.

Il poursuivit ses questions, et, pendant que Denise répondait avec plus ou moins de sincérité, Forget réfléchissait à la situation présente.

L'individu qui s'arrogeait sur eux ce pouvoir despotique ne paraissait pas bien redoutable, et Julien se disait qu'en se jetant sur lui à l'improviste, il pourrait facilement le désarmer, le garrotter, puis se cacher dans les fourrés. Une seule chose l'empêchait de mettre ce projet à exécution sur-le-champ : Denise se traînait à peine et fléchissait à chaque pas. Comment trouverait-elle la force de fuir? D'ailleurs, cette lutte pouvait faire du bruit; les compagnons de l'Habit-Rouge pouvaient accourir, et alors, n'y avait-il pas lieu de craindre que Julien ne payât de sa vie et de celle de sa femme cette imprudente agression?

Il ruminait le cas à part lui et peut-être allait-il mettre son projet à exécution, quand un bruit de voix se fit entendre à quelque distance et au même instant un instrument de cuivre, en sonnant une fanfare, éveilla tous les échos de la forêt. Cette fanfare ne provenait pas d'un cor de chasse, mais bien d'une trompette militaire, et semblait être un appel pour les gens disséminés dans les bois. Denise fut saisie d'une terreur nouvelle et voulut s'arrêter, mais l'homme rouge, lui prenant l'autre bras, dit avec rudesse :

— Marchons, marchons... C'est le chancelier qui nous rallie.

— Quel chancelier? demanda la pauvre Denise.

— Eh! le nôtre... « le chancelier de la forêt de Bondy, » si vous voulez.

Et il se mit à rire.

— Quel singulier titre pour un chef de brigands! murmura Denise.

Toutefois, Julien, qui avait vu « le roi de l'Arquebuse » à Senlis, commençait à soupçonner que l'association dont le chef prenait ce titre de « chancelier » pouvait fort bien n'être pas ce qu'il avait supposé d'abord. Certains souvenirs confus commençaient aussi à s'éveiller dans son esprit, et l'air menaçant de son gardien ne lui imposait plus beaucoup lorsqu'on atteignit une vaste clairière. Alors un spectacle inattendu frappa les regards du couple prisonnier.

Plusieurs avenues, longues et droites, venaient aboutir à cet endroit et formaient un carrefour où pénétraient librement les dernières lueurs du ciel. A l'un des angles de cette espèce de place, s'élevait un orme gigantesque, plusieurs fois centenaire, au pied duquel une large dalle était disposée pour servir de table ou de banc. Un drapeau de diverses couleurs et orné d'armoiries était planté à côté, déroulant ses plis à la brise du soir. Au centre de la clairière, sur un chariot attelé de deux chevaux, on achevait de charger un jeune chêne enjolivé de rubans et de guirlandes, comme les *mais* que l'on plantait alors à certaines cérémonies. Des coups de hache se faisaient entendre dans les massifs, et annonçaient que des bûcherons étaient à l'œuvre non loin de là.

Une foule nombreuse s'agitait dans le carrefour. C'étaient d'abord vingt ou trente jeunes gens, portant tous l'habit rouge, le chapeau à cornes et l'épée, comme ceux que Denise et Julien avaient rencontrés; puis des musiciens, munis de trompettes, de timbales et de hautbois; puis des individus en différents uniformes qui semblaient être des gardes-chasse ou même des officiers des eaux et forêts. Enfin des paysans et des paysannes, sans doute habitants du voisinage, se pressaient autour des Habits-Rouges qui se montraient fort turbulents, joyeux et criards. Des chevaux dont la plupart, nous avons regret de le dire, avaient l'apparence d'humbles locatis, étaient attachés à des piquets où tondaient librement le gazon.

Ce tableau, l'on en conviendra, n'avait rien de bien

effrayant, et au premier coup d'œil, Denise et son mari comprirent qu'ils n'étaient pas tombés entre les mains des voleurs de la célèbre forêt. Toutefois ils ne pouvaient se défendre encore de certaines craintes. Pourquoi s'était-on emparé d'eux et que leur voulait-on?

Quand parut le jeune homme qui les conduisait prisonniers, on courut tumultueusement au-devant de lui :

— C'est Simon Robinet! criait-on de toutes parts; voilà Simon Robinet!.... Eh bien, ramènes-tu les deux chevaux qui se sont enfuis?

— Non, répliqua le nouveau venu; mais Balthazart est à leur poursuite... En revanche, écoutez-moi.

Et il leur parla avec vivacité. On éclata de rire, et tous les regards se portèrent avec effronterie sur les époux Forget, qui, à moitié rassurés, ne savaient pourtant quelle contenance garder.

— La femme est charmante! dit un jeune blondin à mine espiègle, en essayant en vain de dérober un baiser à Denise.

— Et le mari n'a pas l'air d'avoir inventé la poudre! ajouta un autre Habit-Rouge en regardant sous le nez Julien, qui lui lança une taloche lestement esquivée.

Cette résistance des deux époux ne parut nullement offenser la bande joyeuse. Les cris et les rires continuaient, quand une voix nouvelle domina le bruit.

— Où sont, disait-on avec autorité, les mortels téméraires et malavisés qui osent confondre avec des voleurs de grand chemin les membres de cette antique et illustre corporation? *Infandum!* Cela crie vengeance, et en attendant que Balthasart ramène les chevaux, nous allons juger les délinquants, là, sous notre *Orme aux Harangues*... Que mes officiers se joignent à moi pour constituer notre cour de justice.

Celui qui parlait ainsi était un beau garçon de vingt-cinq ans environ, et son air imposant contrastait avec sa physionomie naturellement joviale et malicieuse. Il portait l'uniforme rouge, comme les autres membres de l'association; mais ses épaulettes d'or, les galons d'or qui ornaient son uniforme et son chapeau, annonçaient un chef. C'était en effet le capitaine ou chancelier de cette bande juvénile.

— Oui, oui, jugeons-les! s'écria-t-on en chœur; ils ont insulté notre association; il faut qu'ils soient punis!

— Et condamnons la jolie femme à nous embrasser tous! s'écria le blondin de sa voix grêle.

— Taisez-vous, *le béjaune*, dit le chancelier; n'influencez pas la justice.

Et il monta sur la table de pierre, placée au pied du vieil arbre qu'il avait appelé *l'Orme aux Harangues*. Plusieurs Habits-Rouges, qui semblaient être aussi des dignitaires de la troupe, montèrent à côté de lui. Les autres se rangèrent en face du tribunal, autour de Julien et de Denise que l'on avait conduits jusque-là malgré leur opposition. Derrière eux se pressaient les gardes forestiers et les habitants du voisinage, ayant tous le sourire sur les lèvres.

Le silence s'établit à peu près dans l'assemblée, grâce aux efforts d'un Habit-Rouge qui remplissait les fonctions d'huissier; alors le chef dit d'un ton de président :

— La séance est ouverte... Accusés, approchez... Vous, l'homme, répondez d'abord : comment vous appelez-vous?

— Et s'il ne me plaisait pas de répondre? répliqua Julien avec impatience.

— Vous êtes parfaitement libre, mais nous sommes

libres aussi de vous condamner à trente sous tournois d'amende, vous et votre compagne, pour offense à la majesté du tribunal.

— Quel est ce tribunal? reprit Forget en s'animant; quel droit avez-vous de nous arrêter, ma femme et moi, sur le grand chemin du roi, de nous conduire ici contre notre gré, et de nous obliger à entendre des questions impertinentes?

— Accusé, parlez avec respect, s'écria le chancelier, ou sinon... Vous êtes en présence d'un tribunal qui fonctionne régulièrement et légalement depuis le roi Philippe-Auguste... *Vivat rex, currat lex!*... Et puisque vous paraissez l'ignorer, vous avez à rendre compte de vos actes et de ceux de la dame ici présente, soi-disant votre épouse, devant la basoche « régnante et triomphante » des clercs du palais.

— Mais c'est vrai, s'écria Denise en frappant des mains; je reconnais à présent le costume que portent les clercs de la basoche les jours de cérémonie, et je me souviens de vous avoir vus bien des fois, à Paris, aller ainsi en corps et à cheval chez les présidents et conseillers du parlement.

— Cette observation, jeune dame, reprit le chancelier avec une gravité ironique, prouve que vous avez suffisamment étudié la basoche, et je vous en félicite... La basoche est chose vénérable, *res veneranda basochia*, et son origine remonte, comme je vous l'ai dit, à Philippe-Auguste. Dans les premiers temps de la monarchie, elle était puissante; elle portait le titre de *royaume* et son chef le titre de *roi*. Mais plus tard, le roi Henri III, jaloux du chef de la basoche, n'a pas voulu qu'il y eût dans le royaume d'autre roi que lui-même. Voilà pourquoi moi, le chef actuel de cet illustre corps, j'en suis réduit au modeste titre de « chancelier. » *Sic transit gloria mundi...* Cependant, ajouta-t-il en haussant le ton, si déchus que nous soyons de notre ancienne grandeur, nous avons encore nos lois, notre hiérarchie, nos armoiries, notre bannière, nos priviléges; surtout nous avons une autorité suffisante pour punir ceux qui offensent la majesté de notre glorieuse compagnie, et je ne souffrirai pas que cette autorité soit avilie entre mes mains... Jamais, jamais!... *Dixi.*

Les basochiens applaudirent à cette harangue, et l'on eût pu entendre dans leurs rangs des remarques telles que celle-ci :

— Comme il parle, Jérôme Toupinat, notre chancelier! Quelle éloquence! et comme on reconnaît bien qu'il est premier clerc chez maître Ravelin, procureur au parlement!

Le chancelier apaisa par un petit geste de protection le murmure flatteur qui s'était élevé dans la foule et poursuivit :

— Accusés, maintenant que je vous ai prouvé la compétence du tribunal, voulez-vous choisir un avocat pour défendre votre cause, ou bien admettez-vous le fait à vous imputé, ce que nous désignons dans le sanctuaire de la justice par cette formule : *Habemus confitentem reum?*

La pauvre Denise n'entendait rien à tout ce grimoire, et ne se souciait plus d'entrer en lice avec ces étourdis à langue légère. Mais Julien, impatienté, s'écria :

— Voyons, messieurs les clercs, cette plaisanterie n'a-t-elle pas assez duré? Les paroles dont vous vous plaignez, et qui ont échappé à ma femme dans un moment de surprise et de frayeur, ne sauraient justifier cette ridicule parodie des formes judiciaires; je vous invite donc à nous laisser aller.

— J'ajouterai, reprit Denise en baissant les yeux, que je me suis aperçue de mon erreur, et j'en demande humblement pardon à la basoche, ainsi qu'à son président.

Un basochien s'avança en ce moment au milieu du cercle.

— Camarades, dit-il, je connais très-bien M. Forget, du Grand-Dunkerque, ici présent, ainsi que Mme Denise Forget, née Raymondot, son épouse, et j'invoque pour eux l'indulgence de la cour.

Julien et Denise regardèrent le nouveau venu; c'était le clerc d'un notaire de la rue Saint-Honoré, chez lequel s'était fait leur contrat de mariage quelques semaines auparavant.

— Ah! monsieur Magloire, dit Forget en lui tendant la main, enchanté de rencontrer enfin un visage ami.

— Et merci de votre intervention obligeante, ajouta Denise avec un gracieux sourire.

Du reste la révélation des noms et qualités des accusés avait excité une certaine agitation parmi les clercs de procureurs, de notaires et d'huissiers qui composaient l'assistance.

— Le Grand-Dunkerque! s'écria l'un d'eux, c'est la boutique où j'achète mes garnitures de boutons... Et l'on m'y a fait galamment crédit plus d'une fois.

— Et moi, dit le chancelier lui-même, je dois encore mes boucles d'or à l'orfévre Raymondot... un brave homme... Eh bien, s'il en est ainsi, maître Magloire, continua-t-il en s'adressant au basochien, nous sommes prêts à vous entendre dans vos dires et réquisitoires, car vous êtes notre procureur général, depuis les dernières élections.

— Tiens, c'est vrai, dit Magloire.

Et ôtant son chapeau, il reprit avec emphase :

— Nous requérons qu'il plaise à la cour de renvoyer les accusés des fins de la plainte et sans dépens.

— La cause est entendue, s'écria le chancelier; aussi bien j'aperçois Balthasart qui revient avec les chevaux égarés et nous allons enfin pouvoir partir... Voici donc la sentence que je prononce : « *La Basoche régnante et triomphante, et titres d'honneur, salut.* Le sieur et la dame Forget, accusés, ayant témoigné un sincère repentir de leur irrévérence envers cette docte et illustre corporation, notre procureur général ouï dans ses dires et réquisitoires, avons déclaré et ordonné, déclarons et ordonnons, voulons et nous plaît que ledit sieur et ladite dame, accusés, soient renvoyés des fins de la plainte, sans dépens, les invitant toutefois à se montrer plus respectueux désormais envers ladite Basoche des clercs du palais... *Vivat rex!* »

— *Vivat rex!* répéta toute la bande.

Et le conseil se rompit. Les juges, ayant sauté à bas de la pierre qui leur servait de tribunal, chacun courut chercher sa monture, tandis que la musique exécutait des airs joyeux. Au milieu de cette agitation, Julien et Denise furent oubliés et restèrent seuls avec le basochien qui venait d'intervenir en leur faveur.

— Pour Dieu! voisin Magloire, demanda Forget, comment se fait-il que, vous et vos camarades, vous vous trouviez à pareille heure dans la forêt de Bondy?

— Quoi! répliqua le clerc de notaire, ignorez-vous donc, vous des Parisiens, que, par ordonnance du roi Henri II, les clercs de la Basoche ont le privilége de venir ici en grande pompe tous les ans, à pareil jour, pour faire couper trois chênes par les agents forestiers ? Un de ces arbres, le plus jeune, est destiné à être planté comme *mai* devant l'escalier du palais de justice à Paris; et celui que vous voyez dans ce chariot sera employé demain à cet usage. Quant aux deux autres chênes, que nous avons soin de choisir parmi les plus beaux de la forêt, ils sont vendus au profit de notre association; et le produit de cette vente, avec quelques amendes prononcées par notre tribunal, avec les légères contributions payées par les nouveaux clercs que nous appelons *béjaunes*, forment le revenu le plus net de la Basoche... Maintenant, mes chers voisins, poursuivit Magloire, nous allons rentrer à Paris; voulez-vous y retourner avec nous? Je puis répondre qu'aucun de mes camarades ne se permettra un geste ou une parole capables d'offenser cette jeune dame... Vous avez vu que je suis un des dignitaires de la compagnie.

— Et vous n'en êtes pas moins serviable, monsieur Magloire, répliqua Denise en respirant enfin. Ah! vos compagnons m'ont fait grand'peur, et je me souviendrai de ma promenade dans la forêt de Bondy! Merci de vos offres; mais ni Forget, ni moi, nous ne devons rentrer à Paris ce soir.

— En effet, ajouta Julien, nous passerons la nuit au village qui donne son nom à la forêt, et vous mettriez le comble à votre complaisance en nous indiquant la route qui y conduit.

— Rien de plus simple, et vous ne risquez pas de vous égarer; nous allons nous-mêmes traverser le village. D'ailleurs, vous n'aurez qu'à suivre ces curieux que vous voyez là; ils sont presque tous de Bondy.

Le procureur général de la Basoche leur proposa encore de se charger de commissions pour la famille Forget; mais Julien lui fit entendre que leur présence en cet endroit devait être tenue secrète, du moins pendant quelque temps, et le clerc ayant pris congé d'eux, alla chercher son cheval pour se joindre à ses compagnons.

Déjà les autres basochiens étaient en selle et s'alignaient tant bien que mal sur deux files, de chaque côté du chariot qui contenait le mai. Le porte-étendard déployait avec complaisance la bannière de la corporation, sur laquelle on voyait, comme nous l'avons dit, les armoiries de la Basoche, « trois écritoires d'or sur un écu d'azur, surmonté de la couronne de marquis, avec deux nymphes pour supports. » Les dignitaires de la troupe marchaient en tête, immédiatement après la musique, qui jouait des airs alors en vogue; puis venaient les clercs, dont plusieurs avaient allumé des torches de résine, afin de suppléer à l'insuffisance du jour. Derrière le cortége s'avançaient pêle-mêle les curieux et curieuses des environs, qui ne pouvaient assez ouvrir les yeux et les oreilles; et, réellement, ces cavaliers aux brillants uniformes, ces flambeaux qui éclairaient d'une lueur rougeâtre les majestueuses voûtes de feuillage, ce char enrubané, cette foule joyeuse, cette musique dont les sons se prolongeaient dans les immenses avenues de la forêt, formaient un ensemble bien capable d'exciter l'admiration chez les bons habitants de cette banlieue parisienne.

Julien et Denise s'étaient hâtés de se confondre parmi les spectateurs; et, quand on se mit en marche, ils voulurent se tenir assez rapprochés du cortége pour pouvoir au besoin y trouver de la protection. Denise maintenant éprouvait une extrême fatigue, et quoique le carrefour de l'*Orme aux Harangues* ne fût pas très-éloigné du village, il lui fallait s'appuyer sur son mari pour se soutenir. Aussi ne tardèrent-il pas à rester en arrière, et la distance qui les séparait de la foule augmenta de moment en moment.

Par bonheur, on approchait de la lisière de la forêt, et ils ne s'alarmaient pas trop de cet isolement, quand ils s'aperçurent qu'une ombre légère allait et venait autour d'eux, tantôt en avant, tantôt en arrière, mais sans jamais s'approcher; on eût dit d'un enfant alerte et curieux qui les observait avec intérêt et redoutait lui-même d'être observé. Denise, toujours prompte à s'effrayer, fit remarquer à son mari ce singulier manége. Julien, après avoir essayé de reconnaître à qui il avait affaire, dit bas avec impatience :

— Morbleu! je saurai quel est le moucheron qui voltige ainsi autour de nous!

Il laissa aller Denise; puis, tournant tout à coup sur lui-même, il s'élança, les bras en avant, vers cette forme mystérieuse qui s'était arrêtée au bord du chemin. Son mouvement fut si subit que l'inconnu n'eut pas le temps de fuir. Vainement se baissa-t-il pour essayer de s'esquiver; la main de Julien glissa sur une épaisse chevelure frisée et s'arrêta sur une oreille solide, rouge et écartée de la tête, comme si elle était exposée de longue date à des tiraillements quotidiens. La main, ayant ainsi rencontré l'oreille, ne la lâcha plus et la retint au contraire de la façon la plus énergique. Au même instant, on entendit une voix pleurarde qui disait :

— Grâce! grâce! maître, je ne le ferai plus... J'ai voulu entendre les clercs de la Basoche, qui faisaient des *zharangues*, et puis la musique qui *musiquait*... et on disait que les paysans allaient danser.

— Mais vraiment, s'écria Julien avec surprise, c'est le petit Alexis, notre apprenti.

Et il l'eût lâché, s'il n'avait craint que le polisson s'enfuît sans autre explication.

— C'est Alexis, en effet, dit Denise à son tour; bon Dieu! comment cet enfant se trouvet-il à pareille heure, au milieu de la forêt?

— On dit qu'il y a des loups et des voleurs, répliqua l'apprenti du Grand-Dunkerque de sa voix gémissante; il faut nous en aller.

— Nous partons... Un mot seulement : Es-tu venu de Paris avec les clercs de la Basoche?

— Mais non, maître; je suis venu tout seul, et alors, comme j'ai appris que vous n'étiez pas à l'auberge, j'ai voulu entendre les clercs qui *zharanguaient* et la musique qui *musiquait*, et je suis allé dans le bois...

— Que faisais-tu donc à Bondy?

— Eh! vous savez bien... Je vous apporte un gros... gros paquet de lettres que m'ont remis M. Cadet et la maîtresse, et Mme Raymondot... et tout le monde, quoi!

— Ce paquet où est-il? demanda précipitamment Denise.

— Tu ne l'as pas perdu, j'espère? s'écria Julien en serrant l'oreille d'Alexis un peu plus que de raison.

— Non, non, le voici... Mais laissez-moi aller pour l'amour de Dieu !

Il tira de sa poche un paquet de lettres, et Julien lui rendit aussitôt sa liberté. Pendant que l'apprenti frictionnait son oreille un peu froissée, les deux époux retournaient avec émotion la volumineuse missive d'un si grand intérêt pour eux. Mais, hélas! à quoi pouvait-elle leur servir en ce moment? La nuit était noire, et le cortége de la Basoche se trouvait déjà beaucoup trop loin pour qu'il fût possible de lire à la lueur des flambeaux.

Enfin, on sortit du bois, et le village, que les basochiens traversaient en *musiquant,* selon l'expression d'Alexis, n'était plus qu'à une centaine de pas. Dans leur impatience d'apprendre leur sort, le mari et la femme, après avoir rassuré l'apprenti par de bonnes paroles, lui demandèrent s'il avait une idée du message dont il était porteur. Alexis répondit négativement ; il assurait seulement qu'en quittant le Grand-Dunkerque, il avait laissé toute la famille en émoi. On lui avait recommandé la plus grande diligence et les précautions les plus minutieuses dans l'accomplissement de sa mission. Il devait attendre M. et Mme Forget un jour, deux jours s'il le fallait, à l'auberge de Bondy ; mais sa promenade dans la forêt pouvant être prise en mauvaise part, il n'avait pas osé, en reconnaissant son patron, l'aborder franchement, de peur d'être grondé ou battu.

Comme il achevait ces explications, on atteignit l'auberge désignée pour lieu de rendez-vous. Les gens de la maison accoururent au-devant des voyageurs et leur apprirent que le postillon avait apporté leurs bagages et commandé un bon souper à leur intention ; puis il était reparti avec des ouvriers charrons pour aller réparer la voiture abandonnée dans les bois et la ramener ensuite à Bondy.

Mais les jeunes gens écoutèrent à peine ces détails. Leur premier mouvement, en entrant dans la maison, fut de s'approcher d'une lumière ; et Julien, ayant rompu l'enveloppe du paquet, en tira plusieurs lettres, parmi lesquelles celle que nous allons transcrire était la plus importante, quoique la plus courte. Elle venait de l'oncle Cornillon et était ainsi conçue :

« Mes chers enfants, N I, ni, c'est fini ; l'affaire est

bâclée. Vous pouvez revenir à Paris quand il vous plaira; personne n'a plus rien à y voir. Ce brave petit capitaine des chasses a fait merveille; sur ses instances, le prince de Condé a obtenu un ordre du roi par lequel l'engagement militaire est annulé. C'est, ma foi, un digne gentilhomme; seulement j'engagerai ma jolie nièce à ne pas se laisser trop aller à sa reconnaissance, car la reconnaissance peut mener loin avec de pareils protecteurs !

« Il y a aussi la maman Forget qui a su donner à propos le vol aux écus et aux louis d'or de son comptoir, et le beau-frère Raymondot qui a bien employé ses amis auprès du lieutenant général de police. Les choses se sont donc arrangées à miracle, et il en était temps, pour vous comme pour moi, car le capitaine Fleur-de-Canon commence à me regarder diablement de travers. Suffit ! on y tiendra la main.

« En attendant, mes gentils pigeons, vous pouvez rentrer au colombier; vous avez pour cela la permission de votre vieux vaurien d'oncle,

« CORNILLON dit JARDIN-D'AMOUR. »

Les autres lettres, qui étaient de Mme Forget, de Raymondot, de M. Cadet lui-même, confirmaient ces nouvelles et pouvaient toutes se résumer par un mot : « Revenez. »

Nous laissons à penser la joie des jeunes époux à la lecture de cette correspondance; c'était de l'enivrement, du délire. Leur odyssée était finie; après tant de traverses, ils allaient pouvoir goûter paisiblement les douceurs d'un amour réciproque et les charmes de la maison paternelle.

22

Le lendemain, à l'heure où les chalands affluaient dans la boutique du Grand-Dunkerque, une chaise de poste vint avec un bruit assourdissant de fouet et de sonnettes s'arrêter devant la maison. Julien et Denise en descendirent, pendant que tous les habitants de la rue Saint-Honoré accouraient sur le seuil de leurs portes ou se mettaient à leurs fenêtres pour jouir de ce spectacle.

La famille avait été avertie, dès le matin, par Alexis, de ce retour triomphal; aussi l'orfévre, sa femme et Jardin-d'Amour se trouvaient-ils au Grand-Dunkerque. A la vue des arrivants, tout fut en l'air dans la boutique. On ne s'inquiéta plus des acheteurs; les Raymondot, Mme Forget, toujours avec sa coiffe normande, les commis, depuis M. Cadet, le Nestor de la bande, jusqu'aux derniers apprentis s'élancèrent par un mouvement commun vers les voyageurs. On les embrassait, on les accablait de questions, on riait, on pleurait; et pendant que les grands parents les comblaient de caresses, M. Cadet disait à voix basse au sergent :

— Ne vous semble-t-il pas que M. Julien est devenu plus brun, plus fort, plus décidé?... Et Mme Denise, ne trouvez-vous pas qu'elle est plus grande, plus développée, plus femme enfin?... On a raison de dire que les voyages forment la jeunesse.

— Je crois bien ! répliqua Jardin-d'Amour de son ton narquois; songez donc... ces enfants sont restés quinze jours absents et ils sont allés aussi loin que Senlis!

CONCLUSION

Quelques jours se passèrent le plus heureusement du monde pour les jeunes époux; toutefois ils éprouvaient encore certaines inquiétudes, en songeant qu'ils étaient exposés aux entreprises et aux vengeances de leurs anciens persécuteurs, quand un matin, à l'heure où la famille Forget achevait de déjeuner dans l'arrière-boutique, on vit entrer Jardin-d'Amour en uniforme. Le sergent paraissait radieux.

— Bonne nouvelle! mes amis, s'écria-t-il, et vous pouvez allumer des feux de joie. Je vous ai dit que le capitaine Fleur-de-Canon éprouvait une violente démangeaison de demander une revanche au marquis et de lui rendre le coup d'épée qu'il en a reçu. Aussi, à peine guéri, a-t-il envoyé provoquer Laroche-Cardière, et ils se sont rencontrés ce matin au bois de Vincennes... Or, devinez ce qui est arrivé!

— Laroche-Cardière a tué le capitaine? demanda Julien.

— Mieux que cela.

— Alors c'est le capitaine qui a tué Laroche-Cardière.

— Mieux que cela.

— En ce cas, je ne peux comprendre...

— Coup fourré! mes enfants, s'écria le sergent avec enthousiasme; ils étaient si animés l'un contre l'autre qu'ils se sont embrochés mutuellement dès la première passe... Une, deux!... Au bout de quelques minutes, il n'y avait plus personne... Le capitaine a pris les devants et le marquis a emboîté le pas... Au diable tous les deux! A présent le neveu Forget n'aura plus à se défier que des élégants godelureaux qui pourront venir rôder autour de notre gentille Denise.

Parmi les assistants, il s'en trouva d'assez mauvais chrétiens pour se réjouir de la mort des deux duellistes, et en première ligne était la Normande. Pendant que l'on causait de cet événement, les traits de Jardin-d'Amour prirent une expression d'embarras, et il ajouta bientôt d'un ton qu'il s'efforçait vainement de rendre jovial:

— Ce n'est pas tout, mes amis, et je n'ai pas encore vidé mon sac aux grandes nouvelles. Maintenant que me voilà délivré de mon sacripant de capitaine, je vais donner suite à un projet qui me trotte dans la cervelle depuis quelque temps.

— De quoi s'agit-il, oncle Cornillon? demanda Denise.

— Voici... Il m'a poussé de l'ambition, et moi, pauvre sergent, je voudrais à mon tour devenir officier.

— Officier! répliqua Julien; au fait, la place du capitaine Fleur-de-Canon est sans doute à vendre; mon beau-père et moi, nous pouvons nous entendre pour vous l'acheter.

— Moi, être encore racoleur, officier ou non, s'écria Jardin-d'Amour, du diable si j'y songe! Entortiller de pauvres jeunes nigauds, leur conter des sornettes, les griser pour leur faire faire ce dont ils ne se soucient pas.... Merci, cette vie-là ne me va plus. C'était bon quand j'étais un vieux maraud, renié par sa famille et ne tenant à rien. Mais aujourd'hui que j'ai pour parents de gros bourgeois qui ne songent pas à me désavouer, l'orgueil me talonne, et, je vous le répète, je veux être officier.

— Alors, comment faire, oncle Cornillon ? On ne peut devenir officier, si habile et courageux qu'on soit, à moins d'acheter une lieutenance.

— Je n'achèterai rien du tout, et pour cause; mais, écoutez-moi : Il y a guerre en Amérique; les colons se révoltent contre l'Angleterre, qui les tarabuste et les pressure. Un brave Français, M. le marquis de Lafayette, est allé, avec la permission du roi, au secours des révoltés, et on offre là-bas le grade d'officier à tous les sergents qui, comme moi, peuvent enseigner l'exercice aux recrues. Je connais un peu les pays d'outremer, et ce M. de Lafayette est un bon drille, à ce qu'on dit; d'ailleurs, il s'agit de se battre, et pour une bonne cause... Aussi mon parti est-il bien pris, et j'ai demandé à l'administration militaire la permission de m'embarquer au plus tôt pour l'Amérique.

En apprenant cette détermination tout le monde se récria, et on s'efforça de détourner Cornillon de son dessein; mais cette fois, comme plus tard, les raisonnements échouèrent contre une résolution bien arrêtée. Quoi ue le racoleur ne le dît pas nettement, on devina qu'il craignait de faire rougir sa famille par ses habitudes un peu grossières et surtout par la profession qu'il avait exercée si longtemps sur le quai de la Ferraille, à quelques pas d'elle. Toujours est-il que Jardin-d'Amour ne voulut pas écouter les propositions généreuses de Forget et de Raymondot, même celle de lui acheter une lieutenance dans un régiment français, et il partit pour l'Amérique afin de rejoindre le corps de Lafayette.

Hélas! le pauvre racoleur ne resta pas longtemps officier; à peine débarqué, il fut tué dans une escarmouche entre les troupes de Washington et celles de Cornwalis.

Quant aux familles Forget et Raymondot, elles continuaient à prospérer lorsque la Révolution éclata. Julien, que la mort de sa mère avait rendu seul chef de la maison du Grand-Dunkerque, adopta les opinions progressives mais modérées qui distinguèrent une partie de la bourgeoisie parisienne. Il était capitaine de la garde nationale et jouissait d'une certaine influence dans son quartier, quand, un soir de cette époque sinistre qu'on a appelée la Terreur, il vit entrer chez lui deux hommes enveloppés de manteaux et qui semblaient se cacher. L'un était Pierre Martin, le charretier philosophe de l'abbaye de la Victoire; l'autre, ce digne père Anselme, qui avait témoigné tant de bienveillance à Forget dans des circonstances critiques. Les paysans révoltés ayant chassé les moines de leur couvent, Martin avait sauvé la vie au religieux et venait chercher pour lui un refuge à Paris. Julien les accueillit amicalement l'un et 'autre; il cacha Anselme pendant quelque temps dans sa propre maison, au risque d'être lui-même gravement compromis, et finit par lui obtenir un passe-port au moyen duquel l'ex-moine put gagner une retraite sûre.

Les événements politiques mirent Forget, une seconde fois, en présence de personnes qu'il avait connues pendant son odyssée.

Un jour, au plus fort de la tourmente révolutionnaire, comme il retournait à son quartier avec sa compagnie, il rencontra un homme, de figure hideuse et couvert de haillons, qu'une bande de gens du peuple allaient mettre « à la lanterne. » Julien et les bourgeois qu'il commandait ne pouvaient s'opposer aux vengeances populaires; mais il osa demander de quoi il s'agissait.

— Sauve-moi, citoyen capitaine ! dit le malheureux en se tournant vers lui d'un air suppliant.

Julien reconnut Cascaret, le mendiant, qui l'avait si cruellement persécuté pendant son voyage de Senlis à Lagny. Toutefois il hasarda quelques paroles en sa faveur.

— Ne te mêle pas de cela, citoyen capitaine, répliqua un robuste forgeron qui tenait le mendiant par le collet; ce coquin a dérobé, et les patriotes ne veulent pas de voleurs parmi eux... A la lanterne le voleur !

Julien envisagea à son tour celui qui venait de parler ; c'était le compagnon du devoir, qu'il avait rencontré jadis sur la route de Meaux à Lagny.

— Nantais-Cœur-de-Lion, lui dit-il bas, tu es un honnête garçon, je le sais; ne pourrais-tu sauver ce pauvre diable ?

— Tu me connais ? n'importe... Il a volé, je te le répète. J'aime la révolution qui a aboli les maîtrises, mais je n'aime pas les voleurs !

Et Julien fut obligé de s'éloigner en soupirant.

FIN

TABLE DES MATIÈRES

Chapitres.	Pages.
Prologue..	1
I. Les Lettres anonymes.............................	15
II. Le Capitaine des racoleurs....................	33
III. Le Café militaire..................................	43
IV. L'Hôtel du lieutenant de police............	62
V. Sur le Pont-Neuf...................................	78
VI. Le Coche de Senlis...............................	102
VII. La Forêt de Chantilly...........................	117
VIII. Le Roi de Senlis..................................	130
IX. L'Horloger Billon...................................	144
X. La Catastrophe de Senlis.......................	155
XI. La Fuite..	179
XII. Les Fourches patibulaires....................	193
XIII. L'Abbaye..	208
XIV. Le Voyage...	229
XV. La Rencontre.......................................	260

Chapitres.		Pages.
XVI.	A Lagny, combien vaut l'orge?........................	281
XVII.	Le Blocus...	302
XVIII.	L'Arrestation..	324
XIX.	Le Pilori..	346
XX.	La Forêt de Bondy...................................	358
	Conclusion...	387

FIN DE LA TABLE.

Paris. — Typographie E. Panckoucke, quai Voltaire, 13

LITTÉRATURE ET BEAUX-ARTS

Abbé*** (l'). — Le Maudit. 11ᵉ édit. 3 vol. in-8.. . . . . 15 fr.
— La Religieuse. 11ᵉ édit. 2 vol. in-8. . . . . 10 fr.
— Le Jésuite. 7ᵉ édit. 2 vol. in-8. . . . . 10 fr.
— Le Moine. 4ᵉ édit. 1 vol. in-8.. . . . . 5 fr.
Ainsworth (Harrison). — Guy Fawkes, ou la Conspiration des poudres. 2 vol. . . . . 1 fr.
Alarcon (A.-P. de). — Le Finale de Norma. Nouvelle traduite de l'espagnol par Charles Yriarte. 1 vol. in-18.. . . . . . . 3 fr.
Alby (Ernest). — La Captivité du trompette Escoffier. 2 vol. in-18. 1 fr.
Almanach de Mathieu de la Nièvre. Indicateur du temps pour 1867. Indispensable à tout le monde. Rédigé par les principaux savants, écrivains et tous autres gens de bonne volonté. Orné de vignettes par les premiers artistes. In-32. . . . . 50 c.
Amour et controverse. 1 vol. in-8. . . . . 5 fr.
Andrieux. — Poésies. 1 vol. . . . . 1 fr. 50
— Épître au pape. 1 vol. . . . . 30 c.
Aubertin (G.-H.). — Grammaire moderne des écrivains français. 1 vol. in-8 compacte.. 6 fr.
— Petite Grammaire moderne, ou les Huit Espèces de mots. 1 vol. in-12.. . . . . 1 fr.
Auerbach (Berthold). — Au village et à la cour. Roman traduit de l'allemand, par Mᵐᵉ Mina Round. 2 vol. in-18. . . . . 6 fr.
Bancel (D.). — Harangues et Commentaires littéraires et philosophiques sur la littérature française. 3 vol. in-8. . . . . 15 fr.
Baron (A.). — Caius Julius Cæsar, ad optimas editiones recensitus, cum commentario integro Jer. Jac. Oberlini, et selectis Oudendorpii, Achainterii variorumque notis. 2 vol. in-8.. . . 3 fr.
— La Mosaïque belge. 1 vol. in-18.. . . . . 1 fr.
— Poésies militaires de l'antiquité, ou Callinus et Tyrtée; ouvrage trad. en vers français, avec notices, commentaires et traductions en vers latins, anglais, italiens, allemands et hollandais. 1 vol. in-8. . . . . 2 fr.
— Résumé de l'histoire de la littérature française. 1 vol. in-18. 1 fr.
Bécart (A.-J.). — Précis d'un cours complet de rhétorique française. 1 vol. in-8.. . . . . 2 fr.
Belmontet (L.). — Poésie des larmes. 1 vol. in-18.. . . . . . 3 fr.
Berend (Michel). — La Quarantaine. 1 vol. in-18. . . . . . . 3 50

Librairie Internationale, 15, Boulevard Montmartre, à Paris.

LITTÉRATURE ET BEAUX-ARTS

Berthet (Elie). — La peine de mort ou la route du mal. Roman. 1 vol. in-18. . . . . 3 fr.
Biagio Miraglia. — Cinq Nouvelles calabraises. 1 vol. 3 fr. 50
Blum (Ernest). — Entre Bicêtre et Charenton. Avec une préface de M. Henri Rochefort. 1 vol. in-18. . . . . 3 fr.
Bonau (Filip). — Les Vengeurs, roman-drame en vers, précédé d'une lettre de M. A. de Lamartine. 1 vol. in-8. . . . . . 6 fr.
Breteh (Mme de). — Gabrielle. Les Pervenches. 1 vol. in-18. . 3 fr.
Castelnau (A.). — Zanzara, ou la Renaissance en Italie, roman historique. 2 vol. Charpentier. . . . . 7 fr.
Catalan (E.). — Rime et Raison, ou Proverbes, apophthegmes, épigrammes et moralités proverbiales. Choisis et mis en vers. 1 vol. élégant in-32. . . . . 2 fr.
Chassin (C.-L.) — Le Poëte de la Révolution hongroise, Alexandre Petœfi. 1 fort vol. Charpentier. . . . . 3 fr. 50
Chateaubriand (De). — Atala. — Réné. 1 vol. in-18. . . . . 1 fr.
 — Essai sur la littérature anglaise. 2 vol. in-18. . . . . . 2 fr.
 — Moïse. Tragédie. 1 vol. in-18. . . . . 50 c.
 — Le Paradis perdu de Milton. 2 vol. in-18. . . . . 2 fr.
 — Mélanges littéraires. 1 vol. in-32. . . . . 50 c.
 — Les Natchez. 2 vol. in-32. . . . . 1 fr.
Chavée. — Essai d'étymologie, ou Recherches sur l'origine et les variations des mots qui expriment les actes intellectuels et moraux. 1 vol. in-8. . . . . 2 fr.
Chénier (Marie-Joseph). — Poésies. 1 vol. . . . . 2 fr.
Claude (F.). — Le Roman de l'Amour. 2e édit. 1 vol. in-18. . 3 fr.
 — Les Psaumes. Traduction nouvelle. 1 vol. in-18. . . . 3 fr.
Contes de la sœur Marie. — Traduits de l'anglais. 1 vol. in-18, orné de vignettes. . . . . 1 fr.
Constant (Benjamin). — Mélanges de littérature et de politique. 1 vol. in-18. . . . . 1 fr.
Conversations d'un père avec ses enfants. — Traduit de l'anglais. 2 vol. in-18, ornés de gravures. . . . . 2 fr
Curtis (G. W.). — Rêveries d'un Homme marié. 2 vol. in-32. 2 fr. 50
Damoclès. — Le Dernier Misérable. 2 vol. in-8. . . . . . . 12 fr.
Dérisoud (Ch.-J). — Les Petits Crimes. 1 vol. in-18. . . . . 3 fr.
Désaugiers. — Chansons et Poésies. 1 vol. . . . . 3 fr.
Desbarolles (A.) — Le caractère allemand expliqué par la physiologie. 1 vol. in-18. 3 fr.
Dialogues extravagants. 1 vol. in-18. . . . . 2 fr.
Dœring (H.). — Mozart, sa biographie et ses œuvres. 1 v. in-18. 1 f. 25
Dollfus (C.). — Mardoche. La revanche du hasard. La Villa. 1 vol. in-18. . . . . 3 fr.
Dora d'Istria (Mme la princesse). — Des Femmes, par une femme. 2 beaux vol. in-8. 10 fr.
Ducondut (A.). — Juvenilia virilia. Poésies. 1 vol. in-18. . . 3 fr.

Librairie Internationale, 15, Boulevard Montmartre, à Paris.

PHILOSOPHIE & RELIGION

Beauregard (O.). — Les Divinités égyptiennes. Leur origine, leur culte et son expansion dans le monde. A propos de la collection archéologique de feu le docteur Ernest Godard. 1 beau vol. in-8 de 610 pages. . . . . 10 fr.
Brigham (Amariah). — Remarques sur l'influence de la culture de l'esprit et de l'excitation mentale sur la santé. 1 vol. in-18. 1 fr.
Brougham (lord Henri). — Discours sur la théologie naturelle, indiquant la nature de son évidence et les avantages de son étude. Traduit de l'anglais. 1 vol. in-18. . . . . 1 fr.
Brück (R.). — L'humanité, son développement et sa durée. Étude d'histoire, de politique et de religioso-philosophie rationnelles. Lois physiques et morales, primordiales et éternelles qui régissent l'univers, la terre et la race humaine qui l'habite. 2 forts vol. in-8. . . . . 20 fr.
Dollfus (Ch.). — Le Dix-Neuvième Siècle. 1 vol. in-8. . . . . 5 fr.
Duprat (P.). — Les Encyclopédistes, leurs travaux, leurs doctrines et leur influence. 1 vol. in-18. . . . . 2 fr.
Feuerbach. — La Religion (Mort. — Immortalité. — Religion). Traduction de Joseph Roy. . . . . 5 fr.
— Essence du christianisme. Traduction de Joseph Roy. . 5 fr.
Gioberti (Vincent). — Essai sur le beau, ou éléments de philosophie esthétique. Traduit de l'italien par Joseph Bertinatti, docteur en droit. 1 vol. in-8. . . . . 7 fr.
— Lettres sur les doctrines philosophiques et politiques de M. de Lamennais. 1 vol. in-18. . . . . 1 fr. 50
Gruyer (L.-A.). — De la Liberté physique et morale. In-8. . 2 fr.
— Tablettes philosophiques. 1 vol. in-18. . . . . 1 fr.
D'Héricourt (Mme Jenny-P.). — La Femme affranchie, réponse à MM. Michelet, Proudhon, E. de Girardin, A. Comte et autres novateurs modernes. 2 vol. Charpentier. . . . . 7 fr.
Lamennais (J. de). — Le Livre du Peuple. In-32. . . . . . 1 fr.
— Les Paroles d'un croyant. In-32. . . . . 1 fr.
— Amschaspands et Darvands. 1 vol. in-18. . . . . 1 fr.
— De l'Absolutisme et de la Liberté (Dialoghetti). 1 vol. in-32. 50 c.
— Affaires de Rome. 1 vol. in-18. . . . . 1 fr.
— De l'Esclavage moderne. 1 vol. in-18. . . . . 1 fr.
— Œuvres complètes. 2 vol. grand in-8. . . . . 32 fr.

Librairie Internationale, 15, Boulevard Montmartre, à Paris.

PHILOSOPHIE ET RELIGION

Larroque (Patrice). — Examen critique des doctrines de la religion chrétienne. 2ᵉ édit. 2 vol. in-8 . . . . 15 fr.
— Le même ouvrage. 3ᵉ édit. 2 vol. in-8 (sans annotations).. 10 fr.
— — 4 édit. 2 vol. in-18. . . . . 7 fr.
— Rénovation religieuse. 2 édit. augmentée. 1 vol. in-8 . . 7 fr.
— Le même ouvrage 3ᵉ édit. in-8 (sans annotations) . . . 5 fr.
— — 4ᵉ édit. 1 vol. in-18. . . . . 3 fr. 50
— De l'Esclavage chez les nations chrétiennes. 2ᵉ édition. 1 vol. in-18.. . . . . 2 fr. 50

Lecanu (A.). — Lettre sur l'instruction publique. In-18. . . 1 fr.

Monnard et Gence. — Méditations religieuses, en forme de discours, pour toutes les circonstances et situations de la vie, d'après l'ouvrage allemand intitulé : « Stunden der Andacht. » 6 v. in-8. 45 fr.

Pelletan (Eugène). — La Famille. In-8.
    Vol. I. La Mère, 3ᵉ édit. . . . . 5 fr.
    II. Le Père . . . . 5 fr.
    III. L'Enfant. . . . . 5 fr.

Potter (A. de). — De l'instruction obligatoire comme remède aux maux sociaux. Mémoire soumis à l'examen de l'Académie royale de Belgique. Avec les rapports de MM. E. Ducpétiaux et P. Devaux, et leur réfutation. 1 vol. in-18. . . . . 2 fr. 50

Renand (P.) — Christianisme et Paganisme. Identité de leurs origines, ou nouvelle symbolique. 1 vol. in-8. . . . . 6 fr.

Saint-Simon (C.-H. de). — Œuvres choisies, précédées d'un essai sur sa doctrine, avec portrait. 3 vol. Charpentier. . . . 10 fr. 50

Simon (Jules). — L'École. 5ᵉ édit. 1 vol. in-8 . . . . 6 fr.
    Le même ouvrage. 7ᵉ édit. in-18. . . . . 3 fr. 50

Stap (A.). — Études historiques et critiques sur les origines du christianisme. 2ᵉ édit. corrigée et augmentée. 1 vol. in-18. . 3 fr. 50

Strauss (David-Frédéric). — Nouvelle vie de Jésus, traduite de l'allemand par A. Nefftzer et Ch. Dollfus. 2ᵉ édit. 2. vol. in-8. 12 fr.

Tempels (R.). — L'Instruction du peuple. 1 vol. in-8.. . . . 4 fr.

Tiberghien (G.). — La logique. Science de la connaissance. 2 vol. in-8. . . . . 15 fr.

Voituron (Paul). — Recherches philosophiques sur les principes de la science du beau. Ouvrage couronné. 2 forts vol. in-8. . 12 fr.
— Études philosophiques et littéraires sur les Misérables. 1 vol. in-12. . . . . 2 fr.

VOYAGES

Bædeker. — Paris. Guide pratique du voyageur, accompagné d'un plan général de Paris et de 6 cartes. 1 vol. de 240 pages in-18, élégamment cartonné. . . . . 4 fr.
Barth (Docteur H.). — Voyages et découvertes dans l'Afrique septentrionale et centrale. Traduit de l'allemand, par Paul Ithier. 4 beaux et forts vol. in-8, avec cartes et gravures. . . . 24 fr.
Du Bosch (A.-J.). — La Chine contemporaine, d'après les travaux les plus récents. Traduit de l'allemand. 2 vol. in-18. . . . 7 fr.
Bussy (Comte E.-H. de). — Indiscrétions d'un Touriste, causeries et anecdotes sur les villes d'eaux d'Allemagne. 1 vol. in-18. 5 fr.
Clot-Bey (A.-B.). — Aperçu général sur l'Égypte. 2 vol. in-18. Ornés d'un portrait et de plusieurs cartes et plans coloriés. . 3 fr.
Considérant (N.). — Souvenirs de voyage. Un Couronnement à Kœnigsberg. 1. vol. in-12. . . . . 1 fr. 50
Duvergier de Hauranne (Ernest). — Huit mois en Amérique. Lettres et notes de voyage. 1864-1865. 2 forts vol. in-18. . . 8 fr.
Frœbel (Julius). — A travers l'Amérique. Traduit de l'allemand par Émile Tandel. 3 beaux vol. Charpentier. . . . . . 10 fr. 50
Guide-Guerber. — Indicateur international universel. Itinéraire et guide postal de tous les services maritimes à vapeur desservant les ports des cinq parties du monde, 2e année. 1 v. in-8. 4 fr.
Heine (W.). — Voyage autour du monde. Le Japon. Expédition du Commodore Perry pendant les années 1853, 1854 et 1855, faite d'après les ordres du gouvernement des États-Unis. Traduit de l'allemand par A. Rolland. Illustré de 11 vues, dessinées d'après nature par l'auteur. 1 vol. in-8. . . . . 6 fr.
Hivers de Nice (Les). — Impressions et souvenirs. In-18. . . 1 fr.
Lisbôa (Consilheiro). — Relaçao de uma viagem a Venezuela, Nova Granada, Equador. 1 fort vol. in-8, avec une carte. . 15 fr.
Lubanski (Dr). — Guide aux stations d'hiver du littoral méditerranéen. Nice, Hyères, Cannes, Menton, Monaco. 1 fort vol. in-18, avec cartes et vues, 6 fr. Cartonné. . . . . 7 fr.
Paris. — Guide rédigé par les principaux littérateurs et savants français. Illustré par les artistes les plus éminents. 1 beau vol. in-18 colombier, paraissant en avril 1867. (Voir le prospectus détaillé p. 39 à 41.)

Parc des buttes Saint-Chaumont. Guide du promeneur donnant la description pittoresque du parc et des différents panoramas qui l'entourent, ou vingt lieues de pays à vol d'oiseau, suivi de curieuses chroniques sur les buttes Saint-Chaumont, Montfaucon, Pantin, Montmartre, Saint-Denis, etc.; par L. D., ancien magistrat. In-18............................ 1 fr.
Passmore. — Guide à Londres. — A trip to London. — Guide du voyageur à Londres. — Sous forme de manuel de conversation anglaise et française, servant en même temps à apprendre la langue anglaise. 1 vol. in-32 avec plan de Londres. . . 5 fr.
Simonin (L.). — L'Étrurie et les Étrusques. Souvenirs de voyage. Arezzo, le val de Chiana et les ruines de Chiuzi. In-8.. 1 fr.
Siret (Ad.). — Manuel du touriste et du curieux. — La ville de Gand. 1 vol. in-12, avec plan. . . . . 2 fr. 50
Verhaeghe (L.).—Autour de la Sicile. 1861-1863. 1 vol. in-18. 2 fr.
— Voyage en Orient. 1862-1863. 1 vol. in-18. . . . . . 3 fr. 50

VOYAGES ET DÉCOUVERTES

DANS

L'AFRIQUE

SEPTENTRIONALE ET CENTRALE

PENDANT LES ANNÉES 1849 A 1855

Par le Docteur

HENRI BARTH

Traduit de l'allemand par PAUL ITHIER

4 beaux vol. in-8°, enrichis de gravures, de chromo-lithographies, d'une belle carte et du portrait de l'auteur.

PRIX : 24 FRANCS

ROMANS — DERNIÈRES NOUVEAUTÉS

Collection grand in-18 jésus à 3 fr. le volume

Émilie de Vars. — Mémoires d'une Institutrice	1 vol.
Ponson du Terrail. — La Bohémienne du grand monde	1 vol.
— Le Drame de Planche-Mibray	1 v.
— L'Héritage de Corinne. — La Mule de satin	1 vo.
Gustave Gilles. — La Nouvelle Jeanne	1 vol.
Arsène Houssaye. — Le Roman de la duchesse	1 vol.
Maxime Breuil. — On meurt parfois d'amour	1 vol.
Édouard Cadol. — Contes gais. Les Belles Imbéciles	1 vol.
N. de Seménow. — Les Mauvais Maris	1 vol.
Charles Rabou. — L'Allée des Veuves	1 vol.
Champfleury. — La Belle Paule	1 vol.
Émile Leclercq. — Les Petits-Fils de Don Quichotte	1 vol.
E. Jacob de la Cottière. — Le Chemin de la lune, s'il vous plait?	1 vol.
Édouard Montaigne. — Le Manteau d'Arlequin	1 vol.
Mme Marie Rattazzi, princesse de Solms. — La Chanteuse	2 vol.
Serret. — Drames et Comédies	1 vol.
Mallefille (Félicien). — La Confession du Gaucho	1 vol.
Élie Berthet. — Le Bon Vieux Temps	1 vol.
— La Peine de mort ou la Route du mal	1 vol.
Henry de Kock. — Beaufilou	1 vol.
E. et J. de Goncourt. — Manette Salomon	2 vol.
Hix. — Qu'en pensez-vous ?	1 vol.
Ernest Daudet. — La Succession Chavanet :	
I. Tartufe au village	1 vol.
II. L'Envers et l'Endroit de la vie parisienne	1 vol.
Longfellow. — Hypérion et Kavanagh	2 vol.
Marvel. — Rêveries d'un célibataire	1 vol.
Marc Bayeux. — Les Gens d'église	1 vol.
Alarcon. — Le Finale de Norma	1 vol.
Alby. — L'Olympe à Paris, ou les Dieux en habit noir	1 vol.
Auerbach. — Au village et à la cour	2 vol.
Barrué. — Zéphyrin Bunon; histoire d'un parvenu	1 vol.
Blum. — Entre Bicêtre et Charenton	1 vol.
Bonnemère. — Le Roman de l'avenir	1 vol.
Breteh. — Gabrielle. Les Pervenches	1 vol.
Claude. — Le Roman de l'Amour	1 vol.
Daudet. — Les Douze Danseuses du château de Lamôle	1 vol.
Dérisoud. — Les Petits Crimes	1 vol.
Dollfus. — Mardoche. La Revanche du hasard. La Villa	1 vol.
Garcin. — Léonie. Essai d'éducation par le roman	1 vol.
Gastineau. — La Dévote	1 vol.
Joliet. — L'Envers d'une Campagne. Italie (1859)	1 vol.
Pessard. — Yo, ou les Principes de 89	1 vol.
Richard. — Un Péché de vieillesse	1 vol.
— La Galère conjugale	1 vol.
Sand (Maurice). — Le Coq aux cheveux d'or	1 vol.
Schöll. — Les Nouveaux Mystères de Paris	3 vol.
Serret. — Les Heures perdues. Poésies	1 vol.
Ulbach. — La Chauve-Souris	1 vol.
Zola. — La Confession de Claude	1 vol.

PARIS. — IMPRIMERIE L. POUPART-DAVYL, RUE DU BAC, 30.

www.ingramcontent.com/pod-product-compliance
Lightning Source LLC
Chambersburg PA
CBHW052131230426
43671CB00009B/1204